U0165045

皇极经世书

[宋]邵雍 ／著　　郭彧　于天宝 ／点校

中

皇极经世卷第六

以运经世之七　观物篇之三十一

经元之甲一

经会之午七

经运之己一百八十六

经世之子二千二百二十一

　　经世之子二千二百二十一

甲子[前417年]周威烈王九年，魏城少梁。

乙丑[前416年]秦灵公卒，季父立，是谓简公。

丙寅

丁卯[前414年]魏伐秦。韩伐郑。

戊辰[前413年]齐伐晋。魏伐中山。

己巳

庚午[前411年]齐田庄子卒，子太公和继。赵城平城。

辛未[前410年]鲁元公卒，子显继，是谓穆公。

壬申[前409年]晋韩武子卒，子景侯度继。赵献子卒，子烈侯借
　　　继。魏伐秦。

癸酉[前408年]韩伐郑，取雍丘。魏灭中山。楚简王卒，子当继，
　　　是谓声王。

甲戌[前407年]郑伐韩，取负黍。

乙亥[前406年]宋昭公卒，子悼公购继。赵以白公仲为相。①

①　"白"，四库本作"田"。

丙子［前405年］齐宣公卒，子康公贷继，田会以廪丘叛。①

丁丑

戊寅［前403年］晋韩、赵、魏求为诸侯于周。

己卯［前402年］周威烈王崩，太子骄嗣位，是谓安王。楚声王遇盗
　　卒，子疑立，是谓悼王。

庚辰［前401年］秦攻魏阳狐。②

辛巳［前400年］秦简公卒，子惠公继。韩景侯卒，子烈侯继。赵烈
　　侯卒，弟武侯立。魏文侯以卜子夏、段干木为师，西门豹为将
　　守邺，吴起为将守西河，魏成子为相，③乐羊为将，同韩、赵伐
　　楚，④至于乘丘。

壬午

癸未

甲申［前397年］韩，盗杀相侠累。

乙酉

丙戌［前395年］晋烈公卒，子孝公继。

丁亥

戊子［前393年］魏伐郑，城酸枣，又败秦军于注。⑤ 楚伐韩，取
　　负黍。

己丑

庚寅［前391年］齐田和徙其君康公于海上，食一城。秦伐韩宜阳，
　　取六邑。⑥ 韩、赵大败楚师于大梁。

---

① "廪丘"，原作"廪兵"，据四库本改。
② "阳狐"，原作"阳孤"，据四库本改。
③ "魏"，四库本作"田"。
④ "伐"，底本原作"代"，据四库本改。
⑤ "于"，底本不清楚，据四库本补。
⑥ "取六邑"，四库本作"拔六城"。

辛卯[前390年]鲁伐齐于平陆。① 齐伐魏,取襄陵。

壬辰[前389年]秦伐魏阴晋。②

癸巳[前388年]齐田和会魏文侯于浊泽,求为诸侯。魏请于周及
　　诸侯,皆许之。

　　经世之丑二千二百二十二

甲午[前387年]周安王十五年。秦惠公卒,子出公继。③ 韩烈侯
　　卒,子文侯继。魏文侯卒,子武侯继。赵武侯卒,烈侯子敬
　　侯继。④

乙未[前386年]田和称诸侯于齐,列于周纪。魏攻赵邯郸。

丙申[前385年]韩伐郑,取阳城,伐宋,执宋公于彭城。魏城安邑
　　及王垣。赵破齐师于灵丘。⑤ 齐太公和卒,子桓公午继。秦
　　庶长改杀出公及其母,⑥迎灵公之子于河西,⑦立之,是谓
　　献公。

丁酉[前384年]赵破齐师于廪丘。

戊戌[前383年]魏败赵师于兔台。

己亥[前382年]齐、魏以卫伐赵,取刚平。

庚子[前381年]赵会楚伐魏,取棘蒲。楚悼王卒,宗室作乱,杀吴
　　起,⑧王子继,是谓肃王,⑨诛害吴起者七十余家。⑩

辛丑[前380年]齐伐燕,取桑丘。

────────────

① "伐",四库本作"败"。
② "阴",四库本作"侵"。
③ "子出公",四库本作"出子悼公"。
④ "烈侯",据四库本补。
⑤ 四库本无"师"字。
⑥ "公",四库本作"子"。
⑦ "河西","西"原作"上",据四库本改。
⑧ "宗室作乱杀吴起",四库本作"盗杀相吴起"。
⑨ "肃王","肃"原作"简",据四库本改。
⑩ "七十余",原作"十七",据四库本改。

壬寅［前 379 年］齐康公死于海上。齐桓侯卒，子因齐立，是谓
　　威王。

癸卯［前 378 年］晋孝公卒，子静公俱酒继。韩、赵、魏伐齐，至于
　　灵丘。

甲辰［前 377 年］韩文侯卒，子哀侯继。赵攻中山，战于房子。鲁穆
　　公卒，子共公继。

乙巳［前 376 年］周安王崩，太子喜嗣位，是谓烈王。魏武侯、韩哀
　　侯、赵敬侯同灭晋而三分其地，以静公为家人，食端氏一城。

丙午［前 375 年］韩灭郑，徙都之。赵敬侯卒，子成侯继。宋休公
　　卒，子辟公继。

丁未

戊申［前 373 年］鲁伐齐，入阳关。赵伐齐，至博陵。

己酉［前 372 年］魏拔齐薛陵，攻赵北蔺。赵拔卫乡邑七十三。①
　　宋辟公卒，子剔成继。

庚戌［前 371 年］韩严弑其君哀侯，立其子懿侯。魏武侯卒，公子争
　　国，赵伐魏，立公子罃，是谓惠王。赵败秦军于鄗安。

辛亥［前 370 年］赵伐齐取甄，②魏败赵师于覃怀。齐威王烹阿大
　　夫，封即墨大夫万家。楚肃王卒，弟良夫继，是谓宣王。

壬子［前 369 年］周烈王崩，弟扁嗣位，是谓显王。齐西败赵、魏之
　　师于浊泽。赵输长城。③ 魏入观齐。魏败韩师于马陵。

癸丑［前 368 年］韩、魏及周一。④

甲寅［前 367 年］赵、韩分周为二。

─────────

① "卫"，原作"魏"，四库本同，据《史记》卷四三《赵世家》改。
② "取甄"，四库本作"至鄄"。
③ "输长城"三字原脱，据四库本补。
④ "及周一"，四库本作"攻周"。

乙卯［前366年］魏会赵攻秦，不利于宅阳。①

丙辰［前365年］齐攻秦，不利于石门。魏伐宋，取仪台。

丁巳［前364年］周显王西贺秦献公。魏与秦会于杜平。

戊午

己未［前362年］秦献公卒，子孝公继，败魏师于少梁。魏败韩师
　　于浍。

庚申［前361年］魏拔赵皮牢。

辛酉［前360年］周致文武胙于秦孝公。② 东周君惠公卒，子杰继。
　　韩、赵、魏伐齐。

壬戌［前359年］秦用卫鞅。韩懿侯卒，子昭侯继。

癸亥

　　经世之寅二千二百二十三

甲子［前357年］周显王十二年。宋取韩黄池。齐封驺忌为成侯。

乙丑［前356年］赵会燕于河上，会齐于平陆。鲁、卫、宋、郑朝魏。

丙寅［前355年］鲁共公卒，子康公继。齐会赵于郊，会魏于平陆，
　　会秦于杜平。

丁卯［前354年］秦败魏师于元里，取少梁。魏围赵邯郸。

戊辰［前353年］韩攻东周君，取陵观及邢丘。齐田忌、孙膑救赵，
　　败魏师于桂陵。③ 是年，齐始称王。

己巳［前352年］秦大良造卫鞅会韩、赵之师围魏襄陵。

庚午［前351年］韩用申不害为相。秦、赵伐魏，魏归赵邯郸，盟于
　　漳水之上。

辛未［前350年］赵成侯卒，世子继，是谓肃侯。秦开阡陌，大筑冀

---

① "宅"，四库本作"洛"。
② 四库本无"周"字。
③ 四库本无"师"字。

阙于咸阳,①自雍徙都之。

壬申

癸酉[前348年]赵夺晋君端氏,徙之屯留。秦初为赋。

甲戌

乙亥[前346年]鲁康公卒,子景公继。

丙子

丁丑

戊寅[前343年]周显王锡秦孝公,命为伯。齐威王卒,子宣王辟
　　强继。

己卯[前342年]诸侯西贺秦。

庚辰[前341年]齐救韩、赵,②田忌、田婴、孙膑大败魏师于马陵,
　　获将庞涓及世子申。

辛巳[前340年]楚宣王卒,子威王继。秦夺魏河西七百里。魏去
　　安邑,徙都大梁。

壬午

癸未[前338年]秦孝公卒,子惠文君继,是谓惠王。商鞅奔魏,魏
　　不受,复入于秦。③

甲申[前337年]秦惠文君夷商鞅族。苏秦入秦,不受。④

乙酉[前336年]周显王西贺秦。孟轲为魏卿。

丙戌[前335年]秦拔韩宜阳。魏惠王卒,子襄王继。齐宣王会魏
　　襄王于鄄。

丁亥[前334年]苏秦会赵、燕、韩、魏、齐、楚六国之师,盟于洹水之

---

① "冀阙","阙"原作"室",据四库本改。
② "齐"后,四库本有"人"字。四库本无"赵"字。
③ 四库本无"复"字。
④ "不"前,四库本有"秦"。

上以攻秦,至于函谷。韩作高门。是年,楚灭越,获其王无强,
　　尽取其地,东开地至浙江。魏始称王。齐田婴为相。①

戊子[前333年]燕文公卒,子易王立。韩昭侯卒,子惠王立。楚败
　　齐师于徐州。齐田婴诈楚,故不利。

己丑[前332年]齐会魏伐赵,又伐燕,取十城。

庚寅[前331年]秦伐魏。

辛卯[前330年]宋乱,公弟偃弑其君,代立,是谓元王。

壬辰[前329年]楚威王卒,子怀王槐继。魏伐楚,取陉山。秦伐
　　魏,取汾阴。

癸巳[前328年]秦用张仪为相。陈轸适楚。楚灭蜀。魏输秦
　　上郡。

　　经世之卯二千二百二十四

甲午[前327年]周显王四十二年。齐会魏攻韩之桑丘。

乙未[前326年]赵肃侯卒,子定继,是谓武灵王。齐用孟轲为
　　上卿。

丙申[前325年]孟轲去齐。

丁酉[前324年]秦始称王。齐宣王卒,子湣王地继。秦筑上郡塞。

戊戌[前323年]韩、燕称王。楚破魏襄陵,八城,②移兵攻齐。秦
　　张仪会齐、楚,执政于啮桑。

己亥[前322年]秦张仪出相魏。燕会韩、魏二君于区鼠。

庚子[前321年]周显王崩,子定嗣位,是谓慎靓王。是年,赵始称
　　王。齐封田婴于薛。盗杀苏秦于齐,苏代复相燕。燕易王
　　卒,③子哙继,子之专国。苏代使齐。

────────────

① 四库本无"齐"字。
② "八",四库本作"入"。
③ 四库本无"易"字。

辛丑[前320年]宋伐楚,取地三百里,始称王。秦、齐交婚。

壬寅[前319年]魏襄王卒,子哀王继。张仪复相。①

癸卯[前318年]楚会齐、赵、韩、魏、燕攻秦,不利,齐独后。秦樗里
　　疾大败六国之师,获将申差及韩、魏二公子。

甲辰[前317年]齐败魏师于观津,与秦争雄雌。鲁景公卒,子平公
　　继。秦败韩师于浊泽,韩请割名都[一以助伐楚,既而背
　　之],②秦又伐韩,败韩师于岸门,楚救不至。燕王哙以国属
　　子之。

乙巳[前316年]齐伐燕。秦伐赵,拔中都及西阳。

丙午[前315年]周慎靓王崩,子延继,是谓赧王,称西周君。秦拔
　　义渠二十五城,又取韩之石章。

丁未[前314年]楚、齐和亲。燕乱,将市被攻子之不克,反攻世子,
　　又不克,死。

戊申[前313年]楚攻秦,不利。秦伐齐,楚救不至。秦张仪绐
　　楚,③樗里疾攻赵。

己酉[前312年]楚怀王大伐秦,不利,又伐,又不利。秦庶长魏章
　　会齐、韩之师大败楚师于蓝田,又败之于丹水之阳,获其将屈
　　丐,遂取汉中地,置黔中郡。韩宣王卒,世子苍继,是谓襄王。
　　齐以五都兵攻燕。燕乱,国人立太子平,是谓昭王。

庚戌[前311年]楚屈原使齐。秦张仪使楚,会楚、齐、韩、赵、魏、燕
　　六国西事秦,至咸阳而秦惠王卒,世子武王继。④ 燕起金台,
　　以礼郭隗,乐毅自魏往,⑤邹衍自齐至,剧辛自赵至。

---

① "相"后,四库本有"秦"字。
② "一以助伐楚既而背之"九字原脱,据四库本补。
③ "绐",四库本作"结"。
④ 四库本无"世"字。
⑤ "往",四库本作"至"。

辛亥［前 310 年］秦会魏于临晋，张仪、魏章适魏，①樗里疾、甘茂
　　为相。

壬子［前 309 年］楚合齐以善韩。

癸丑［前 308 年］秦武王会魏哀王于应，会韩襄王于临晋。

甲寅［前 307 年］东、西二周君相攻。楚围韩之雍氏。② 秦甘茂拔
　　韩之宜阳，武王举周鼎，绝膑而死，③国人迎母弟稷于赵而立
　　之，是谓昭襄王，太后临朝称制，魏冉专政。赵武灵王改用
　　胡服。

乙卯［前 306 年］秦复韩武遂，严君疾、向寿为相，甘茂适魏。

丙辰［前 305 年］楚绝齐以善秦。

丁巳［前 304 年］秦昭襄王会楚怀王于黄棘，④复之上庸。

戊午［前 303 年］齐、韩、魏攻楚，楚求救于秦。鲁平公卒，子文公贾
　　继。秦取韩武遂，拔魏蒲坂。

己未［前 302 年］秦复魏蒲坂，会韩于武遂。

庚申［前 301 年］楚伐秦，不利。秦昭襄王会齐、韩、魏伐楚，败之于
　　重丘。

辛酉［前 300 年］齐孟尝君入秦为质。

壬戌［前 299 年］楚怀王放大夫屈原于江滨，与秦昭襄王会于武关，
　　不复，国人迎太子横于齐而立之，是谓顷襄王，其弟子兰为令
　　尹。齐归秦泾阳君，孟尝君自秦逃归。秦会齐、魏伐楚，取八
　　城。赵拔燕中山，攘地北至代，⑤西至九原。⑥

---

① “魏”，四库本作“卫”。
② “氏”，四库本作“邱”。
③ “膑”，四库本作“脉”。
④ “秦昭襄王会楚怀王”，四库本作“秦昭王与楚怀王会”。
⑤ “代”前，四库本有“燕”字。
⑥ “原”，四库本作“源”。

癸亥［前298年］齐会韩、魏伐秦，至于函谷。秦伐楚，取十六城。
　　赵武灵王称主父，会群臣于东宫，废太子章而授庶子何位，①
　　是谓惠文王，以肥义为之相。北略地，南入秦，称使者。
　　经世之辰二千二百二十五

甲子［前297年］周赧王十八年。楚怀王于秦逃归，不克。

乙丑［前296年］楚怀王死于秦，②楚遂绝秦。魏哀王卒，子昭王
　　继。齐会韩、魏、赵、宋五国之兵攻秦，至盐氏而还。秦与韩、
　　魏河北及封陵以和。韩襄王卒，子釐王继。赵主父灭中山，徙
　　其王于肤施，封废太子章于代，号安阳君，使田不礼为之相。

丙寅［前295年］秦免楼缓相，穰侯魏冉复相，率师攻魏。赵安阳君
　　及田不礼作难，③公子成及大夫李兑平之，主父死于沙丘宫。

丁卯［前294年］秦向寿伐韩，拔武始。

戊辰［前293年］楚与秦复和。韩伐秦，不利。秦左庶长白起大败
　　韩及诸侯之师于伊阙，取城五，坑军二十四万，获将公孙喜。

己巳［前292年］楚逆妇于秦。秦魏冉免相，大良造白起伐魏取垣，
　　攻楚拔宛。

庚午［前291年］秦魏冉复相，封陶邑，司马错伐韩轵及邓。

辛未［前290年］齐有田甲之难，免孟尝君相。魏献河东地方四百
　　里入秦。韩献武遂二百里入秦。赵会齐伐韩。

壬申［前289年］齐复孟尝君相。秦伐韩，拔六十一城。

癸酉［前288年］齐、秦约称东、西帝，复罢。

甲戌［前287年］齐孟尝君谢病。④ 秦昭襄王巡汉中及上郡、河北，

---

① “位”，四库本作“立”。
② “死”，四库本作“卒”。
③ 四库本无“田”字。
④ “孟尝君”，“君”原作“郡”，据四库本改。

拔魏新垣及曲阳。

乙亥［前286年］齐灭宋，至于泗上，十二诸侯、邹、鲁之君皆称臣，南取楚之淮北，西侵韩、赵、魏。魏献秦安邑，秦伐魏之河内，攻韩之夏山。

丙子［前285年］齐孟尝君以薛属魏。秦昭襄王会楚顷襄王于宛，会赵惠文王于中阳，伐齐拔九城。

丁丑［前284年］燕乐毅会秦、楚、韩、赵、魏五国之师伐齐，大败齐师于济西，遂入临菑，拔城七十，拜乐毅上卿，封昌国君，留围齐即墨及莒。齐湣王保莒。楚使淖齿救齐，杀齐湣王于莒。莒人立其子法章，是谓襄王。荀卿行祭酒。

戊寅［前283年］楚顷襄王会秦昭襄王于鄢。秦穰侯伐魏至于国。

己卯［前282年］秦昭襄王会韩釐王于新城，会魏昭王于新明，伐赵拔二城，伐韩取六邑。

庚辰［前281年］楚会魏、赵伐秦。秦伐楚，魏冉复相。赵使蔺相如入秦献璧。

辛巳［前280年］楚割上庸及汉中，请和于秦。秦白起拔赵二城，司马错拔楚上庸。燕昭王卒，子惠王继，以骑劫代乐毅将。① 乐毅奔赵。赵惠文王与秦昭襄王会于渑池，蔺相如相。

壬午［前279年］齐田单大破燕军于即墨，②获将骑劫，复城七十，迎襄王自莒入临菑，封田单安平君。秦白起拔楚西陵。

癸未［前278年］楚顷襄王出奔陈，郢陷于秦。大良造白起破楚入郢，烧夷陵，以郢为南郡，封起武安君。

甲申［前277年］秦拔楚巫及黔中，作黔中郡。魏昭王卒，子安釐王继。

---

① 四库本无"将"字。
② "破"，四库本作"败"。

乙酉［前276年］楚东收江旁十五邑以扞秦。① 魏拔秦二城,封无
　　忌信陵君。

丙戌［前275年］秦兵围大梁,魏入温请和。秦以穰侯为相国。韩
　　暴鸢救魏,不利。赵廉颇拔魏房子、安阳。

丁亥［前274年］魏芒卯攻韩,②不利。秦师救韩,败赵、魏之师十
　　五万于华阳,魏入南阳请和,以其地为南阳郡。

戊子［前273年］韩釐王卒,子桓惠王继。赵取东胡地。

己丑［前272年］楚黄歇奉太子完入秦为质求平,又助韩、魏伐燕。
　　齐田单拔燕中阳。③ 秦会楚、韩、赵、魏伐燕。燕惠王卒,子武
　　成王继。赵蔺相如伐齐。

庚寅［前271年］秦穰侯伐齐,取刚寿,以广陶邑。范雎自魏入秦。

辛卯［前270年］秦师伐韩,以逼周。

壬辰［前269年］秦中更胡伤攻赵阏与。赵奢击之,有功,封马服
　　君,与廉颇同位,秦人为之少惧。

癸巳［前268年］秦拔魏怀城。④

　　经世之巳二千二百二十六

甲午［前267年］周赧王四十八年。秦太子卒于魏。

乙未［前266年］秦拔魏郉丘,罢穰侯相国及宣太后权,以客卿范雎
　　为相,封应侯,魏冉就国。赵惠文王卒,⑤子丹继,是谓孝成
　　王,太后专政。

丙申［前265年］齐襄王卒,子建继。田单救赵。秦以安国君为太

---

① "收",四库本作"取"。
② "芒卯","芒"原作"茊",据四库本改。
③ 四库本无"齐"字。
④ "城",四库本作"义"。
⑤ "惠文王"原作"文惠王",据四库本改。

子,宣太后卒,拔赵三城,进围邯郸。赵出长安君为质于齐,求
救。赵胜为相,封平原君。

丁酉[前264年]齐用田单为相。秦白起攻韩,拔九城。

戊戌[前263年]楚顷襄王卒,太子完自秦亡归,继,是谓考烈王,以
左徒黄歇为令尹,号春申君,封于吴,食淮北地。秦白起拔韩
南郡。

己亥[前262年]楚献地于秦乞和。秦五大夫贲伐韩,拔五十城,①
以断太行路。韩冯亭以上党入于赵,赵受韩上党。廉颇军
长平。

庚子[前261年]楚伐鲁,取徐州。秦白起攻赵长平。

辛丑[前260年]秦武安君大败赵军于长平,进围邯郸。赵以赵括
代廉颇将,长平遂陷,兵四十万为秦所坑。

壬寅[前259年]秦分军为三,罢武安君白起将,以王龁代攻赵,拔
赵武安及皮牢,司马梗北定上党。赵使苏代使秦。

癸卯[前258年]秦加范雎相国,王龁围邯郸,张唐攻魏。燕武成王
卒,子孝王继。赵平原君求救于楚、魏。

甲辰[前257年]楚春申君、魏信陵君救赵。秦起武安君白起,不
克,杀之于杜邮。

乙巳[前256年]周赧王会齐、韩、赵、魏兵出伊阙攻秦,不利,西奔
秦。秦昭王灭周,尽入其地三十六城,徙其王于㣺狐。楚灭
鲁,以齐荀卿为兰陵令。

丙午[前255年]秦徙周民及九鼎于咸阳。蔡泽自燕入秦,代范雎
相。燕孝王卒,子喜继。

丁未[前254年]楚、齐、韩、燕、赵皆服命于秦,魏独后,秦使将军樛

① "五十",四库本作"十五"。

伐之,取吴城。

戊申[前 253 年]秦郊上帝于雍丘。赵徙都钜鹿。

己酉[前 252 年]赵平原君卒。

庚戌[前 251 年]秦昭襄王卒,太子安国继,是谓孝文王,立三日又
　　卒,子楚立,是谓庄襄王,以华阳夫人为后,子政为太子。吕不
　　韦为丞相,封文信侯,食河南十万户。楚春申君入吊于秦。燕
　　将栗腹攻赵,不利。赵廉颇破燕军于鄗,封颇信平侯。①

辛亥[前 250 年]东周君会诸侯攻秦不利,没于秦。秦丞相吕不韦
　　平东周,尽入其地,置三川郡,徙其君于阳人。赵廉颇伐燕,围
　　其国。

壬子[前 249 年]秦蒙骜拔赵太原,拔韩荣阳及成皋。

癸丑[前 248 年]秦蒙骜拔魏高都,又举赵三十城。楚、齐、魏、韩、
　　燕、赵攻秦,不利。

甲寅[前 247 年]秦庄襄王卒,太子政继,是谓始皇帝,以吕不韦为
　　相国,号仲父,同太后专政,李斯为舍人。齐田单屠聊城。魏
　　无忌自赵归国,率楚、齐、韩、赵、燕五国之师,攻秦军于河
　　外,②走蒙骜,追至函谷。

乙卯[前 246 年]秦蒙骜平晋阳。③

丙辰[前 245 年]赵孝成王卒,子偃继,是谓悼襄王,以乐乘代廉颇
　　将,颇奔魏。

丁巳[前 244 年]秦蒙骜攻魏拔二城,攻韩拔十二城。

戊午[前 243 年]魏安釐王卒,④子景湣王继,⑤信陵君亦卒。赵将

---

① 四库本无"颇"字。
② "攻",四库本作"败"。
③ "蒙"原脱,据四库本补。
④ 四库本无"安"字。
⑤ "继",四库本作"卒"。

李牧拔燕二城。

己未[前242年]秦拔魏二十城,置东郡。赵伐燕,获将剧辛。

庚申[前241年]楚考烈王会齐、韩、赵、魏、燕五国之兵伐秦,至于
　　函谷,不利,东徙都寿春,春申君就国于吴。

辛酉[前240年]秦拔魏之汲,赵拔魏之邺。

壬戌[前239年]秦封嫪毐长信侯,关政于内。韩桓惠王卒,子
　　安继。

癸亥[前238年]长信侯嫪毐作难,攻蕲年宫不克,伏诛,徙太后于
　　雍,流蜀者四千家。楚考烈王卒,子幽王悍继。

　　经世之午二千二百二十七

甲子[前237年]秦始皇帝十年。吕不韦坐嫪毐事免相,李斯为相。
　　齐、赵来置酒。复华阳太后于甘泉宫。

乙丑[前236年]秦王翦、桓齮拔赵九城。赵悼襄王卒,子迁继。秦
　　兵攻邺。

丙寅[前235年]秦会魏伐楚及韩,文信侯吕不韦自杀。

丁卯[前234年]秦桓齮大败赵军十万于平阳。韩公子非使秦,
　　不还。

戊辰[前233年]秦桓齮破赵宜安及赤丽。① 韩王安朝秦。

己巳[前232年]秦伐赵,一军攻邺,一军攻狼孟。燕太子丹自秦逃
　　归。赵李牧扞秦有功。

庚午[前231年]魏献秦丽邑。

辛未[前230年]秦内史腾灭韩,获其王,以其地为颍川郡。

壬申[前229年]秦王翦下井陉,大破赵军,进围钜鹿。赵以赵葱代
　　李牧,②颜聚代司马尚将。

---

① "丽",四库本作"岩"。
② "赵葱","葱"原作"忽",据四库本改。

癸酉［前228年］秦王翦灭赵，获其王，以其地为赵郡。楚幽王卒，
　　母弟犹立，庶兄负刍杀犹，代立。魏景湣王卒，子假继。赵亡，
　　公子嘉称王于代，①会燕军于上谷。

甲戌［前227年］秦王翦破燕军于易水。燕荆轲使秦，不还。

乙亥［前226年］秦王翦、王贲灭燕，获其太子丹。翦谢病，还，拔楚
　　十城。②

丙子［前225年］秦王贲灭魏，决河灌大梁，获其王。

丁丑［前224年］秦王翦破楚，杀其将项燕。楚丧师于鄟，③走寿春。

戊寅［前223年］秦王翦、蒙武灭楚，获其王，以其地为楚郡。

己卯［前222年］秦王贲平辽东，获燕王，平代，获赵太子。王翦定
　　越，以其地为会稽郡。

庚辰［前221年］秦王翦灭齐，获其王，以其地为齐郡。东至海及朝
　　鲜，西至临洮、羌中，南至北向户，北至阴山、辽东。分天下地
　　为三十六郡，罢侯置守。铸天下兵为十二金人。徙天下豪富
　　十二万户于咸阳。大建宫室，作阿房。为万世业，称始皇帝，
　　更以建亥月为岁首。

辛巳［前220年］西巡狩。至于陇右、北地，及回中乃复。

壬午［前219年］东巡狩。至于邹峄，封太山，禅梁甫，南登琅琊。
　　丞相隗林、王绾、卿士李斯、王戊、五大夫赵婴、将军杨樛及九
　　侯，勒帝功于金石，表于海上。遂南至于衡山，浮江自南郡由
　　武关乃复。

癸未［前218年］东巡狩，至于博浪沙中遇盗，遂登之罘，④刻石纪

①　"公子嘉"，原作"太子喜"，四库本同，据《资治通鉴》卷六改。
②　四库本无"十"字。
③　"鄟"，四库本作"蕲"。
④　"之罘"，原作"罘罳"，据四库本改。

功,北由上党乃复。

甲申

乙酉

丙戌［前215年］北巡狩。至于碣石,由上郡乃复。使蒙恬击胡,取
　　河南地。

丁亥［前214年］南取陆梁地,为桂林、象郡。又北斥匈奴,[1]自榆
　　中并河以东属之阴山,为三十四县。城河上,为塞。又使蒙恬
　　渡河取高阙、陶山、北假中,以筑亭障。

戊子［前213年］置酒咸阳宫,聚天下书,焚之。

己丑［前212年］聚天下学士于骊山,坑之。广阿房宫,自咸阳达于
　　渭南。

庚寅

辛卯［前210年］南巡狩。至于云梦,左丞相冯去疾留守,右丞相李
　　斯从行,少子胡亥请行,至九疑浮江,东至于会稽,又北至于琅
　　琊,[2]由平原达沙丘,崩。左丞相李斯、宦氏赵高矫帝书,[3]更
　　立少子胡亥,赐上郡太子、将军蒙恬死。遂还咸阳,胡亥立,是
　　谓二世皇帝。葬始皇帝于骊山。

壬辰［前209年］宦氏赵高为郎中令,[4]专政。东巡狩,至于会稽
　　北,又至于辽东乃复。大杀王族及群臣。复广阿房,征天下材
　　士,以五万人为屯卫,[5]咸阳三百里内不得食其谷。[6]戍卒陈
　　胜称王于楚。关东郡邑皆杀其令长以应陈胜而西攻秦。陈胜

---

① "匈奴","匈"原作"凶",据四库本改。
② "琅琊",四库本作"琅邪"。
③ "矫",四库本作"假"。
④ "郎中令",原作"中郎令",四库本同,据《史记》卷六《秦始皇本纪》改。后同。
⑤ "屯卫","卫"原作"尉",据四库本改。
⑥ 四库本无"内"字。

将武臣称王于赵,魏咎称王于魏,狄人田儋称王于齐,楚人项梁兵会稽,①徐人刘季称兵丰沛。陈胜兵西攻秦,至于戏。

癸巳[前208年]秦杀右丞相冯去疾、将军冯劫及囚左丞相李斯,谏罢阿房故也。将军章邯灭陈胜于城父,②破项梁于定陶,平田儋于临济,渡河北攻赵。田儋死,其弟荣立儋子市为王。陈胜将秦嘉立胜子景驹为王,项梁杀景驹,求楚怀王孙心,立之,保盱眙。项梁死,其子羽军彭城,其将刘季军砀山。楚王心收项梁军,自盱眙徙彭城,以刘季为砀郡长,封武安侯,俾南略地而西攻秦,以项羽为鲁国公,封长安侯,俾北救赵而西攻秦,约先入关者王。

经世之未二千二百二十八

甲午[前207年]秦二世三年。郎中令赵高称丞相,杀李斯及弑其君胡亥于望夷宫,代立不克,立二世兄之子婴为王。婴立,夷赵高三族。沛公兵十万由武关入,至咸阳,秦子婴降于轵道,收图籍,封宫室府库,示秦人以约法三章,③还军灞上,以待东诸侯。项羽北救赵,杀大将军宋义,④至钜鹿大败章邯军于洹水,秦军降者二十万,西坑之于新安,⑤合齐、赵、魏、韩、燕五国之兵四十万,由函谷而入,会沛公于戏,而屠咸阳,杀子婴,收子女玉帛,焚宫室府库。

乙未[前206年]项羽渝约,自主封建。立楚王心为义帝,徙之江南,都郴。封沛公季为汉王,迁之汉中,都南郑。分秦关中为三:一封降将章邯为雍王,都废丘;一封降将司马欣为塞王,

---

① “兵”,原作“称王”,据四库本改。
② “章邯”,“章”原作“张”,据四库本改。
③ “秦”,四库本作“众”。
④ “宋义”,“义”原作“毅”,据四库本改。
⑤ “西”,四库本作“悉”。

都栎阳；一封降将董翳为翟王，都高奴。分齐为三：一封齐将田都为临菑王，都临菑；一封齐将田安为济北王，都博阳；一封齐王田市为胶东王，徙即墨。① 分楚为三：一封楚将英布为九江王，都六；一封楚将共敖为临江王，都江陵；一封番君吴芮为衡山王，②徙邾。③ 分赵为二：一封楚将张耳为常山王，都襄国；一封赵王歇为代王，徙雁门。④ 分韩为二：一封楚将申阳为河南王，都洛阳；一封韩将韩成为韩王，⑤都阳翟。分魏为二：一封赵将司马卬为殷王，⑥都朝歌；一封魏王豹为魏王，徙平阳。⑦ 分燕为二：一封燕将臧荼为燕王，都蓟；一封燕王韩广为辽东王，徙无终。⑧ 封吴芮将梅铜十万户侯，赵歇将陈余环三县。田市将田荣不及封。羽自称西楚霸王，⑨王梁地九郡，都彭城。诸王之在戏下者，咸遣罢兵就国。羽亦东出，使人杀义帝于江上，杀韩王成，以郑昌代之。臧荼杀韩广于燕，并有其地，田荣杀田都、田安、田市于齐，并有其地，称齐王。彭越受荣符以覆梁地，陈余受荣兵以破常山。赵王歇自代迁都钜鹿。张耳走汉。项羽北破田荣于齐。荣死，弟横立荣子广，复保城阳。

丙申［前205年］汉王自南郑东，收三秦、二韩五诸侯兵，⑩合三河士五十六万，东伐楚。入彭城，取重宝美女，为置酒高会。项

---

① "徙"，四库本作"都"。
② "番君"，"番"原作"蕃"，据四库本改。
③ "徙"，四库本作"都"。
④ "徙"，四库本作"都"。
⑤ 四库本无"韩将"二字。
⑥ "司马卬"，"卬"原作"印"，据四库本改。
⑦ "徙"，四库本作"都"。
⑧ "徙"，四库本作"都"。
⑨ "霸"，四库本作"伯"。
⑩ 四库本无"诸"字。

羽至自伐齐,大破汉军于睢水,①杀十余万,并获汉王父母妻
子。汉王退保荥阳,筑甬道以通敖仓粟。使将韩信、张耳攻
魏、赵,丞相萧何兵至自关中。自此,日战于京、索间。

丁酉[前204年]楚围汉于荥阳,拔之。纪信、周苛、枞公死之。②
汉退师保成皋。九江王英布降于汉。彭越破楚军于下邳。韩
信、张耳平魏、赵,还军修武。汉王自成皋北渡河至修武。使
张耳收兵赵地。③韩信伐齐。卢绾、刘贾南渡白马津,会彭越
攻楚。楚又拔汉成皋。

戊戌[前203年]汉复取成皋,与楚对兵广武。韩信平齐,乞封假
王。项羽请和,约分天下于鸿沟。归汉王父母妻子。④还军
至阳夏,汉军复至,楚复败汉军。汉又大会韩信、彭越、英布及
诸侯兵于垓下。

己亥[前202年]汉灭楚。项羽死于东城,汉王以鲁国公礼葬羽于
谷城。楚之诸侯而王者并降封侯。封齐王韩信为楚王,治下
邳;建成侯彭越为梁王,治定陶;九江王英布为淮南王,治广
陵;韩王信为韩王,治阳翟;衡山王吴芮为长沙王,治临湘。肇
帝位于汜水之阳,西都长安,大建宫室。燕王臧荼不恭命,⑤
攻下代郡,往平之,获臧荼,以太尉卢绾为燕王。齐王田广卒,
叔横立,入于海。

庚子[前201年]帝游云梦,会诸侯于陈。执楚王韩信归,降为淮阴
侯。分其地为二,一封刘贾为荆王,治淮东;一封弟交为楚王,

治淮西。别封子肥为齐王。徙韩王信为太原王。匈奴寇马邑,韩王信以众叛。帝尊父太公为太上皇。

辛丑[前200年]帝北征韩王信于铜鞮,信走匈奴,遂征匈奴,[1]至于平城。匈奴围帝于平城七日。樊哙北定代。以兄仲为代王。

壬寅[前199年]建未央宫。代王刘仲自雁门逃归,废为合阳侯,以陈豨为代王。

癸卯[前198年]大朝诸侯于未央宫。赵相贯高事觉。

甲辰[前197年]太上皇及太上后崩。陈豨以雁门叛,帝北征。诛淮阴侯韩信并夷三族。萧何为相国。

乙巳[前196年]梁王彭越以定陶叛,平之,夷三族。淮南王英布以广陵叛,兼有淮东西地。

丙午[前195年]帝征淮南,平之,夷英布三族。周勃平代,获陈豨于当城。帝崩,太子盈践位,是谓惠帝,太后吕氏临朝称制,萧何、曹参、陈平、周勃辅政,葬高祖于长陵。卢绾以燕叛。

丁未[前194年]太后杀赵王如意及母夫人戚氏。齐王肥献阳城,为鲁元公主汤沐邑。

戊申[前193年]相国萧何卒,曹参为相国。

己酉[前192年]城长安。

庚戌[前191年]除挟书律。

辛亥[前190年]相国曹参卒,王陵为右丞相,陈平为左丞相。

壬子[前189年]太尉樊哙卒,周勃为太尉。

癸丑[前188年]惠帝崩,立无名子为帝,葬惠帝于安陵,封吕氏四人为王、六人为侯,罢王陵相,进陈平右丞相,以审食其为左丞

---

① "征",四库本作"及"。

相。关政于内，①太后专制，名雉。

甲寅

乙卯

丙辰

丁巳［前184年］幽无名子于永巷，杀之。立恒山王义为帝。②

戊午［前183年］尉它称帝南越。

己未［前182年］匈奴寇狄道。

庚申［前181年］太后杀赵王友，以梁王吕产为相国、赵王吕禄为上
　　将军，分统南北军。

辛酉［前180年］太后吕氏崩。丞相陈平、太尉周勃、朱虚侯刘章、
　　曲周侯郦商及子寄诛吕产，③获南北军，夷吕氏三族，废恒山
　　王义，迎高祖中子代王恒于雁门，立之，是谓文帝。以宋昌为
　　卫将军，专南北军，丞相陈平让周勃右丞相而为左丞相，灌婴
　　为太尉，张武为中郎。

壬戌［前179年］以皇子启为皇太子。周勃免相，陈平兼左右丞相。

癸亥［前178年］丞相陈平卒，周勃复相。始作铜虎符。

　　　　经世之申二千二百二十九

甲子［前177年］汉孝文皇帝三年。免周勃相，以灌婴为相。王兴
　　居以济北叛，平之。匈奴寇北地。

乙丑［前176年］绛侯周勃下廷尉。

丙寅

丁卯［前174年］王长以淮南叛，徙之蜀。放贾谊于长沙。

戊辰

---

① "于"原脱，据四库本补。
② "义为帝"，原作"为义帝"，据四库本改。
③ "诛"后，四库本有"吕禄"二字。

己巳

庚午

辛未

壬申

癸酉

甲戌［前 167 年］除肉刑。

乙亥

丙子［前 165 年］祀上帝。

丁丑

戊寅［前 163 年］改称元年，是谓后元。

己卯

庚辰

辛巳

壬午

癸未［前 158 年］匈奴寇云中、上郡。命六将屯备，周亚夫军细柳。

甲申［前 157 年］文帝崩，太子启践位，是谓孝景皇帝，葬太宗于
　　　灞陵。

乙酉［前 156 年］与匈奴约和亲。

丙戌

丁亥［前 154 年］吴王濞、胶西王卬、楚王戊、赵王遂、济南王辟光、
　　　菑川王贤、胶东王雄渠七国连叛。诛御史大夫晁错。七国平。
　　　梁孝王霸有东土。

戊子［前 153 年］以皇子荣为皇太子。

己丑［前 152 年］以公主嫔于匈奴。

庚寅

辛卯［前 150 年］废皇太子荣，以胶东王彻为皇太子。太尉周亚夫

　　为丞相。

壬辰［前 149 年］改称元年，是谓中元。

癸巳

　　经世之酉二千二百三十

甲午［前 147 年］汉孝景皇帝十年。周亚夫免相。

乙未

丙申

丁酉

戊戌［前 143 年］载改元年，①是谓后元。周亚夫下狱，死。

己亥

庚子［前 141 年］景帝崩，皇太子彻践位，是谓孝武皇帝，葬景帝于
　　阳陵。

辛丑［前 140 年］改建元元年。

壬寅［前 139 年］窦婴免相，田蚡免太尉。

癸卯

甲辰

乙巳

丙午

丁未［前 134 年］改元元光，始令郡国贡孝廉，董仲舒起焉。

戊申［前 133 年］命将五兵三十万大伐匈奴，不利。

己酉

庚戌［前 131 年］窦婴弃市。田蚡卒。

辛亥［前 130 年］废皇后陈氏，以卫子夫为皇后，②弟青为将军。

壬子［前 129 年］命将四大伐匈奴，无功。

─────────────

① "载"，四库本作"再"。
② "子夫"，四库本作"夫人"。

癸丑［前 128 年］改元元朔。

甲寅［前 127 年］卫青伐匈奴有功，收河南，置朔方、五原郡。

乙卯

丙辰［前 125 年］匈奴寇上郡。

丁巳［前 124 年］匈奴寇雁门，卫青伐之有功，拜大将军。公孙弘为
　　丞相，封平津侯。

戊午［前 123 年］卫青征匈奴，大有功。霍去病为嫖姚校尉。张骞
　　通西域有功，封博望侯。

己未［前 122 年］改元元狩，获白麟故也。淮南王安、衡山王赐二国
　　叛，平之。册据为皇太子。

庚申［前 121 年］霍去病征匈奴，至于居延，拜骠骑将军。李广征匈
　　奴无功，谪为庶人。

辛酉

壬戌［前 119 年］卫青、霍去病、李广大伐匈奴。李广自杀。

癸亥［前 118 年］丞相李蔡自杀。

　　　经世之戌二千二百三十一

甲子［前 117 年］汉孝武皇帝二十四年。大司马霍去病卒。

乙丑［前 116 年］改元元鼎。

丙寅［前 115 年］丞相翟青下狱，死。

丁卯［前 114 年］徙函谷关于新安。

戊辰［前 113 年］封方士栾大为乐通侯。

己巳［前 112 年］南越王相吕嘉叛。诸侯坐酎金轻，夺爵者一百六
　　十人。丞相赵周下狱死。① 乐通侯栾大坐诬罔，弃市。西羌
　　及匈奴寇五原。

---

① “赵周”，“周”原作“同”，据四库本改。

庚午［前111年］南寇平。东越王余善叛。卜式为御史大夫。①

辛未［前110年］改元元封。帝征匈奴,至于北海。东越杀余善降。
　　有事于东、西、中三岳及禅梁甫。东巡狩,至于碣石。西历九
　　原,归于甘泉。

壬申［前109年］复巡太山,作瓠子堤。朝鲜寇辽东。

癸酉［前108年］朝鲜杀其王右渠以降。祀汾阴后土。

甲戌

乙亥［前106年］南巡狩,至于盛唐。大司马卫青卒。

丙子［前105年］西幸回中及祀汾阴后土。②

丁丑［前104年］改元太初。东巡大山。③ 更以建寅月为岁首。西
　　伐大宛。起建章。

戊寅［前103年］北幸河东,祀后土。骑二万征匈奴,不复。

己卯［前102年］东巡海上。匈奴寇张掖、酒泉。

庚辰［前101年］李广利平大宛,获其王及汗血马。

辛巳［前100年］改元天汉。中郎将苏武使匈奴。④ 北幸河东。

壬午［前99年］东巡至于海上,又西幸回中。将军李陵征匈奴,不还。

癸未［前98年］东巡太山,又北幸常山。匈奴寇雁门。

甲申［前97年］大伐匈奴,不利。朝诸侯于甘泉宫。

乙酉［前96年］改元太始。

丙戌［前95年］西幸回中。

丁亥［前94年］东巡海上。

戊子［前93年］东巡太山。

---

① "卜式","卜"原作"下",据四库本改。
② "汾阴","汾"原作"分",据四库本改。
③ "大",四库本作"太"。
④ "匈奴","奴"原作"使",据四库本改。

己丑［前92年］改元征和。① 巫蛊事起。

庚寅［前91年］太子杀江充，相刘屈氂攻太子，②战于长安，太子败
　　死，皇后自杀，诸邑公主皆坐巫蛊死。

辛卯［前90年］大伐匈奴。巫蛊事觉，诛丞相刘屈氂。

壬辰［前89年］东巡海上。天下疲于兵革。

癸巳［前88年］改元后元。重合侯马通叛。

　　　经世之亥二千二百三十二

甲午［前87年］汉孝武皇帝五十四年。册皇子弗陵为皇太子。帝
　　幸鳌屋五柞宫，崩。大司马霍光受顾命。③ 太子弗陵嗣皇帝
　　位，是谓昭帝。葬世宗于茂陵。大将军霍光专政。

乙未［前86年］改元始元。

丙申

丁酉

戊戌

己亥

庚子

辛丑［前80年］改元元凤。诛鄂邑长公主及燕王旦，左将军上官桀
　　谋害霍光事觉故也。

壬寅

癸卯

甲辰［前77年］丞相田千秋卒。

乙巳［前76年］丞相王䜣卒。

丙午

───────────

①　"征"，原作"正"，据四库本改。
②　"刘屈氂"，"氂"原作"氂"，据四库本改。后同。
③　"受"字原脱，据四库本补。

丁未［前 74 年］改元元平。帝崩，昌邑王贺立，葬昭帝于平陵。①
　　贺立不明，大将军霍光废之，迎戾太子孙询，立之，是谓孝宣皇
　　帝。邴吉为相。②

戊申［前 73 年］改元本始。

己酉［前 72 年］命将五兵十五万，大伐匈奴。

庚戌

辛亥［前 70 年］皇后许氏遇毒，崩。霍光以女上皇后。

壬子［前 69 年］改元地节。

癸丑［前 68 年］大司马大将军霍光卒，子禹继事。

甲寅［前 67 年］册皇子奭为皇太子。

乙卯［前 66 年］大司马霍禹谋逆事觉，夷三族，废皇后霍氏。

丙辰［前 65 年］改元元康。

丁巳［前 64 年］册王氏为皇后。

戊午［前 63 年］太子太傅疏广、太子少傅疏受谢病，归东海。

己未

庚申［前 61 年］改元神雀。赵充国伐西羌。

辛酉

壬戌［前 59 年］萧望之为御史大夫。

癸亥［前 58 年］颍川太守黄霸赐爵关内侯。河南太守严延年
　　弃市。

以运经世之八　观物篇之三十二

经元之甲一

──────────

① "昭帝"，原作"世宗"，据四库本改。
② "邴"，四库本作"丙"。

经会之午七

经运之庚一百八十七

经世之子二千二百三十三

　　经世之子二千二百三十三

甲子[前57年]汉孝宣皇帝十七年。改元五凤。左冯翊太守韩延
　　寿弃市。贬萧望之为太子太傅,坐慢丞相邴吉也。平通侯杨
　　恽弃市,坐怨望也。

乙丑

丙寅[前55年]丞相邴吉卒。黄霸为相。

丁卯

戊辰[前53年]改元甘露。

己巳

庚午[前51年]匈奴呼韩邪单于来朝。① 于定国为相。

辛未

壬申[前49年]改元黄龙。宣帝崩于未央宫,皇太子奭践位,是谓
　　孝元皇帝。

癸酉[前48年]改元初元。葬中宗于杜陵。

甲戌[前47年]册皇子骜为皇太子。盗杀萧望之。

乙亥

丙子[前45年]幸河东。

丁丑

戊寅[前43年]改元永光。

乙卯②

庚辰[前41年]西羌平。

----

① “呼韩邪”,“邪”原作“增”,据四库本改。
② 是年,四库本有“西羌叛韦玄成为相”八字。

辛巳

壬午

癸未[前 38 年]改元建昭。

甲申

乙酉[前 36 年]匡衡为相。

丙戌

丁亥

戊子[前 33 年]改元竟宁。帝崩，皇太子骜即位，①是谓孝成皇帝。
　　葬高宗于渭陵。王凤为大司马大将军，专政。

己丑[前 32 年]改元建始。

庚寅

辛卯[前 30 年]王商以诬免相。② 匡衡为庶人。

壬辰[前 29 年]河大决。王商为相。

癸巳[前 28 年]改元河平。

　　经世之丑二千二百三十四

甲午[前 27 年]汉孝成皇帝六年。

乙未

丙申

丁酉[前 24 年]改元阳朔。京兆尹王章下狱死。张禹为相。

戊戌[前 23 年]王音为御史大夫。

己亥[前 22 年]大司马王凤卒，弟音继事。

庚子

辛丑[前 20 年]改元鸿嘉。

壬寅[前 19 年]幸云阳。

---

① “即”，四库本作“践”。
② “以诬”，四库本作“薛宣”。

癸卯[前18年]废皇后许氏。

甲辰

乙巳[前16年]改元永始。封王莽新都侯。册赵飞燕为皇后。

丙午[前15年]大司马王音卒。王商为大司马,翟方进为相,孔光
　　为御史大夫。

丁未

戊申[前13年]大司马王商免,王根为大司马。

己酉[前12年]改元元延。

庚戌

辛亥

壬子

癸丑[前8年]改元绥和。

甲寅[前7年]成帝崩,皇太子欣践位,是谓孝哀皇帝。太后王氏临
　　朝称制。大司马王根专政。葬成帝于延陵。王根罪免,丁明
　　为大司马,①孔光为丞相。

乙卯[前6年]改元建平。册傅氏为皇后,傅喜为大司马,朱博为大
　　司空。

丙辰[前5年]傅喜免,丁明复为大司马。孔光免。朱博自杀。

丁巳[前4年]相平当薨,②王嘉为相。

戊午[前3年]息夫躬下狱死。

己未[前2年]改元元寿。王嘉以下狱死。③ 大司马丁明免。

庚申[前1年]哀帝崩,元帝孙中山王子衍即位,是谓孝平皇帝,年
　　方九岁,太后卫姬临朝,以王莽为太傅,辅政王室。元始五年,

---

① “大司马”,“大”原脱,据四库本补。
② “平当”,四库本作“王商”。
③ “王”前,四库本有“相”字。四库本无“以”字。

立莽女为皇后。①

辛酉[1年]改元元始。封大司马王莽安汉公。

壬戌

癸亥

　　经世之寅二千二百三十五

甲子[4年]汉孝平皇帝四年。王莽以女上皇后。

乙丑[5年]王莽弑帝于未央宫,立元帝孙孺子婴,莽加九锡。

丙寅[6年]王莽改元居摄。

丁卯[7年]王莽称假皇帝。翟义立严乡侯信于东都,莽将王邑
　　灭之。

戊辰[8年]王莽改元初始。

己巳[9年]王莽窃国命,改国为新室,元曰建国,降孺子婴为定
　　安公。

庚午②

辛未

壬申

癸酉

甲戌[14年]王莽改元天凤。四夷交侵中国。

乙亥

丙子

丁丑③

_____

①　此年,四库本作"三公分职,董贤为大司马,孔光为大司徒,彭宣为大司空。帝崩,太
　　皇太后王氏称制,罢董贤大司马,以王莽为大司马、录尚书事,废太后赵氏,迎元帝
　　庶孙中山王衍,立之,是谓平帝。葬哀帝于义陵。王莽专政"。

②　是年,四库本有"王莽大杀宗室校书郎扬雄投天禄阁不克死"十八字。

③　是年,四库本有"群盗起"三字。

戊寅

己卯［19年］校书郎扬雄卒。①

庚辰［20年］王莽改元地皇。兵起绿林。

辛巳

壬午［22年］刘玄称兵宛、邺。② 刘秀及兄伯升称兵舂陵。

癸未［23年］刘玄称帝，元曰更始，以刘伯升为司徒，刘秀为太常偏
　　将军。是年，大破莽将王寻、王邑军于昆阳三辅，遂灭莽于渐
　　台。刘玄拜刘秀破虏大将军，行大司马事，使持节巡抚河北。
　　王郎〔以王〕子林称帝邯郸。③

甲申［24年］刘玄西入长安，杀汉孺子婴。大将军刘秀北徇蓟，还
　　拔邯郸，诛王郎，受刘玄萧王，又号为铜马帝，破赤眉大肜于射
　　犬。赤眉西入函关，攻更始。李宪自立称王。淮南秦丰自号
　　楚黎王。董宪起东海。延岑称兵汉中。④

乙酉［25年］萧王肇帝位于河朔之鄗，国曰汉，元曰建武，南次洛
　　阳，⑤都之。赤眉陷长安，称帝，杀刘玄。公孙述称帝成都，元
　　曰龙兴。刘永称帝睢阳。隗嚣称兵陇右。卢芳称兵安定。彭
　　宠称王蓟门。

丙戌［26年］赤眉焚长安宫室、陵寝。铜马、青犊、尤来立孙登为帝
　　于上郡，⑥其将乐方杀之。

––––––––––––––

① “扬雄”，“扬”原作“杨”，据四库本改。
② “邺”，原作“业”，据四库本改。
③ “以王”二字原脱，据四库本补。
④ 四库本此年作“刘玄西入长安，杀汉孺子婴。大将军刘秀北徇蓟还，拔邯郸，诛王
　　郎，受玄封萧王，又败铜马贼于鄡，又败赤眉贼于射犬。赤眉西攻长安。刘永擅命。
　　睢阳公孙述称王巴蜀。李宪称王淮南。秦丰称王黎邱。张步称兵琅琊。董宪称兵
　　东海。延岑称兵汉中。田戎称兵夷陵”。
⑤ “次”，四库本作“拔”。
⑥ “青”，四库本作“赤”。

丁亥[27年]赤眉降汉于宜阳,长安平。盖延平刘永于睢阳。隗嚣
　　以西州格命。李宪称帝淮南。

戊子

己丑[29年]彭宠为家奴所杀,来降,封不义侯,蓟门平。朱祐平秦
　　丰于黎丘,灭张步于临淄。卢芳称帝五原。帝征严光,不起。

庚寅[30年]马成平李宪于淮南。吴汉平董宪于东海。隗嚣以西
　　州入于蜀。

辛卯

壬辰[32年]西征。冯异、窦融破隗嚣于陇右。

癸巳[33年]隗嚣死,子纯立。来歙、冯异伐蜀,入天水。

　　　经世之卯二千二百三十六

甲午[34年]汉光武皇帝十年。西征,灭隗纯于陇右。

乙未[35年]西征蜀,至于南阳。吴汉、岑彭大破蜀军于荆门。

丙申[36年]吴汉拔成都,诛公孙述及将田戎、岑延。

丁酉[37年]卢芳自五原亡入匈奴。

戊戌[38年]天下平。

己亥[39年]大司徒欧阳歙下狱死。

庚子[40年]交阯女征侧叛。青、徐、幽、冀盗起。

辛丑[41年]南巡。废皇后郭氏为中山太后,册贵人阴氏为皇后。

壬寅[42年]西巡。史歆以成都叛,吴汉复平之。马援伐交阯。幸
　　长安。

癸卯[43年]南巡。马援平交阯,封新息侯。废皇太子强为东海
　　王,以东海王庄为皇太子。①

甲辰[44年]大司徒戴涉下狱死。

---

① "庄",四库本作"阳"。"子"后,四库本有"改名庄"三字,属下读。

乙巳

丙午

丁未

戊申

己酉［49 年］马援破武陵蛮。

庚戌［50 年］作寿陵。

辛亥

壬子

癸丑

甲寅［54 年］东巡狩。

乙卯

丙辰［56 年］东封太山，禅梁甫。改元中元。西幸长安。冯鲂为
　　司空。①

丁巳［57 年］帝崩。皇太子庄践位，是谓孝明皇帝。葬世祖于
　　原陵。

戊午［58 年］改元永平。

己未

庚申

辛酉

壬戌［62 年］北巡。②

癸亥［63 年］东巡。③

　　　经世之辰二千二百三十七

甲子［64 年］汉孝明皇帝七年。

①　"冯鲂"，"鲂"原作"房"，据四库本改。
②　"巡"后，四库本有"至于邺"三字，下读。
③　"巡"后，四库本有"至于岱"三字，下读。

乙丑

丙寅

丁卯[67年]南巡狩。

戊辰

己巳[69年]牟融为司空。

庚午[70年]河大决。

辛未

壬申[72年]东巡狩。

癸酉[73年]司徒邢穆、驸马都尉韩光下狱死。①

甲戌

乙亥[75年]帝崩。皇太子炟践位,②是谓孝章皇帝。葬显宗于
　　节陵。

丙子[76年]改元建初。

丁丑

戊寅

己卯[79年]鲍昱为太尉。③ 桓虞为司徒。诏于白虎观议五经
　　异同。

庚辰

辛巳

壬午[82年]废皇太子为清河王,④立皇子肇为皇太子。北幸邺,西
　　幸长安。

癸未[83年]东巡狩。

---

① "驸马","驸"原作"附",据四库本改。
② "炟",原作"坦",据四库本改。
③ "鲍昱","昱"原作"宣",据四库本改。
④ "子"下,四库本有"庆"字。

甲申[84 年]改元元和。南巡狩。邓彪为太尉。①

乙酉[85 年]东巡狩。

丙戌[86 年]北巡狩。

丁亥[87 年]改元章和。南巡狩。

戊子[88 年]帝崩。皇太子肇践位,是谓孝和皇帝。太后窦氏临朝
　　称制。窦宪为车骑将军,专政。葬肃宗于敬陵。以邓彪为太
　　尉、录尚书事。②

己丑[89 年]改元永元。窦宪败匈奴于稽落山。以窦宪为大
　　将军。③

庚寅

辛卯[91 年]帝加元服。班超平西域。

壬辰[92 年]窦宪作逆事觉,伏诛。帝始亲万机。

癸巳

　　经世之巳二千二百三十八

甲午[94 年]汉孝和皇帝六年。

乙未

丙申

丁酉[97 年]司徒刘方有罪自杀。

戊戌

己亥

庚子[100 年]张酺罢太尉,张禹为太尉。

辛丑[101 年]鲁恭为司徒。

壬寅[102 年]废皇后阴氏,册贵人邓氏为皇后。徐防为司空。

———————

① "彪",四库本作"弘"。
② 四库本无"以"字。
③ 此年四库本作"改元永元。窦宪败匈奴于稽落,勒功燕然,还为大将军"。

癸卯［103 年］南巡。

甲辰［104 年］司徒鲁恭罢免，徐防为司徒，陈宠为司空。

乙巳［105 年］改元元兴。帝崩。皇子隆立，是谓殇帝。太后邓氏
　　临朝称制。车骑将军邓骘专政。

丙午［106 年］改元延平。葬穆宗于慎陵。帝又崩，邓骘迎章帝孙
　　祐立之，是谓孝安皇帝。葬殇帝于康陵。尹勤为司空。

丁未［107 年］改元永初。① 鲁恭为司徒，张禹为太尉，张敏为司空。
　　周章谋废立不克，自杀。

戊申［108 年］邓骘为大将军。

己酉［109 年］帝加元服。

庚戌［110 年］海寇乱。

辛亥［111 年］西羌入寇。张禹免太尉。

壬子［112 年］太后邓氏有事于太庙。刘恺为司空。

癸丑

甲寅［114 年］改元元初。司马苞为太尉。

乙卯［115 年］册阎氏为皇后。刘恺为司徒，袁敞为司空。

丙辰［116 年］李咸为司空。

丁巳

戊午

己未

庚申［120 年］改元永宁。杨震为司徒。

辛酉［121 年］改元建光。太后邓氏崩，帝始亲政事。特进邓骘、度
　　辽将军邓遵下狱死。②

壬戌［122 年］改元延光。

────────────

① "永初"，"初"原作"和"，据四库本改。
② "度"，原作"渡"，据四库本改。

癸亥［123 年］司徒杨震为太尉。

　　经世之午二千二百三十九

甲子［124 年］汉孝安皇帝十八年。东巡。废皇太子保为济阴王。
　　杨震罢太尉，冯石为太尉。

乙丑［125 年］帝南巡，崩于叶。太后阎氏临朝称制，阎显为车骑
　　将军，专政。立章帝玄孙北乡侯懿，诛大将军耿宝，葬恭宗
　　于恭陵。懿又卒，车骑将军阎显及大长秋江京闭宫门，择立
　　它子，中黄门孙程十九人杀江京，迎济阴王立之，①是谓孝顺
　　皇帝。显兵入北宫，不胜。孙程取阎显及江京之党，杀之，
　　乱乃定。以王礼葬北乡侯。冯石为太傅，刘喜为太尉，李郃
　　为司徒。

丙寅［126 年］改元永建。皇太后阎氏崩。桓焉为太傅，朱宠为太
　　尉，朱伥为司徒。

丁卯

戊辰

己巳［129 年］帝加元服。庞参为太尉，王龚为司空，刘俊为司徒。

庚午［130 年］班勇弃市。

辛未

壬申［132 年］改元阳嘉。册梁氏为皇后。

癸酉［133 年］施延为太尉。

甲戌［134 年］黄尚为司徒，王卓为司空。

乙亥

丙子［136 年］改元永和。王龚为太尉。

丁丑［137 年］郭虔为司空。

----

① "王"，原作"侯"，据四库本改。

戊寅［138 年］刘寿为司徒。

己卯［139 年］诛中常侍张逵。①

庚辰

辛巳［141 年］赵诚为司空，梁冀为大将军。

壬午［142 年］改元汉安。遣张纲等八使持节巡行天下。广陵寇
　　乱。赵峻为太尉，胡广为司徒。

癸未［143 年］彭门寇乱。

甲申［144 年］改元建康。帝崩。皇太子炳践位，是谓冲帝。太后
　　梁氏临朝称制，大将军梁冀专政。葬敬宗于宪陵。盗发宪陵。
　　免尚书栾巴为庶人。

乙酉［145 年］改元永嘉。帝崩。太后梁氏、大将军梁冀迎肃宗孙
　　缵立之，是谓质帝。葬冲帝于怀陵。江淮寇乱，九江贼称黄
　　帝，历阳贼称黑帝。

丙戌［146 年］改元本初。② 梁冀弑帝，迎肃宗曾孙志立之，是谓桓
　　帝。李固罢免。梁冀专政。

丁亥［147 年］改元建和。梁冀以女上皇后。杜乔为太尉，胡广罢
　　免。李固、杜乔下狱死。

戊子［148 年］帝加元服。赵诚为太尉，袁汤为司徒。

己丑

庚寅［150 年］改元和平。太后梁氏崩。

辛卯［151 年］改元元嘉。黄琼为司空，寻罢免。

壬辰

癸巳［153 年］改元永兴。袁成、逢隗为三公。

　　经世之未二千二百四十

---

① "张逵"，"逵"原作"达"，据四库本改。
② "本初"，"本"原作"太"，据四库本改。

甲午［154 年］汉孝桓皇帝八年。黄琼为太尉,尹颂为司徒。

乙未［155 年］改元永寿。韩缜为司空。

丙申

丁酉

戊戌［158 年］改元延熹。

己亥［159 年］皇太后梁氏崩。大将军梁冀谋逆事觉,夷三族。黄
　　门单超擅命,①胡广、韩缜减死。②

庚子［160 年］白马令李云直谏,死于狱。太山及长沙寇乱。

辛丑［161 年］武库火。

壬寅

癸卯

甲辰［164 年］南巡。杨秉为太尉。③

乙巳［165 年］废皇后邓氏,册贵人窦氏为皇后。陈蕃为太尉,窦武
　　为大将军。

丙午［166 年］党锢事起,司隶李膺等三百人下狱。

丁未［167 年］改元永康。帝崩。太后窦氏临朝称制。

戊申［168 年］窦武迎肃宗玄孙解犊侯宏立之,④是谓灵帝。窦武录
　　尚书事,专政。改元建宁。葬威宗于宣陵。中常侍曹节、王甫
　　杀太傅陈蕃、大将军窦武及尚书尹勋、侍中刘瑜、屯骑校尉冯
　　述,夷其族,徙太后窦氏于南宫,谋诛宦氏不克故也。胡广为
　　太尉,刘宠为司徒。

己酉［169 年］朋党事复起,杀李膺等百人。

---

① “黄门”,“门”原作“开”,据四库本改。
② “减”,原作“灭”,据四库本改。
③ “杨秉”,“秉”原作“东”,据四库本改。
④ “侯”前,四库本有“亭”字。

庚戌

辛亥［171年］帝加元服，册宋氏为皇后。

壬子［172年］改元嘉平。太后窦氏崩。诬构事大起。

癸丑［173年］段颎为太尉，①杨赐为司空。

甲寅［174年］李咸为太尉。

乙卯［175年］五经文皆刻石于太学。袁隗为司徒。

丙辰［176年］刘宽为太尉，杨赐为司徒。②

丁巳［177年］大伐鲜卑。孟彧为太尉，③陈耽为司空。

戊午［178年］改元光和。合浦、交阯内寇。废皇后宋氏。大鬻爵，
　　至三公。袁滂为司徒。

己未［179年］诸贵臣下狱，死者相继，宦氏诬故也。刘郃为司徒，④
　　段颎为太尉，张济为司空。

庚申［180年］陈耽为司徒。册何氏为皇后。

辛酉［181年］作宫市，帝游，以驴为驾。

壬戌

癸亥

　　经世之申二千二百四十一

甲子［184年］汉孝灵皇帝十七年。⑤ 黄巾寇起。邓盛为太尉，
　　张温为司空。侍中向栩、张钧下狱死。阉人大起诬构。黄
　　巾平。

乙丑［185年］黑山贼起。崔烈为司徒，张延为太尉，许相为司空。
　　三辅寇乱。陈耽、刘陶坐直言死。

---

① "段颎"，原作"假颖"，据四库本改。后同。
② "司徒"，"徒"原作"空"，据四库本改。
③ "孟彧"，"彧"原作"郁"，据四库本改。
④ "刘郃"，"郃"原作"劭"，据四库本改。
⑤ "汉"前，四库本有"改元中平"四字。

丙寅［186年］张温为太尉。江夏兵起。前太尉张延下狱死。

丁卯［187年］卖官至关内侯。曹嵩为太尉。三辅盗起,渔阳贼
　　称帝。

戊辰［188年］天下群盗起,黄巾贼复寇郡国称帝。① 置八校尉,以
　　捕天下群盗。马日磾为太尉,曹操为典军校尉,袁绍为中军校
　　尉,董重为骠骑将军。

己巳［189年］帝崩。皇太子辩践位。皇太后何氏临朝称制,大将
　　军何进专政。改元光熹。封皇弟协为渤海王。杀上军校尉蹇
　　硕、骠骑将军董重及太皇太后董氏,议立协故也。徙协为陈留
　　王。中常侍张让、段珪杀大将军何进,中郎袁术以兵攻东宫,
　　张让、段珪以帝及陈留王走北宫,②何苗攻北宫,司隶校尉袁
　　绍兵入,大杀阉竖。让、珪以帝及陈留王出走小平津,尚书卢
　　植兵追及之,让、珪投于河死,卢植以帝及陈留王还宫。改元
　　昭宁。董卓自太原入,废帝为弘农王,立陈留王协,是谓献帝。
　　徙太后何氏于永安宫。改元永汉。卓杀太后何氏及弘农王辩
　　于永安宫,③称相国,专制。黄琬为太尉,杨彪为司徒,荀爽为
　　司空。袁绍入冀州。

庚午［190年］改元初平。天下兵起。群校尉推袁绍为主,同攻董
　　卓。卓大杀宗室及官属,迁帝西都长安。孙坚起兵荆州。白
　　波贼寇东郡。刘虞为太傅,种拂为司空。

辛未［191年］董卓称太师,大焚洛阳宫阙及徙居民于长安。孙坚
　　败董卓兵于阳人,入洛,修完诸帝陵寝,引军还鲁阳。黑山贼
　　寇常山,黄巾贼扰太山。

---

① “郡”,四库本作“群”。
② “走”,原作“是”,据四库本改。
③ “杀”,四库本作“弑”。

壬申［192年］董卓将王允、吕布诛卓于长安，夷三族。卓将李榷、
　　郭汜陷长安，杀王允。吕布走袁绍。榷、汜擅政。以皇甫嵩为
　　太尉，淳于嘉为司徒。曹操破黄巾于寿张。孙坚卒，子策代总
　　其众。

癸酉［193年］李榷、郭汜屠三辅。朱俊为太尉，赵温为司空。袁
　　绍、袁术交兵东方。

甲戌［194年］改元兴平。帝加元服。杨彪为太尉。孙策据有
　　江南。

乙亥［195年］李榷、郭汜争权，相攻于长安。杨定、杨奉、董承以帝
　　东还。① 曹操破吕布于定陶，遂有兖州。布走刘备。

丙子［196年］帝还洛阳，改元建安。曹操徙帝都许昌。

丁丑［197年］袁术称帝九江，拜袁绍大将军。② 曹操破袁术于扬
　　州。吕布袭刘备于下邳。刘备走曹操。

戊寅［198年］曹操平吕布于下邳，兼有徐州。

己卯［199年］袁术死。袁绍破曹操将公孙瓒于易水。③ 孙策破刘
　　勋于庐江。

庚辰［200年］曹操大败袁绍于官渡。刘备去曹操奔刘表于荆南。
　　江南④孙策卒，弟权继事。

辛巳

壬午［202年］袁绍卒，子尚继事，以弟谭为将军。

癸未［203年］袁尚、袁谭相攻，谭败，奔曹操。

甲申［204年］曹操破袁尚于邺，兼有冀州。尚走青州，谭复奔尚。

① "董承"，"承"原作"丞"，据四库本改。
② "拜"，四库本作"并"。
③ "袁绍破"三字原脱，据四库本补。"于"前原有"屯"字，据四库本删。
④ "南"，四库本作"州"。

乙酉［205 年］曹操灭袁氏于青州，谭死，尚走乌丸。

丙戌［206 年］曹操破高幹于太原，幹走荆州。

丁亥［207 年］曹操破乌丸于聊城，袁尚走辽东，死。

戊子［208 年］曹操杀太中大夫孔融，遂领丞相。荆州刘表卒，子琮
　　继事。刘备起诸葛亮于南阳，亮以吴周瑜兵大破曹操于赤壁，
　　遂有荆州，称牧，治公安。

己丑［209 年］孙权会刘备于京口，刘备表孙权为徐州牧，孙权表刘
　　备为荆州牧。

庚寅［210 年］曹操起铜爵台于邺。孙权南收交州。①

辛卯［211 年］曹操平关中。益州刘璋会刘备于葭萌。孙权自京口
　　徙治秣陵。

壬辰［212 年］曹操割河已北属邺。② 孙权城石头，改秣陵为建业。

癸巳［213 年］曹操以冀之十郡称魏国公，加九锡。刘备攻刘璋于
　　成都。孙权扞曹操于濡须。③

　　经世之酉二千二百四十二

甲午［214 年］汉献帝二十六年。曹操弑皇后伏氏及二皇子，④又破
　　张鲁米贼于汉中。刘备克成都，据有巴、蜀。孙权取刘备
　　三郡。

乙未［215 年］曹操以女上皇后，又平张鲁于汉中。孙权、刘备连兵
　　攻曹操。

丙申［216 年］曹操进爵为魏王，南伐吴。

丁酉［217 年］曹操用天子服器。孙权称表曹操，报以婚礼。

---

①　"收"，四库本作"牧"。
②　"已"，四库本作"以"。
③　"扞"，四库本作"捍"。
④　"弑"，四库本作"杀"。

戊戌［218 年］少府耿纪、司直韦晃杀曹操不克，伏诛。操攻刘备，
　　进攻汉中。

己亥［219 年］刘备取曹操汉中，称王。孙权取刘备荆州，称牧。关
　　羽死之。

庚子［220 年］改元建康。曹操卒，子丕继事。是年，丕代汉命于
　　邺，是谓文帝，改国曰魏，元曰黄初。降帝为山阳公。葬太祖
　　曹操于西陵。自邺徙都洛阳。

辛丑［221 年］魏郊祀天地。是年，刘备称帝成都，建国曰蜀，元曰
　　章武，诸葛亮为相。孙权自建业徙都鄂，改鄂为武昌。

壬寅［222 年］魏加兵于吴。蜀伐吴不利，败于猇亭。是年，孙权称
　　王武昌，是谓文帝，建国曰吴，元曰黄武，通使于蜀，以修前好。

癸卯［223 年］蜀主备卒于白帝城，太子禅继，是谓后主，改元建兴。
　　魏与蜀和亲。

甲辰［224 年］魏伐吴。

乙巳［225 年］魏伐吴，治兵广陵。① 蜀诸葛亮平四郡蛮。

丙午［226 年］魏帝丕终，太子叡嗣位，是谓明帝，司马懿为骠骑大
　　将军。

丁未［227 年］魏改元太和，有事于南郊及明堂。蜀诸葛亮出师
　　汉中。

戊申［228 年］蜀诸葛亮围魏陈仓。吴破魏石亭。

己酉［229 年］蜀克魏武都。吴孙权称帝，改元黄龙，自武昌复徙都
　　建业。

庚戌［230 年］魏伐蜀，假司马懿黄钺。蜀诸葛亮攻魏天水。

辛亥［231 年］蜀围魏祁山。②

---

① "治"，原作"始"，据四库本改。
② "祁山"，"祁"原作"岐"，据四库本改。

壬子[232年]蜀息军黄沙。吴改元嘉禾。

癸丑[233年]魏改元青龙。蜀伐魏,师出褒斜。

甲寅[234年]魏南伐吴至于寿春,西伐蜀至于渭南。① 蜀诸葛亮卒
　　于师。吴伐魏,师出合肥。是年,汉山阳公卒。

乙卯[235年]魏大起洛阳宫室,司马懿为太尉。蜀以蒋琬为大将
　　军,专国事。

丙辰

丁巳[237年]魏改元景初。公孙渊以辽东叛,称王。

戊午[238年]魏司马懿平辽东。蜀改元延熙。吴改元赤乌。

己未[239年]魏明帝叡终,齐王芳继,司马懿及曹爽辅政。

庚申[240年]魏改元正始。

辛酉[241年]吴全琮伐魏,军出淮南。

壬戌[242年]蜀姜维伐魏,军出汉中。

癸亥[243年]魏帝加元服。司马懿伐吴至于舒。蜀蒋琬伐魏,军
　　出汉中。吴伐魏,军出六安。

　　经世之戌二千二百四十三

甲子[244年]魏主芳五年。蜀主禅二十一年。吴主权二十三年。
　　魏曹爽伐蜀无功。

乙丑[245年]蜀伐魏,费祎师出汉中。吴将马茂作难,夷三族。

丙寅

丁卯[247年]魏曹爽专政,何晏秉机。司马懿称病。

戊辰[248年]蜀伐魏,费祎师出汉中。

己巳[249年]魏曹爽奉其君谒高平陵,太傅司马宣王称兵于内,夷
　　大将军曹爽及其支党曹义、曹训、曹彦、何晏、丁谧、邓飏、毕

---

① "渭",原作"魏",据四库本改。

轨、李胜、桓范、张当三族，①迎帝还宫，改元嘉平，复皇太后。懿加九锡，专国事。

庚午[250年]魏伐吴南郡。

辛未[251年]魏司马懿宣王卒，子师继事。吴改元太元。

壬申[252年]魏伐吴，不利。吴改元神凤，权卒，子亮继，改元建兴。

癸酉[253年]吴、蜀伐魏。

甲戌[254年]魏乱，司马师废其君芳，立高贵乡公髦，改元正元，师假黄钺，专制，称景王。蜀伐魏，姜维拔魏三城。吴改元五凤。

乙亥[255年]魏司马师伐吴，平淮南，还许昌卒，子昭继事，②为大将军录尚书事，专制。蜀姜维败魏军于临洮。吴孙峻败魏于寿春。③

丙子[256年]魏改元甘露，大败蜀军于上邽。司马昭称文王，假黄钺。吴改元太平，大将军孙峻卒，国乱。

丁丑[257年]魏大将军诸葛诞以扬州叛，入于吴。蜀伐魏，姜维师出洛谷。吴王亮始亲政事。④

戊寅[258年]魏司马昭伐吴，拔寿春，诛诸葛诞。蜀改元景耀，宦氏黄皓专政。吴乱，大将军孙綝废其君亮，立亮弟休，改元永安。綝作逆，伏诛。

己卯

庚辰[260年]魏乱，司马昭弑其君髦，立常道乡公璜，改元景元。

---

① "丁谧"，"谧"原作"谥"，据四库本改。
② "子"，当为"弟"。
③ "魏"后，四库本有"军"字。
④ "王"，四库本作"主"。"政事"二字原脱，据四库本补。

昭加九锡,称晋国公,①专制。

辛巳

壬午[262年]魏邓艾、锺会伐蜀。

癸未[263年]魏灭蜀,徙其君于洛阳。蜀改元炎兴,是年国亡。吴
　　出军寿春救蜀,不克。

甲申[264年]司马昭进爵为晋王,增郡二十,用天子服器,改元咸
　　熙,以槛车征邓艾。锺会以蜀叛。吴孙休卒,濮阳王兴、中军
　　张布废休子霍,②立权废子和之子皓,改元元兴。皓立,诛兴
　　及布。

乙酉[265年]魏司马昭卒,子炎继事。是年,炎代魏命,是谓武帝,
　　改国为晋,元曰太始。降其君璜为陈留王,徙于邺。吴徙都武
　　昌,改元甘露。

丙戌[266年]吴改元宝鼎,复还建业。

丁亥[267年]晋立子衷为皇太子。

戊子[268年]吴伐晋。

己丑[269年]吴改元建衡,南伐交阯。③

庚寅[270年]吴孙秀奔晋。

辛卯[271年]吴平交阯。蜀刘禅卒于晋。

壬辰[272年]晋贾充以女上太子妃,遂为司空。吴改元凤凰。

癸巳[273年]晋何曾为司徒。吴师寇晋弋阳。

　　经世之亥二千二百四十四

甲午[274年]晋武帝十年。吴主皓十年。④ 晋分幽州,城平州。

---

① "晋国公","晋"原作"进",据四库本改。
② "霍",四库本作"而"。
③ "阯",四库本作"趾"。后同。
④ "主",四库本作"王"。

乙未［275 年］晋改元咸宁。吴改元天册。①

丙申［276 年］晋东西夷十七国内附。吴改元天玺。②

丁酉［277 年］晋四夷内附。吴改元天纪,将邵凯、夏祥逃入于晋。

戊戌［278 年］吴刘翻、祖始逃入于晋。

己亥［279 年］晋命贾充督杨浑、琅琊王伸、王浑、王戎、胡奋、杜预、
　　　唐彬、王濬七将兵二十万伐吴。是年汲人发魏襄王冢,得书七
　　　十五卷。

庚子［280 年］晋平吴,徙孙皓于洛阳,改元太康。

辛丑

壬寅［282 年］东西夷二十九国修贡。山涛为司徒,卫瓘为司空。
　　　贾充卒。

癸卯［283 年］孙皓卒。魏舒为司徒。

甲辰

乙巳

丙午

丁未

戊申

己酉［289 年］汝南王亮为司马,假黄钺。

庚戌［290 年］改元太熙。武帝崩,太子衷践位,是谓惠帝,册妃贾
　　　氏为皇后,改元永熙。葬武帝于峻陵。王浑为司徒,何劭为太
　　　师,裴楷为少师,和峤为少保,王戎为少傅,卫瓘为太保,石鉴
　　　为司空。

辛亥［291 年］改元永平。③ 皇后贾氏专制,夷十二大臣族,太傅杨

①　"册",四库本作"玺"。
②　四库本无"改元天玺"四字。
③　"永平",四库本作"元康"。

骏、太保卫瓘、汝南王亮皆被戮焉。废太后杨氏为庶人,徙之
　　金墉。遣诸王就国。改元元康。赵王伦为大将军。[①]

壬子[292年]贾氏弑皇太后杨氏于金墉。[②]

癸丑

甲寅

乙卯[295年]武库火。

丙辰[296年]张华为司空。秦雍寇乱。齐万年称兵泾阳,杨茂搜
　　称兵百顷。

丁巳[297年]王戎为司徒,何劭为仆射。

戊午

己未[299年]贾后废皇太子遹为庶人,及其二子送之金墉。裴頠
　　为仆射。

庚申[300年]改元永康。皇后贾氏徙皇庶人于许昌,杀之。赵王
　　伦、梁王肜废皇后贾氏为庶人,送金墉,杀之,诛宰相张华及仆
　　射裴頠、侍中贾谧,又诛嵇康、吕安、石崇、潘岳于东市。伦假
　　黄钺,[③]称相国,[④]专制,以肜为太宰,册羊氏为皇后。贾氏党
　　赵厥以成都叛。[⑤]

辛酉[301年]赵王伦窃命,徙帝于金墉,改元建始。齐王冏、成都
　　王颖、河间王颙兵入诛赵王伦及其党,迎帝反正。冏大司马,
　　专制,以颖为大将军,颙为太尉,改元永宁。流人李特杀赵厥
　　于成都。张轨以凉州叛。

壬戌[302年]长沙王乂、河间王颙、成都王颖、新野王歆、范阳王虓

兵入诛齐王冏,送其族于金墉,杀之。乂称太尉,专制,改元太
安。流人李特以六郡称牧广汉。①

癸亥[303年]河间王颙、成都王颖、东海王越执长沙王乂,送之金
墉,杀之。颙称太宰,专制于长安。陆机、陆云兵死。石冰以
徐、扬乱。②李特攻成都不克,死,子雄继。

以运经世之九　观物篇之三十三

经元之甲一

经会之午七

经运之辛一百八十八

经世之子二千二百四十五

　经世之子二千二百四十五

甲子[304年]晋惠帝十四年。河间王颙废皇后羊氏及皇太子覃,
徙之金墉。表成都王颖为太弟,加九锡,镇邺。改元永安。右
卫将军陈轸复羊氏皇后及覃太子,大会司徒王戎及东海王越、
高密王简、平昌公模、吴王晏、豫章王炽、襄阳王范、左仆射荀
藩八部兵,奉帝北伐邺,师败于汤阴,嵇绍死之。帝如北军。
颖以帝归邺,改元建武。颙将张方入洛,复废皇后羊氏及覃太
子。安北将军王浚、东瀛公腾以乌丸攻邺,③颖师败,帝还洛
阳。河间王使张方徙帝西都长安,亦复羊氏皇后及永安年号,
废颖太弟,④以豫章王炽为太弟,改元永兴,王戎豫朝政。始
分东西台。是年,李雄逐罗尚于成都,称王。单于左贤王刘渊

① "牧",四库本作"兵"。
② "石冰","冰"原作"水",据四库本改。"徐扬",四库本作"杨徐"。
③ "丸"后,四库本有"兵"字。
④ "废"原脱,据四库本补。

称王离石,国曰汉,元曰元熙。

乙丑[305年]东海王越严兵徐方。范阳王虓抗师许昌。成都王颖
　　拥兵河北。① 河间王颙又复废羊氏皇后,以颖为大将军,都督
　　河北。虓、越将周权入洛,又复羊氏皇后。洛阳令何乔杀周
　　权,又废羊氏皇后。虓、越攻颖不已,②颖败,弃邺走洛阳。
　　虓、越攻洛阳,颖奔颙于长安。汉刘渊攻晋刘琨于板桥,不利。

丙寅[306年]东海王越、范阳王虓兵攻长安,河间王颙、成都王颖
　　走南山。虓、越将祁弘、宋胄以帝东还洛阳,复以羊氏为皇后,
　　改元光熙。越称太傅。录尚书事,专制。虓为司空,卒,越遂
　　弑帝,立太弟炽,是谓怀帝。引温羡为司徒,王衍为司空。颙、
　　颖野死。李雄称帝成都,国曰蜀,元曰太武,谓之后蜀。

丁卯[307年]晋改元永嘉。东海王越称大丞相,镇许昌。以后父
　　梁芬为太尉。成都王党汲桑陷邺。王弥称兵青、徐。汉刘渊
　　破晋河东诸郡。晋刘琨独保晋阳。

戊辰[308年]刘渊称帝蒲子,改元永凤,拔晋平阳,居之。王弥、石
　　勒附于汉。石勒攻常山,王弥攻洛阳,焚建春门。

己巳[309年]东海王越入洛,杀大臣十余人,以左仆射山简征东南
　　大将军,③都督荆州,南镇襄阳。④ 汉刘渊改元河瑞。石勒兵
　　出钜鹿,王弥兵出上党,刘聪兵出壶关,同攻晋洛阳。

庚午[310年]东海王越征兵天下,诸侯咸无从者,自率兵出许昌。
　　汉刘渊卒,子和继,弟楚王聪杀和代立,⑤改元光兴,以北海王
　　义为皇太弟,刘曜为相国,石勒为大将军。

---

① "河"后,四库本有"间"字。
② "越"后,四库本有"兵"字。
③ 四库本无"南"字。
④ "襄阳","阳"原脱,据四库本补。
⑤ "弟",四库本作"叔"。

辛未[311年]天下乱。晋诏兖州苟晞会诸侯兵伐许昌,会东海王
越卒,乃止。是年,洛阳陷,王衍为石勒获,[1]王师十二败,帝
及传国六玺皆没于寇,长安亦陷,南阳王模亦没于寇。汉刘
曜、王弥、石勒拔晋洛阳,俘其帝于平阳,改元嘉平。刘曜拔晋
长安,保之。石勒害王弥于己吾而并其众。蜀李雄拔晋梓潼
及涪城,改元玉衡。

壬申[312年]晋怀帝在平阳,贾疋逐刘曜于长安三辅,与阎鼎、梁
芬、梁综、麹允、麹特奉秦王邺为皇太子,[2]以入长安。镇东将
军琅琊王睿帅亡众大集寿春。苟晞保蒙城不利,降于石勒。
刘琨保晋阳不利,奔常山。拓跋猗卢以兵六万来救,大败刘
曜、刘粲于狼孟,[3]刘琨复保阳曲。汉刘聪纳刘殷女二人为皇
后,孙四人为贵妃,拔晋太原,复失之。

癸酉[313年]晋怀帝死于平阳,皇太子邺称帝长安,是谓愍帝,改
元建兴,以梁芬为司徒,麹允为使持节领军、录尚书事,索綝为
尚书左仆射,琅琊王睿为左丞相、都督陕东诸军事,南阳王保
为右丞相、都督陕西诸军事。山东郡县悉陷于寇,汉石勒镇襄
国。曹嶷攻下三齐,据有广固。

甲戌[314年]晋以琅琊王睿为大司马,苟组为司空,[4]刘琨为大将
军,封凉州张轨为太尉。西平郡王轨卒,子实继,称西河王,国
曰凉,元曰永兴,城姑臧,是谓前凉。汉刘聪立三皇后,改元建
元。刘曜围晋长安,石勒围晋幽州。

乙亥[315年]晋进左丞相、琅琊王睿大都督中外军事,[5]右丞相、南

---

① "石勒获",四库本作"军帅"。
② "邺",原作"业",据四库本改。下同。
③ "孟",四库本作"猛"。
④ "苟组",原作"苟祖",据四库本改。下同。
⑤ "军"前,四库本有"诸"字。

阳王保为相国,司空荀组为太尉,大将军刘琨为司空。陶侃平
江表,获杜弢。汉刘聪立皇星后,①授石勒专命俾征伐。② 勒
拔晋濮阳。

丙子[316年]晋长安陷于寇,帝出降于豆田中。汉刘曜拔晋长安,
俘其帝于平阳,改元麟嘉。石勒拔晋太原。刘琨走幽州,依段
匹磾。

丁丑[317年]晋帝在平阳。琅琊王睿渡江,称晋王于建康,元曰建
武。以西阳王羕为太尉,③王敦为大将军,王导都督中外。帝
死于平阳。

戊寅[318年]晋王睿称帝建康,④改元大兴,⑤以子绍为太子,是谓
东晋元帝。刘琨为段匹磾所害。王敦称牧荆州,王导开府建
康。汉刘聪卒,子粲继,改元汉昌,将靳准杀粲,代立。相国刘
曜自长安入至赤壁称帝,改元光初,加大将军,勒九锡,封赵国
公。国人诛靳准以迎曜。

己卯[319年]晋南阳王保保祁山,称晋王。汉刘曜还长安,改国曰
赵,是谓前赵,杀石勒使者王循。石勒称王襄国,国曰赵,元曰
赵王,⑥是谓后赵,以张宾为之相,号大执法,以弟虎为之将,
号元辅。

庚辰[320年]晋南阳王保走桑城,死。凉乱,张茂杀实,代立,改元
永和。⑦

---

① "皇",原作"星",据四库本改。
② "伐"后,四库本有"晋"字。
③ "羕",原作"羲",四库本作"业",据《资治通鉴》卷九〇改。
④ "帝"后,四库本有"于"字。
⑤ "大",四库本作"太"。
⑥ 四库本无"王"字。
⑦ 自"凉乱"至句末,四库本作"凉乱,杀张实,实弟茂代领其众"。

辛巳[321年]晋王导为司空。① 幽州陷,段匹磾没于石勒。鲜卑慕
　　容廆受晋持节,都督辽东、辽西。

壬午[322年]晋改元永昌。大将军王敦以武昌叛,破石头,称丞
　　相,②都督中外。太保西阳王羕进位太宰,加司空。王导进位
　　尚书令。石虎寇太山。梁硕以淮阴叛。③ 帝忧愤死,皇太子
　　绍嗣位,是谓明帝。石勒拔刘曜河南。

癸未[323年]晋改元太宁。王敦假黄钺。刘曜、石勒皆入寇。赵
　　刘曜拔晋陈安,收陇城、陕城及上邽。④ 赵石勒灭晋曹嶷于广
　　固。凉张茂称藩于前赵。

甲申[324年]晋王敦寇江宁,帝御六军败敦于越城,敦死于芜湖。
　　王导为太宰。⑤ 蜀李雄以兄之子班为太子。凉张茂卒,兄子
　　骏立,改元太元。⑥

乙酉[325年]晋以子衍为皇太子。石勒入寇,以陶侃为征西大将
　　军,都督荆、湘、梁、雍。明帝终,太子衍嗣位,是谓成帝,太后
　　庾氏称制,司徒王导录尚书事,同中书令庾亮关政。⑦ 辽西
　　乱,段辽弑其主自立。赵石勒拔晋司、兖、豫三州及刘曜新安、
　　许昌。⑧

丙戌[326年]晋改元咸和。进王导大司马,假黄钺,都督中外军
　　事。蜀李雄攻进涪城。⑨ 赵石勒攻晋汝南。

---

① "空"后,四库本有"录尚书事"四字。
② "称",四库本作"自为"。
③ "硕",原作"顾",据四库本改。
④ "陕城",四库本作"陕西城"。
⑤ "宰",四库本作"保"。
⑥ "太元",四库本作"太光"。
⑦ "关",四库本作"辅"。
⑧ "兖",原作"衮",据四库本改。
⑨ "进",四库本作"晋"。

丁亥［327 年］晋豫州祖约、历阳苏峻、彭城王雄、章武王休连兵犯
　　建业，司马流距战不克，死于慈湖。

戊子［328 年］晋苏峻败王师于西陵，①入宫，称骠骑将军，录尚书
　　事，徙帝于石头。虞潭与庾冰、王舒称义三吴，②会征西将军
　　陶侃、平南将军温峤、平北将军魏该，③围峻白石，④灭之。峻
　　弟逸代，总其众。韩晃寇宣城。祖约奔石勒。勒大败刘曜于
　　洛阳，获之，遂灭前赵，用徐光为中书令。

己丑［329 年］晋苏逸据石头，⑤帝野次。滕含败逸于石头，逸退保
　　吴兴。王允之败逸于溧阳，⑥灭之。赵石生进收长安，石虎破
　　上邽，杀刘熙、刘胤三千人，进平陇右。

庚寅［330 年］晋陆玩、孔愉为左右仆射，⑦起新宫于苑。陶侃擒郭
　　默于寻阳。蜀李雄攻晋巴东。凉张骏称藩于石勒。赵石勒称
　　帝，自襄国徙都邺，改元建平。

辛卯［331 年］晋以陆玩为尚书令。

壬辰［332 年］晋徙居新宫，⑧进太尉陶侃大将军。赵石勒卒，子弘
　　继，改元延熙，加石虎九锡，专政，称丞相魏王，杀中书令徐光
　　及右长史程遐。

癸巳［333 年］晋辽东公慕容廆卒，子皝继。蜀李雄卒，子班继，叔
　　父寿专政。赵乱，石堪出奔谯城，⑨石朗称兵洛阳，石生抗军

---

①　"王"，四库本作"内"。
②　四库本无"与"字。
③　"北"，原作"比"，据四库本改。
④　"峻"后，四库本有"于"字。
⑤　"据"，四库本作"拔"。
⑥　"王允之"，"之"原脱，据四库本补。"溧阳"，"溧"原作"漂"，据四库本改。
⑦　"玩"原作"阮"，据四库本改。下同。
⑧　"宫"，原作"官"，据四库本改。
⑨　"堪"，原作"弘"，据四库本改。

长安,石虎咸灭之。

经世之丑二千二百四十六

甲午［334年］东晋成帝九年。蜀李班为庶兄越所杀,立雄子期,改
　　元玉恒,越专政。凉张骏受晋大将军命。

乙未［335年］晋改元咸康。石虎入寇,假大司马王导黄钺,出兵戍
　　慈湖、牛渚、芜湖。赵乱,石虎杀弘代立,称摄天王,改元建武。

丙申

丁酉［337年］鲜卑慕容皝称王辽东。赵石虎称赵天王。①

戊戌［338年］单于冒顿拓跋什翼犍称王定襄,国曰代,元曰建国。
　　蜀乱,李寿自汉中入,杀期代立,改国为汉,元曰汉兴。慕容皝
　　攻后赵。

己亥［339年］晋王导卒。伐蜀。

庚子［340年］晋陆玩为司空。辽东慕容皝献伐石虎之捷。汉李寿
　　拔晋丹州。

辛丑［341年］晋慕容皝求为假燕王,徙居和龙。

壬寅［342年］晋成帝崩,母弟琅琊王岳立,是谓康帝。封成帝二
　　子,丕为琅琊王,奕为东海王。② 中书监庾冰、中书令何充、尚
　　书令诸葛恢辅政。③ 汉李寿卒,子势继,改元太和。

癸卯［343年］晋改元建元。

甲辰［344年］晋康帝崩,太子聃继,是谓穆帝,太后称制。赵石虎
　　伐凉不利,伐燕有功。

乙巳［345年］晋改元永和。会稽王昱录尚书六条事,④专政。

---

① “赵”,原作“正”,据四库本改。
② “奕”,原作“弈”,据四库本改。
③ “尚书令”,四库本作“参录尚书事”。
④ “昱”下,四库本有“为抚军大将军”六字。

丙午[346年]晋桓温伐蜀。汉李势平李弈,改元嘉宁。凉张骏卒,
　　子重华继,改元永乐。赵石虎攻凉金城。

丁未[347年]晋桓温灭蜀,徙李势于建康。蜀复乱,范贲称帝成
　　都。凉张重华败石虎于枹罕。①

戊申[348年]晋桓温为征西大将军,入长安,至于灞上。辽东慕容
　　皝卒,子俊继。赵石虎攻晋竟陵。

己酉[349年]晋平蜀乱。鲜卑慕容俊称王辽东,②国曰燕,元曰燕
　　元,是谓前燕。赵石虎称帝,改元大宁。③ 虎卒,子世继,张豺
　　为相,专制。内难作,石遵自关右入,杀世及张豺代立。石冰
　　自蓟门入,杀遵不克。石闵杀遵,立石鉴,改元青龙,闵称大将
　　军,专政。苻洪称兵广川。④

庚戌[350年]赵石鉴杀大将军闵及李农不克,闵杀鉴代立,复姓冉
　　氏,改国曰魏,元曰永兴,大灭石氏宗室。鉴弟祇称帝襄国,以
　　将刘显南攻冉氏不克,杀祇以降。闵破襄国,诛显,灭其族。
　　将苻健自枋头入关,⑤逐杜洪于长安,据之。将魏统以兖州、
　　冉遇以豫州、乐弘以荆州、郑系以洛州入于晋。⑥ 刘淮以幽州
　　入于燕。燕南略地至幽、冀。

辛亥[351年]赵将周成以廪丘、高昌以野王、乐立以许昌、李历以
　　卫州请附于晋。刘启、姚弋仲亦奔于晋。魏冉闵攻燕不利,
　　死,国亡。石虎将苻健称天王于长安,国曰秦,元曰皇始,是谓
　　前秦。败晋军于五丈原。燕慕容俊南伐魏,灭冉闵于昌城。

---

① "枹",原作"抱",据四库本改。
② "俊",四库本作"儁"。
③ "大",四库本作"太"。
④ "苻",原作"符",据四库本改。
⑤ "苻健",原作"符健",据四库本改。下同。
⑥ "弘",四库本作"引"。

壬子[352 年]晋武陵王晞为太宰,会稽王昱为司徒,大将军桓温为
　　太尉。魏冉智以邺降。燕慕容俊称帝,自和龙徙居中山,改元
　　天玺。秦苻健称帝长安。

癸丑[353 年]凉、秦相攻。凉张重华卒,子耀灵继,①伯父祚杀耀灵
　　代立,改元和平。②

甲寅[354 年]晋太尉桓温伐秦至灞上,秦苻健败晋军于白鹿原,又
　　败之于子午谷。

乙卯[355 年]晋将段龛败燕军于狼山。右军王羲之辞官归。凉宋
　　混、张瓘杀张祚,立耀灵弟玄靓,改元太始。燕南攻晋,不利。
　　秦苻健卒,子生继。

丙辰[356 年]晋桓温败姚襄军于伊水,遂复洛阳。秦苻生改元
　　寿光。③

丁巳[357 年]晋改元升平,帝加元服,王彪之为左仆射。燕改元光
　　寿,自中山徙都邺。秦苻生虐用其人,雄子坚杀生代立,去帝
　　称天王,改元永兴,以王猛、吕婆楼、强汪、梁平老为之辅。④

戊午[358 年]晋将冯鸯以众入于燕。燕拔晋上党。

己未[359 年]晋伐燕不利,燕败晋于东阿。秦改元甘露,以王猛为
　　中书令,尹京兆。

庚申[360 年]晋仇池公杨俊卒,子世继。燕慕容俊卒,子暐继,改
　　元建熙,慕容恪为太宰,专政,慕容评为太傅,慕容根为太师,
　　慕容垂为河南大都督。根作逆,伏诛。

辛酉[361 年]晋穆帝终,立成帝子琅琊王丕,是谓哀帝。

---

① "耀",四库本作"曜",下同。
② "和",原作"永",据四库本改。
③ "光",四库本作"元"。
④ "汪",原作"注",据四库本改。

壬戌［362年］晋改元隆和。燕师攻晋洛阳。

癸亥［363年］晋改元兴宁。桓温为大司马，假黄钺，都督中外军事，北伐。凉张天锡杀玄靓代立，①改元太清。燕将慕容评攻晋许昌。

经世之寅二千二百四十七

甲子［364年］东晋哀帝三年。饵丹有疾，太后称制。燕、秦入寇洛阳。

乙丑［365年］晋哀帝终于饵丹，母弟琅琊王奕立。洛阳陷于燕。司马勋以梁州叛，称成都王。秦改元建元。匈奴二右贤王以朔方叛，平之。②

丙寅［366年］晋改元太和。会稽王昱为丞相。燕、秦入寇。凉张天锡受晋命大将军，都督陇右。燕拔晋鲁郡，秦拔晋南乡。

丁卯［367年］燕攻晋竟陵，秦攻晋凉州。

戊辰［368年］秦苻双以上邽、苻柳以蒲坂叛，③王猛悉平之。

己巳［369年］晋大司马桓温北伐燕不利，归罪袁真，袁真以寿阳入于燕。燕大将慕容垂败晋师于枋头，以众降秦，评害功故也。秦救燕有功，取燕之金墉，责无信也。

庚午［370年］晋寿阳袁真卒，子瑾继。桓温败瑾于寿阳。广汉及成都寇乱。王猛灭燕于邺，徙慕容暐于长安，收郡五十七，猛留镇邺。

辛未［371年］晋桓温平寿阳，获袁瑾以归，废其君奕为海西王，立会稽王昱，改元咸安，是谓文帝，温称丞相，镇姑熟，专制，杀太宰武陵王晞、新蔡王晃，仍降海西王为公及害其二子与母。

---

① "张"，原作"帅"，据四库本改。
② "二"，四库本作"左"。
③ "柳"，原作"抑"，据四库本改。"坂"，四库本作"阪"。

壬申[372年]晋命百济余句为镇东将军,①领乐浪守。庾希以海陵
　　叛,入于京口。文帝昱终,子曜嗣,是谓武帝,桓温还姑熟。秦
　　王猛平慕容桓于辽东,灭仇池公杨纂于秦州。

癸酉[373年]晋改元宁康。大司马桓温卒,太后称制,王彪之为尚
　　书令,谢安为尚书仆射,专政。张天锡贡方物。秦拔晋成都及
　　梓潼。

甲戌[374年]晋桓石破秦军于垫江。张育称王于蜀,秦复平之。

乙亥[375年]秦大将军王猛卒。

丙子[376年]晋改元太元,帝加元服。② 皇太后委政桓冲,桓豁为
　　将军,谢安为尚书,监录尚书事。秦灭前凉,徙张天锡于姑臧,
　　又平朔方,获拓跋什翼犍,③徙之长安。

丁丑[377年]晋、秦二国抗衡天下。

戊寅[378年]晋作新宫。

己卯[379年]晋败秦军于淮南,秦拔晋襄阳。④

庚辰[380年]晋李逊以交阯叛。秦苻洛以和龙叛。

辛巳[381年]晋谢石为尚书仆射,桓石攻秦有功。四夷六十二国
　　修贡于秦。

壬午

癸未[383年]晋伐蜀,败秦军于武当。秦苻坚举国南伐,晋谢安帅
　　谢琰、谢玄、桓冲、桓伊大败秦师于肥水,进围洛阳。秦苻坚丧
　　师寿春,⑤苻融没于战,⑥诸将咸叛。慕容垂称王荥阳,北居中

---

① "百",原作"苗",据四库本改。
② 四库本无"帝"字。
③ "拓",原作"托",据四库本改。下同。
④ "秦拔晋襄阳",四库本作"遂拔秦襄阳"。
⑤ "春",四库本作"阳"。
⑥ "苻"前,四库本有"秦"字。

山,国曰燕,元曰燕元,是谓后燕,攻苻丕于邺。丁零翟真以行唐叛。① 仇池杨世入于晋。②

甲申[384年]晋假谢安黄钺,都督军事,镇广陵,③领荆南十五州,复襄阳。秦苻朗以青州降。秦苻坚来乞师,遣刘牢之救邺。秦将姚苌称王万年,国曰秦,元曰白雀,是谓后秦。慕容冲称王阿房,慕容泓称王华池,慕容永称王长子,吕光称王酒泉。苌、冲兵互逼长安。④ 燕北伐高句丽,复辽东故也。

乙酉[385年]晋谢安救秦,至于长安,复洛阳以还,卒。秦苻坚没于姚苌,子丕自邺攻晋阳,称帝,改元太安。慕容冲屠长安。秦将乞伏国仁称牧洮罕,⑤国曰秦,元曰建义,是谓西秦。燕慕容垂南平邺,徙都之。秦姚苌获苻坚于五将山,归杀之于新平。⑥ 是年,冒顿拓跋什翼珪称王定襄之成乐,国曰魏,元曰登国,是谓后魏道武皇帝。

丙戌[386年]秦苻丕为慕容永所败,走晋东垣,⑦为晋将冯该所杀,其众奔杏城。苻登称帝陇东,⑧改元太初。苻坚将吕光称牧姑臧,国曰凉,元曰太安,是谓后凉。燕慕容垂称帝于邺,改元建兴。慕容冲为将段随、韩延所害,⑨其众奔垂。慕容永称帝长子。秦姚苌称帝,徙居长安,改元建初。

丁亥[387年]晋以子德宗为太子,败翟辽于洛口。秦苻登东攻姚

---

① "丁零",原作"句町",据四库本改。后同。
② "池"后,四库本有"公"字。
③ "镇",原作"领",据四库本改。
④ "兵互逼",四库本作"称兵进逼"。
⑤ "洮罕",四库本作"秦河二州"。
⑥ "平",四库本作"市"。
⑦ "垣",原作"桓",据四库本改。
⑧ "帝"后,四库本有"于"字。
⑨ "段随韩延",原作"段木延",据四库本改。

苌，封乞伏国仁为苑川王。

戊子［388年］秦苻登攻姚苌，不利。秦乞伏国仁卒，弟乾归立，称
　　河南王，改元太初，徙都金城。

己丑［389年］晋陆纳为尚书令。彭城妖贼乱。翟辽围荥阳。秦姚
　　苌西攻苻登。凉吕光称三河王，改元麟嘉。

庚寅［390年］晋败翟辽于滑台，永嘉寇乱。秦苻登攻姚苌，不利。

辛卯［391年］晋王珣为左仆射，谢琰为右仆射。

壬辰［392年］晋蒋啬以青州乱。慕容垂平丁零翟钊于滑台。西秦
　　乞伏乾归开地至巴及陇。

癸巳［393年］秦苻登攻姚苌，不利。秦姚苌卒，子兴继，去帝称王。
　　经世之卯二千二百四十八

甲午［394年］东晋孝武帝二十二年。后魏道武皇帝十年。秦苻登
　　攻姚兴不利，战死，子崇立，奔湟中，称帝，改元延初，为乞伏乾
　　归所灭。燕慕容垂平慕容永于长子。秦姚兴复称帝槐里，①
　　改元皇初。凉吕光徙居乐都。

乙未［395年］燕慕容垂攻魏不利，魏破燕师于黍谷。②

丙申［396年］晋武帝泛舟于泉池，没，太子德宗嗣位，是谓安帝，会
　　稽王道子专政。燕慕容垂拔魏平城，垂卒于上谷，子宝继，改
　　元永康。太原陷于魏，魏拔燕并州，围中山，称帝，改元皇始。
　　凉吕光称天王，改元龙飞。

丁酉［397年］晋改元隆安。兖州王恭、豫州庾楷、吴郡王钦各以城
　　叛。燕慕容宝北走龙城，慕容详称帝中山，慕容麟杀详代

① "槐"，四库本作"魏"。
② "黍谷"，四库本作"参合陂"。

立,①慕容德自丁零入,②又杀麟代立,徙居邺。中山陷于魏。吕光寇西秦,自金城复徙居苑川。凉吕光将秃发乌孤称王廉川,国曰凉,元曰太初,是谓南凉。凉吕光将沮渠蒙逊立段业为牧于张掖,国曰凉,元曰神玺,是谓北凉。

戊戌[398年]晋北伐燕,师败于管城。兖州王恭、豫州庾楷、荆州殷仲堪、广州桓玄兵犯建业,败内师于白石。假会稽王道子黄钺,玄师败走浔阳。杜炯以京口乱。③燕慕容宝南伐,至于黎阳乃复,将兰汗杀宝代立于龙城,称昌黎王,改元青龙,宝子盛诛兰汗,称王,改元建平,称帝,再改元长乐。邺陷于魏,范阳王慕容德自邺南走滑台,称王,改元上元,④是谓南燕。魏拔燕之邺及信都,改元天兴,自盛乐徙居平城。凉秃发乌孤克金城,败吕光于街亭,称武威天王。

己亥[399年]秦姚兴拔晋洛阳。燕慕容德拔晋青州。仇池杨盛称藩于晋。妖贼孙恩陷晋会稽,晋谢琰、刘牢之往伐,刘裕始参军政。秦姚兴去帝号称王,改元弘始。⑤魏南攻滑台。凉吕光传子绍位,称太上皇。光卒,兄篡杀绍代立。凉秃发乌孤徙居乐都,乌孤卒,弟利鹿孤立,又徙居西平,仍附于姚兴。凉段业称天王,改元天玺,大将沮渠蒙逊出守西安。燕慕容德逐辟闾浑于广固,徙居之,滑台没于魏。

庚子[400年]晋司马刘裕败孙恩于临海,以扬州元显为十六州都督。燕慕容盛去帝号,称庶人天王,⑥破高句丽。秦姚兴破西

---

① “麟”,原作“普邻”,据四库本改。下同。
② “德”,原作“贺邻”,据四库本改。
③ “炯”,四库本作“同”。
④ “上元”,四库本作“年”。
⑤ “弘”,四库本作“洪”。
⑥ “天”,原作“大”,据四库本改。

秦,俘其王乞伏乾归于长安。凉吕纂改元咸宁,大司马吕弘杀纂不克。① 凉利鹿孤改元建和。凉将李暠称牧秦州,国曰凉,元曰庚子,是谓西凉。燕慕容德称帝广固,改元建平。

辛丑[401 年]晋平孙恩,刘裕出守下邳。燕慕容盛将段玑行弑盛,叔父熙诛玑称帝,改元光始。秦姚兴放乞伏乾归还苑川。凉吕超弑其君纂,②立其兄隆,改元神鼎,称藩于姚兴。凉秃发利鹿孤称西河王。凉大将沮渠蒙逊自西安入,杀段业,代立,改元永安。

壬寅[402 年]晋改元元兴。桓玄据荆州,建牙夏口。假扬州元显黄钺,显军败,玄入于建业,称侍中丞相录尚书事,又称太尉,总百揆。乃杀都督元显及会稽王道子,以琅琊王德文为太宰,改元大亨。刘轨以冀州叛。③ 秦姚兴伐吕光有功,拒魏不利,魏败秦军于蒙坑。凉秃发利鹿孤卒,弟傉檀立,④改元弘昌,徙居乐都。凉沮渠蒙逊称藩于姚兴。

癸卯[403 年]晋加桓玄九锡,称相国、楚王,用天子器服。玄窃命,徙其帝于永安宫,降为平固王,迁之浔阳,改国曰楚,元曰永始。⑤

甲辰[404 年]晋帝在浔阳。刘裕唱义,帅沛国刘毅、东海何无忌二州兵大破桓玄兵于京口,又败玄将桓弘于广陵、吴甫之于江乘、皇甫敷于罗落。玄逼帝走江陵,裕又败玄兵于溢口。玄复逼帝东下,裕又败玄兵于峥嵘洲,又破之于覆舟山,迎帝入江陵。玄败死于枚洄洲,其将桓振复陷江陵,幽帝。谯纵以成都

---

① “弘”,四库本作“宏”。
② “弑”,四库本作“杀”。
③ “冀”,原作“翼”,据四库本改。
④ “檀”,原作“擅”,据四库本改。下同。
⑤ “永”,四库本作“光”。

叛,称王。秦姚兴入十二郡修好,①贡于晋。魏改元天锡。凉
吕隆奔姚兴,国亡。凉傉檀去年号,求姑臧于姚兴。燕慕容德
卒,兄之子超立。

乙巳[405年]晋平桓振。帝自江陵还建业,改元义熙。刘裕都督
中外,录尚书事,还镇丹徒。凉傉檀受姚兴命,徙姑臧。燕慕
容超改元太上。凉李暠徙居酒泉,改元建初,称藩于晋。

丙午[406年]晋伐蜀,败谯纵于白帝。孔安国为尚书左仆射,大将
军刘裕开府京口。仇池杨盛称藩。燕慕容超三将奔晋。② 燕
慕容熙将冯跋杀熙,立慕容云,复姓高氏,称王,改元正始。秦
姚兴将赫连勃勃称天王于朔方,国曰夏,元曰龙升。

丁未[407年]晋刘裕入朝,杀东阳太守殷仲文、南蛮校尉殷叔文、
晋陵太守殷道叔、永嘉太守骆球。③ 姚兴攻秃发傉檀及赫连
勃勃。乞伏乾归复称王苑川,改元更始。凉秃发傉檀攻沮渠
蒙逊及赫连勃勃。

戊申[408年]晋刘裕入总朝政,北败慕容超于临朐,出大岘,进围
广固。魏国乱,后万人同子申弑其君珪,④次子绍诛万人及
申,自立,是谓明帝。《魏史》云:贺夫人及子绍弑珪。⑤ 秦乾归南攻
姚兴。凉傉檀复称王姑臧,改元嘉平。夏勃勃南攻姚兴。

己酉[409年]晋刘裕灭南燕,徙慕容超于建业。后燕国乱,将冯跋
用幸臣离班杀云,⑥代立,称天王,改元太平,是谓北燕。魏改

---

① 四库本无"好"字。
② "将",原作"军",据四库本改。
③ "球",四库本作"求"。
④ "弑",四库本作"杀"。
⑤ "夫",四库本作"大"。"绍",四库本作"如"。
⑥ "将"前,四库本有"苻"字。

元永兴。秦乾归平枹罕。① 夏赫连攻姚兴。②

庚戌[410年]晋始兴贼卢循兵寇建业,刘裕大破之,循走浔阳,再
破之于豫章。裕假黄钺。蜀兵陷巴东。秦乞伏乾归〔为〕兄
之子公府所杀,③子炽磐诛公府而自立,④改元永康。凉沮渠
蒙逊攻李暠有功。夏赫连勃勃攻姚兴不利。

辛亥[411年]晋刘裕南攻卢循。⑤ 卢循走交州,死。刘毅以江陵
叛。凉沮渠蒙逊攻秃发傉檀,有功。夏赫连勃勃攻姚兴,
不克。

壬子[412年]晋刘裕杀刘藩及谢琨,遂平刘毅于江陵。凉傉檀徙
居乐都,姑臧陷于沮渠蒙逊。凉蒙逊拔秃发傉檀姑臧,徙居
之,称西河王,改元玄始。⑥

癸丑[413年]晋朱龄石平蜀。魏改元神瑞,与秦姚兴和亲。秦炽
磐破土谷浑于浇河。凉傉檀攻蒙逊,不利。夏改元凤翔,城
统万。⑦

甲寅[414年]秦乞伏炽磐灭南凉秃发傉檀。

乙卯[415年]晋荆州刺史司马休之、雍州刺史鲁宗之叛,裕攻破
之,逐之于江陵。刘穆之为尚书仆射。⑧ 秦姚兴卒,子泓继,
弟弼作难不克。⑨ 魏改元太常。

丙辰[416年]晋刘裕北伐姚泓,拔洛阳,进逼潼关。加裕九锡,总

---

① "枹",原作"抱",据四库本改。
② "连"后,四库本有"勃勃"二字。
③ "为"字据四库本补。按:据《资治通鉴》卷一一六记载,乞伏乾归死当为壬子年六月事。
④ "磐",原作"盘",据四库本改。后同。
⑤ "攻",四库本作"败"。
⑥ "玄",四库本作"弘"。
⑦ "城统万",四库本作"筑统万城"。
⑧ "仆"前,四库本有"左"字。
⑨ "难",四库本作"乱"。

百揆,封宋国公。秦姚泓改元永和,洛阳陷于晋,姚懿、姚恢内
叛,兵逼长安,姚绍平之。秦乞伏炽磐拔沮渠蒙逊河湟。夏赫
连勃勃拔姚泓阴密。

丁巳[417年]晋刘裕平长安,灭后秦,执姚泓以归,以子义真守长
安,裕加宋王。魏南攻晋,兵败于河曲。① 凉李暠卒,子歆立,
改元嘉兴。

戊午[418年]晋刘裕弑其君德宗,立其弟琅琊王德文,②是谓恭帝。
长安陷于夏。凉李歆称藩于晋。夏赫连勃勃拔晋之长安,称
帝,改元昌武。③

己未[419年]晋改元元熙。宋王刘裕自扬州入,用天子服器。秦
乞伏炽磐改元建弘。夏赫连勃勃还居统万,改元真兴。

庚申[420年]刘裕代晋命于扬州,是谓武帝,改国曰宋,元曰永初。
降其君德文为零陵王。

辛酉[421年]宋零陵王德文卒。

壬戌[422年]宋武帝刘裕终,子义符继。魏攻宋滑台。

癸亥[423年]宋改元景平。魏攻宋金墉,明帝终,④太子焘继,⑤是
谓太武皇帝。凉沮渠蒙逊灭西凉,执李歆归于姑臧。

　　经世之辰二千二百四十九

甲子[424年]宋帝义符二年。臣徐羡之、傅亮行弑,立其弟义隆,
是谓文帝。还都建业,改元元嘉。魏太武元年,改元始光。

乙丑[425年]魏武帝以崔浩为相。夏赫连勃勃卒,子昌继,改元

---

① "曲",四库本作"西"。
② "德文",原作"昌明",据四库本改。
③ "昌武",原作"武昌",据四库本改。
④ "帝"后原有"绍"字,据四库本删。
⑤ "太"原脱,据四库本补。

承光。①

丙寅[426年]宋文帝诛执政徐羡之、傅亮,谢晦以荆州叛,平之。
魏拔夏之长安。

丁卯[427年]魏西破夏赫连昌。

戊辰[428年]魏改元神麚。武帝破夏于统万,俘赫连昌以归,西北
开地三千里。秦乞伏炽磐卒,子暮末继,②改元永弘。③ 凉沮
渠蒙逊改元承玄。夏之统万陷于魏,弟定代立,徙居平凉,改
元胜光。④

己巳

庚午[430年]宋之金墉陷于魏。燕冯跋卒,弟弘杀跋之子翼,⑤代
立,改元太兴。魏拔宋洛阳。凉沮渠蒙逊改元义和。夏赫连
定攻秦暮末。

辛未[431年]宋之滑台陷于魏。夏灭西秦于苑川,俘其君乞伏暮
末。魏灭夏于平凉,俘其君赫连定。⑥

壬申[432年]宋谢灵运弃市于广州。魏改元延和,辽西内附。

癸酉[433年]宋谢惠连卒。凉沮渠蒙逊卒,子牧犍继,改元永和。

甲戌[434年]魏南开地至汉中。

乙亥[435年]魏改元太延。

丙子[436年]宋诛檀道济。魏灭北燕,虏冯弘于辽西。

丁丑

戊寅

---

① "光",原作"先",据四库本改。
② "暮",原作"慕",据四库本改。后同。
③ "弘",原作"嘉",据四库本改。
④ "胜",四库本作"始"。
⑤ 四库本无"之"字。
⑥ "俘",原作"浮",据四库本改。

己卯［439 年］魏灭北凉于姑臧，①获沮渠牧犍以归。

庚辰［440 年］魏改元太平真君，与宋称南北朝。

辛巳

壬午

癸未［443 年］魏克仇池。

甲申

乙酉

丙戌［446 年］魏毁象教。②

丁亥［447 年］魏攻长安。③

戊子

己丑

庚寅［450 年］魏南开地江淮，④夷宰相崔浩三族。

辛卯［451 年］魏改元正平，伐宋至于瓜步。

壬辰［452 年］魏国乱。中常侍宗爱弑其君武帝，⑤立南安王余，⑥
　　改元承平，又杀之。群臣迎武帝孙濬立之，是谓文成皇帝，改
　　元兴安。夷宗爱三族。元寿乐为太宰，都督中外，录尚
　　书事。⑦

癸巳［453 年］宋国乱。太子劭弑其君文帝，代立，改元太初。少子
　　武陵王骏称帝新亭，克建康，诛元凶，⑧改元孝建，⑨是谓孝武

---

① "灭"，四库本作"伐"。
② "象教"，四库本作"经像佛教"。
③ "攻"，四库本作"城"。
④ "南"后，四库本有"伐"字。
⑤ "侍"，原作"寺"，据四库本改。
⑥ "南安王余"，原作"南定王余"，据四库本改。
⑦ "事"，四库本作"官"。
⑧ "凶"，原作"二"，据四库本改。
⑨ "孝建"，原作"建武"，据四库本改。

皇帝。

经世之巳二千二百五十

甲午［454 年］宋孝武皇帝二年。魏文成皇帝三年，改元兴光。

乙未［455 年］魏改元太安。

丙甲

丁酉［457 年］宋改元大明。

戊戌

己亥

庚子［460 年］魏改元和平。

辛丑

壬寅

癸卯

甲辰［464 年］宋孝武皇帝终，①太子业嗣位，改元永光。②

乙巳［465 年］宋改元景和。③ 业立不明，臣寿寂杀之，迎湘东王彧
　　立之，④改元太始，是谓明帝。魏文成帝终，太子弘嗣位，是谓
　　献文皇帝。

丙午［466 年］宋晋安王子勋以浔阳叛，称帝，平之。册子昱为太
　　子。魏师入寇。魏改元天安，尽取宋江北地。大丞相乙浑谋
　　逆，⑤伏诛。

丁未［467 年］魏改元皇兴。

戊申

---

① 四库本无"皇"字。
② "永光"，四库本作"景和"。
③ "景和"，四库本作"永光"。
④ "彧"，原作"或"，据四库本改。
⑤ "乙"，原作"元"，据四库本改。

己酉①

庚戌

辛亥[471年]魏献文授太子宏位,是谓孝文皇帝,弘称太上皇,改
　　元延兴。

壬子[472年]宋改元太豫。明帝失道,②死,太子昱立。

癸丑[473年]宋改元元徽。

甲寅[474年]宋桂阳王休范以江州叛,兵犯建业,右卫将军萧道成
　　平之。

乙卯[475年]魏改元承明。③

丙辰[476年]宋建平王景素谋杀萧道成,不克。道成为司空,录尚
　　书事。魏太后冯氏弑太上皇。

丁巳[477年]宋国乱。萧道成弑其君昱,④废为苍梧王,立明
　　帝子准,改元昇明。道成假黄钺,称齐国公,专制。魏改元
　　太和。⑤

戊午

己未[479年]宋相国萧道成称王。是年,代宋命于建业,改国曰
　　齐,元曰建元,是谓太祖,以子赜为皇太子,降其君准为汝阴
　　王,⑥杀之。

庚申

辛酉

壬戌[482年]齐高帝道成终,太子赜嗣位,是谓武帝,以子懋为太

---

① 是年,四库本作"魏拔宋青州"。
② "失",四库本作"大"。
③ 按:魏改元事在下年六月。
④ "弑",四库本作"杀"。
⑤ "魏"原无,四库本同,据《资治通鉴》卷一三四补。"太",原作"大",据四库本改。
⑥ "王",四库本作"君"。

　　　子,攻魏淮南。

癸亥[483年]齐改元永明。

　　　经世之午二千二百五十一

甲子[484年]齐武帝二年。魏孝文帝十三年。

乙丑

丙寅

丁卯

戊辰

己巳

庚午

辛未

壬申[492年]魏伐蠕蠕。

癸酉[493年]齐武帝终,太子懋亦卒,①其孙昭业立。

甲戌[494年]齐改元隆昌。五月西昌王萧鸾行弑,废其君为郁林
　　　王,立其弟昭文,改元延兴。鸾假黄钺,称宣城王,都督中外,
　　　专制。十月,宣城王萧鸾废昭文为海陵王,杀之,代立,是谓明
　　　帝,改元建武,以子宝卷为太子。魏大伐于齐。②

乙亥[495年]齐大杀宗室。是年,魏自平城徙都洛阳,用中国
　　　礼乐。

丙子[496年]魏改姓元氏。

丁丑

戊寅[498年]齐改元永泰,明帝鸾终,太子宝卷嗣位。魏伐齐,拔
　　　新野。

---

① "亦",四库本作"再"。
② 四库本无"于"字。

己卯[499年]齐改元永元,以子诵为太子。魏孝文帝终,子恪继嗣
　　位,①是谓宣武皇帝。彭城王勰受顾命辅政。

庚辰[500年]齐崔惠景以广陵叛,兵犯建业,萧懿平之。宝卷杀
　　懿,萧衍称兵襄阳,萧颖胄称兵荆州。② 魏改元景明,彭城王
　　勰拔齐寿春。

辛巳[501年]齐萧衍立南康王宝融于江陵,以兵围台城。国人杀
　　宝卷而入宝融于建业,是谓和帝,改元中兴。衍称相国司空,
　　假黄钺,录尚书事,专制。废宝卷为东昏侯。萧宝夤奔魏。

壬午[502年]齐萧衍被九锡,封梁王。四月衍代齐命于建业,是谓
　　武帝,改国为梁,元曰天监,以子统为皇太子,降其君宝融为巴
　　陵王,杀之于姑熟。

癸未

甲申[504年]魏改元正始。

乙酉

丙戌

丁亥[507年]东西夷四十国修贡于魏。

戊子[508年]魏改元永平。杀太师元勰。

己丑[509年]戎夷二十四国修贡于魏。

庚寅

辛卯[511年]东西夷二十九国修贡于魏。

壬辰[512年]魏改元延昌。

癸巳

　　经世之未二千二百五十二

---

① "子"前,四库本有"太"字。四库本无"继"字。
② "颖胄",原作"赖",据四库本改。

甲午［514 年］梁武帝十三年。魏武帝十五年。

乙未［515 年］魏宣武终，太子诩嗣位，是谓孝明皇帝，太后胡氏称
　　　制。刘腾、元叉为辅相。

丙申［516 年］魏改元熙平。

丁酉

戊戌［518 年］魏改元神龟。

己亥

庚子［520 年］梁改元普通。魏改元正光，幽灵太后胡氏于北宫。

辛丑

壬寅

癸卯

甲辰

乙巳［525 年］魏改元孝昌。相刘腾、元叉罪免为庶人。迎太后胡
　　　氏于北宫，还政。中山、上谷、彭城寇乱。

丙午

丁未［527 年］梁帝衍没身于同泰寺，[①]改元大通。魏诸郡寇乱。[②]

戊申［528 年］魏改元武泰。太后胡氏杀其帝诩，立无名子。大都
　　　督尔朱荣自太原入，杀无名子及太后胡氏、诸王、贵臣于河阴，
　　　立长乐王攸，是谓庄帝，改元建义，又改元永安。荣都督中外
　　　诸军事，称太原王，还晋阳，专制。

己酉［529 年］梁改元中大通。衍复没身于同泰寺，群臣以钱币赎
　　　衍还政。[③] 元颢自梁入洛，称帝，改元建武，徙攸于河北。尔
　　　朱荣自晋阳入，逐元颢，迎攸返政。

―――――――――

① "衍"，四库本作"阐"，下同。
② "郡"，四库本作"都"。
③ "币赎"，四库本作"亿万购"。

庚戌［530年］魏帝攸杀尔朱荣于洛阳宫，尔朱兆自晋阳入，徙攸于
　　　河东，杀之。尔朱世隆立长广王晔于长子，改元建明。

辛亥［531年］梁昭明太子统卒，晋安王纲为太子。魏尔朱兆废晔，
　　　立广陵王子恭于洛阳，①是谓节闵，②改元普泰，③还镇晋阳。
　　　冀州刺史高欢称兵信都，立章武王子渤海太守朗于信都，改元
　　　中兴，欢称丞相。

壬子［532年］魏高欢袭据邺，④败尔朱兆于韩陵、西平、并州；⑤南
　　　入洛，废恭，杀之；又废朗于河阳，杀之；立平阳王脩于洛阳，⑥
　　　改元太昌，再改元永熙，还镇邺，专制。尔朱兆走秀容，死。脩
　　　立，是谓武帝。

癸丑［533年］魏高欢平尔朱氏。

甲寅［534年］魏高欢入洛，⑦帝脩西走长安。欢立清河王子善见，
　　　是谓静帝，改元天平，徙洛阳四十万户于邺，都之，是谓东魏。
　　　欢镇太原，都督中外，专制。宇文泰废脩于长安，杀之，立南阳
　　　王宝炬，是谓文帝，改元大统，是谓西魏。泰都督中外，专制。

乙卯［535年］梁改元大同。

丙辰［536年］侯景为东魏右仆射、南行台。

丁巳［537年］西魏宇文泰大破东魏高欢军于沙苑。

戊午［538年］东魏改元元象。高欢大破西魏宇文泰兵于洛阳。

己未［539年］东魏改元兴和。

庚申

---

① “广”，原作“惠”，据四库本改。
② “闵”，四库本作“愍”。
③ “泰”，四库本作“太”。
④ 四库本无“袭”字。
⑤ “败”，四库本作“叛”。
⑥ “立”，原作“又废”，据四库本改。
⑦ “入”，四库本作“之”。

辛酉

壬戌

癸亥[543年]东魏改元武定。高欢大破西魏宇文泰军于邙山,①遂
　　拔洛阳。

　　经世之申二千二百五十三

甲子[544年]梁武帝四十三年。西魏文帝十一年。东魏静帝十
　　一年。

乙丑

丙寅[546年]梁武帝三失身于同泰寺,②改元中大同,群臣及皇太
　　子毕会于同泰寺,③是夜,同泰大火。

丁卯[547年]梁改元太清。东魏渤海王高欢卒于晋阳,子澄继事。
　　侯景以河南十三州叛,慕容绍宗败侯景于长社。景南走寿春,
　　附于梁,封为河南王。

戊辰[548年]侯景兵犯梁建业,立萧正德于南关。④

己巳[549年]侯景破梁台城,杀衍,立太子纲,是谓文帝。景称大
　　丞相,都督中外军事,专制。⑤ 湘东王绎开府江陵,⑥将王僧
　　辩、陈霸先率兵攻侯景。⑦ 东魏盗杀高澄于晋阳,弟洋自邺还
　　晋阳,继事。

庚午[550年]梁改元大宝。⑧ 侯景称相国、汉王,逼纲走西州。西
　　魏拔梁之安陆,取汉中地。东魏高洋入总百揆,进爵为齐王。

---

① "邙",原作"芒",据四库本改。
② 四库本无"寺"字。
③ 四库本无"寺"字。
④ "正",原作"王",据四库本改。
⑤ "制",四库本作"政"。
⑥ "绎",原作"纬",据四库本改。后同。
⑦ "攻",四库本作"讨"。
⑧ "大",四库本作"太"。

　　五月,洋代东魏命,是谓宣帝,改国为齐,元曰天保,降其君善
　　见为中山王。

辛未[551年]侯景废梁帝纲,又杀之,立豫章王栋,①改元天正,又
　　废之,代立,改国为汉,元曰太始。西魏文帝宝炬卒,子钦继。

壬申[552年]梁湘东王绎平侯景,使将朱买臣杀栋,称帝江陵,是
　　谓元帝,改元承圣,以陈霸先为征北大将军,王僧辩为扬州刺
　　史。武陵王纪称帝成都,年用天正。西魏称元年。

癸酉[553年]梁平武陵王于蜀。西魏宇文泰杀尚书元烈。

甲戌[554年]梁萧詧引西魏兵陷江陵,杀绎及诸王。大将军陈霸
　　先、扬州刺史王僧辩立绎之子晋安王方智于浔阳,是谓恭帝,
　　还都建业。王僧辩为太尉,居内。陈霸先为司空,镇丹徒。西
　　魏宇文泰弑其君钦,立齐王廓,改元元年。泰用萧詧南征,拔
　　江陵,杀绎,徙其民于长安。

乙亥[555年]梁贞阳侯萧明自齐入至东关,太尉王僧辩拒之不胜,
　　遂迎萧明入建业立之,降方智为太子,改元天成。司空陈霸先
　　自丹徒入,②杀王僧辩,废萧明为司徒,封建安公,复立方智,
　　改元绍泰。霸先为尚书,都督中外,专制。是年,萧詧称帝江
　　陵,改元大定,北附于宇文氏,是谓后南梁。

丙子[556年]梁改元太平。陈霸先称相国,败齐军于江上。西魏
　　宇文泰卒,子觉继事。是年,觉代西魏命于长安,是谓闵帝,改
　　国为周,是谓后周,元称元年,降其君廓为宋国公。

丁丑[557年]梁相国陈霸先进爵为陈王。十月,陈霸先代梁命于
　　建业,是谓武帝,改国曰陈,③元曰永定。降其君方智为江阴

---

① “栋”,原作“拣”,据四库本改。后同。
② “空”,四库本作“徒”。
③ “曰”,四库本作“为”。

王。周乱,宇文护弑其君觉,①立宇文毓,是谓明帝,称元年。护为太宰,专制。

戊寅[558年]梁萧庄以郢州称帝,求援于齐。②

己卯[559年]陈武帝霸先终,③兄临川王蒨立,是谓文帝,以子伯宗为太子。周宇文毓称天王,改元武成。齐宣帝洋卒,④子殷继于晋阳,以诸父演为太师,湛为司马。元氏宗室无少长皆杀之,投于漳水。

庚辰[560年]陈改元天嘉。周乱,宇文护弑其君毓,立其弟邕,是谓武帝。齐改元乾明,太师高演弑其君殷,⑤代立,是谓昭帝,改元皇建。⑥

辛巳[561年]周改元保定。齐帝演卒于晋阳,大司马湛立,改元太宁,⑦是谓武成。

壬午[562年]齐改元河清,⑧还都邺。后南梁萧詧卒,⑨子岿继,改元天保。⑩

癸未

甲申[564年]周、齐战于洛阳。

乙酉[565年]齐高湛传子纬位,改元天统。

丙戌[566年]陈改元天康。文帝蒨终,太子伯宗嗣立。⑪ 庶兄顼录

---

① “弑”,四库本作“杀”。
② “求”,四库本作“救”。
③ “终”,四库本作“殂”。
④ “帝”,四库本作“王”。
⑤ “太”,原作“大”,据四库本改。
⑥ “建”,四库本作“庆”。
⑦ “太”,四库本作“大”。
⑧ “河清”,四库本作“清河”。
⑨ “梁”,四库本作“凉”。
⑩ “保”,原作“宝”,据四库本改。
⑪ “立”,四库本作“位”。

尚书,都督中外军事,专制。周改元天和。

丁亥[567 年]陈改元光大。

戊子[568 年]陈乱,安成王陈顼弑其君伯宗,代立,是谓宣帝。

己丑[569 年]陈改元太建,以子叔宝为太子。

庚寅[570 年]齐改元武平。

辛卯

壬辰[572 年]陈将吴明彻伐齐有功。周袭封李渊为唐国公,诛太
　　宰晋公护;改元建德。

癸巳[573 年]陈伐齐有功。

　　经世之酉二千二百五十四

甲午[574 年]陈宣帝顼七年。周武帝邕十五年。齐武帝纬十年。
　　后南梁萧岿十二年。

乙未[575 年]周大伐齐,围其晋州及洛阳。

丙申[576 年]周拔齐平阳及晋阳。齐拒周不利,晋州陷于周,纬走
　　并州,周围并州,纬走邺,改元隆化。兄安德王延宗称帝并
　　州,①改元德昌。② 并州又陷于周。

丁酉[577 年]周军围齐之邺,纬传子恒位,改元承光,纬走青州,恒
　　又禅丞相任成王湝,湝称守国天王。③ 邺又陷于周,国遂亡,
　　纬亦就擒于青州。

戊戌[578 年]周改元宣政。帝邕卒于伐齐,子赟继,是谓宣帝。以
　　杨坚为上柱国大司马,都督扬州。改元天成。

己亥[579 年]陈将吴明彻伐周不利于吕梁,淮南之地尽没于周。

---

① “安”,原作“宗”,四库本阙,据《资治通鉴》卷一七二改。
② “德昌”,原作“昌德”,四库本作“建德”,据《资治通鉴》卷一七二改。
③ 四库本无“湝”字。

周帝赟传子阐位,①是谓静帝,赟称天元大帝,改元大象。

庚子[580 年]周大帝赟终,大司马杨坚自扬州入总朝政,②假黄钺,都督中外军事,专制。坚召宇文宗室在藩者六王至长安,皆杀之。天下兵起,尉迟迥称兵相州,宇文胄称兵荣州,石逊称兵建州,席毗称兵沛郡,席叉罗称兵兖州,③王谦称兵益州。坚悉平之,进爵为隋王,用天子服器。郧州萧难以郧州入于陈。④

辛丑[581 年]周改元大定。是年,隋王杨坚代后周命于长安,是谓文帝,改国曰隋,元曰开皇。以高颎、虞庆则、李德林、康世、康晖、元岩、长孙毗、杨尚希、杨惠十人为之辅,册妃独孤氏为皇后,子勇为太子,广为晋王。降其君阐为介国公,杀之。

壬寅[582 年]陈宣帝顼终,子叔宝继,是谓后主。隋起新宫于龙首冈。

癸卯[583 年]陈改元至德。隋徙居新宫。

甲辰[584 年]后南梁萧岿朝隋。

乙巳[585 年]后南梁萧岿卒,子琮继。

丙午[586 年]隋成国公梁士彦、杞国公宇文忻、舒国公刘昉谋兴复,不克,伏诛。梁萧琮改元广运。

丁未[587 年]陈改元祯明。梁萧琮纳国于隋。太傅安平王萧岩、荆州刺史萧瓛降于陈。⑤

戊申[588 年]隋命晋王广、秦王俊、清河公杨素督总管九十兵五十

---

① "阐",原作"衍",据四库本改。后同。
② "总",四库本作"继"。
③ "叉",原作"人",据四库本改。
④ "郧",四库本作"八"。
⑤ "瓛",原作"献",据四库本改。

一万为八路,①大伐陈,以寿春为行台府。

己酉[589 年]隋师灭陈,以陈后主叔宝归于长安。

庚戌[590 年]苏、越、饶、泉、婺、乐安、蒋山、永嘉、余杭、交阯未服,
　　杨素悉平之。

辛亥

壬子

癸丑

甲寅[594 年]东巡,封泰山。

乙卯

丙辰

丁巳

戊午[598 年]伐高丽,无功。

己未

庚申[600 年]废太子勇,立晋王广为皇太子。

辛酉[601 年]改元仁寿。命十六使巡行天下。

壬戌[602 年]命七大臣定礼。

癸亥

　　经世之戌二千二百五十五

甲子[604 年]隋文帝二十四年。帝崩,晋王广即位,是谓炀帝,改
　　元大业。②

---

① "俊",原作"浚",据四库本改。
② 是年,四库本作"隋文帝二十四年。皇太子广行弑于仁寿宫,代立,是谓炀帝。是
　年,幸洛阳,建东都于郏鄏,以洛州为豫州"。

乙丑①

丙寅②

丁卯③

戊辰④

己巳[609年]西幸河右。征吐谷浑,至于覆袁川。⑤

庚午[610年]南幸江都。

辛未[611年]北幸涿郡。

壬申[612年]以兵一百二十万三千八百为二十四军,⑥分左右道,
　　大伐辽东,不利,全陷九军。

癸酉[613年]以代王侑留守长安,越王侗留守东都,秦王浩从驾,
　　征辽东,复大集兵于涿郡。天下群盗起。杨玄感以本兵叛于
　　黎阳。

甲戌[614年]高丽请降,乃班师。扶风盗称帝,延安寇称王,离石
　　贼称天子。

乙亥[615年]北巡,至于雁门,为突厥所围。

丙子[616年]南幸江都。群盗李密称兵河南,窦建德称兵河北,林
　　士弘称兵江南,徐圆朗称兵山东,⑦刘武周称兵代北,薛举称

① 是年,底本无事,四库本作“改元大业,册妃萧氏为皇后,子晋王昭为皇太子。以宇
　文述为左卫大将军,郭衍为左武卫大将军,于仲文为右武卫大将军。尚书令杨素为
　太子太师。安德王雄为太子太傅。河间王宏为太子太保。遵河由汴渚达于淮,谓
　之通济渠。幸东都”。
② 是年,底本无事,四库本作“幸江都还,次东都。太子昭卒。封孙侗为越王,侑为代
　王,浩为秦王”。
③ 是年,底本无事,四库本作“还长安。北巡榆林,作宫于晋阳。光禄贺若弼、礼部郎
　宇文敬、太常卿高颎伏诛。西北大筑亭障”。
④ 是年,底本无事,四库本作“北巡五原,作宫于汾阳。遵河由清水达于海,谓之永济
　渠。引沁水南达于河,北通涿郡”。
⑤ 四库本无“川”字。
⑥ “一百二十万”,四库本作“百一十三万”。
⑦ “山东”,四库本作“东山”。

兵陇右。

丁丑[617 年]炀帝在江都。唐公李渊自晋阳入，立代王侑于长安，以江都帝为太上皇，改元义宁，渊称唐王，专制。群盗窦建德称王河北。李密进据巩洛，①称公，国曰魏，元曰永平。薛举称帝陇右，国曰秦，元曰秦兴。梁师都称兵夏州。李轨称兵凉州。萧铣称兵巴陵。李子通称兵海陵。朱粲称兵冠军。沈法兴称兵毗陵。杜伏威称兵历阳。

戊寅[618 年]五月，唐王李渊代隋命于长安，是谓神尧皇帝，改国曰唐，元曰武德，以裴寂、刘文静为辅相，世子建成为皇太子，次子世民为秦王。降其君为酅国公。② 是年，宇文化及弑炀帝于江都，立秦王浩为主，③化及称王，专制。北转至魏州，化及又杀浩代立，称帝，国曰许，元曰天寿，又北走聊城。王世充立越王侗于东都，改元皇泰，④世充称郑王，专制。群盗：窦建德进有河北，都乐寿；陇右薛举卒，子仁果立；⑤刘武周进有河东，称帝，国曰汉，元曰天兴；梁师都进有朔方，称帝，国曰梁，元曰永隆；李轨进有河右，称帝，国曰凉，元曰安乐；萧铣进有江右及岭表，⑥称帝，国曰梁，元曰凤鸣；李子通进有江都，称帝，国曰吴，元曰明政；朱粲进有山南，称帝，国曰楚，元曰昌达；沈法兴进有江东，称王，国曰梁，元曰延康；林士弘称帝虔州，国曰楚，元曰太平；杜伏威进有淮南，受唐封楚王。秦王平陇右，获薛仁果。

---

① “巩”，据四库本作“兴”。
② “酅”，原作“鄬”，据四库本改。
③ “浩”，原作“皓”，据四库本改。后同。
④ “泰”，原作“始”，据四库本改。
⑤ “果”，原作“杲”，据四库本改。后同。
⑥ “右”，四库本作“南”。

己卯[619年]唐秦王平河右,获李轨。李密与王世充相攻,不利,
　　奔唐,复叛,死于邢公岘。① 徐世勣以河南十郡降。窦建德灭
　　宇文化及于聊城,自立为帝,甫有黎阳之地,②称国曰夏,元曰
　　五凤。萧铣灭林士弘于虔州。③ 杜伏威南保江都。李子通西
　　保江陵。王世充杀越王侗于东都,称帝,国曰郑,元曰开明。
　　朱粲降于唐,复杀唐使者,奔王世充。

庚辰[620年]唐秦王平河东,刘武周走突厥。李子通灭沈法兴于
　　江东,徙居余杭。工部尚书独孤怀恩以谋逆伏诛。

辛巳[621年]唐秦王平河南、河北,获王世充及窦建德以归。杜伏
　　威灭子通于余杭。窦建德将刘黑闼复称兵河北。④

壬午[622年]唐李靖灭萧铣于金陵。江南及岭表平。

癸未[623年]唐秦王平河北,获刘黑闼。又平徐圆朗于曹州。江
　　淮杜伏威来朝,其将辅公祏称王丹徒,⑤国曰宋。

甲申[624年]唐李靖平辅公祏于江淮。

乙酉[625年]唐加秦王中书令。

丙戌[626年]皇太子建成、齐王元吉作难,杀秦王不克。秦王以长
　　孙无忌、尉迟敬德、侯君集、张公谨、王君廓、房玄龄、杜如晦、
　　长孙顺德、柴绍、罗艺、刘师玄、李世勣、刘弘基、王孝恭平之于
　　玄武门。⑥ 帝乃授秦王世民位,退居太安宫,称太上皇。高士
　　廉为侍中,房玄龄为中书令,萧瑀为尚书右仆射。

丁亥[627年]改元贞观。尚书封伦卒。萧瑀为左仆射,长孙无忌

① “邢公岘”,四库本作“桃林”。
② “自立为帝甫”,四库本作“自乐寿徙于洛南”。
③ “弘”,四库本作“宏”。
④ “将”上,四库本有“故”字。
⑤ “祏”,原作“祐”,据四库本改。后同。“丹徒”,四库本作“丹阳徙”。
⑥ “恭”,四库本作“公”。

　　为右仆射。

戊子[628年]平梁师都于朔方。

己丑[629年]相裴寂以罪免。房玄龄为尚书左仆射,杜如晦为尚
　　书右仆射,李靖为兵部尚书,魏征守秘书监,关议朝政。①

庚寅[630年]李靖平突厥,获颉利可汗。戴胄、萧瑀参预朝政,②温
　　彦博为中书令。

辛卯[631年]春,大蒐于昆明。冬,幸温汤。

壬辰[632年]祀南郊。

癸巳[633年]魏征为侍中。颁新定五经于天下。

　　经世之亥二千二百五十六

甲午[634年]唐广孝皇帝九年。

乙未[635年]李靖平吐谷浑,获其王,放还本国。太上皇崩于太安
　　宫,葬高祖于献陵。

丙申[636年]魏征迁特进。温彦博迁右仆射。

丁酉[637年]幸洛阳宫。

戊戌[638年]高士廉为右仆射。

己亥[639年]幸九成宫。荒服十国来修贡。

庚子[640年]侯君集平高昌,获其王以归。弘化公主嫔于吐谷浑。
　　至日圆丘祀昊天上帝。

辛丑[641年]幸洛阳。文成公主嫔于吐蕃。

壬寅[642年]幸岐阳。

癸卯[643年]图二十四勋臣于凌烟阁。③ 内难作,皇子齐王祐以齐

---

① “关议”,四库本作“参预”。
② “瑀”,原作“琼”,据四库本改。
③ “勋”,四库本作“功”。

叛。废太子承乾为庶人,徙之黔。幽魏王泰于北苑,徙之均。① 以晋王治为皇太子。诛侯君集。至日,祀南郊。

甲辰[644 年]岑文本、马周为中书令。幸洛阳及亲征辽东。

乙巳[645 年]平高丽。

丙午[646 年]李勣破薛延陀。② 荒服十一国修贡。

丁未[647 年]起翠微宫于终南山。

戊申[648 年]阿史郎平龟兹,获其王以归。征松州蛮。③ 司空房玄龄、特进萧瑀卒。褚遂良为中书令。

己酉[649 年]帝崩于翠微宫,皇太子治践位。葬太宗于昭陵。长孙无忌、褚遂良辅政。复李勣官,仍加特进。于志宁、张行成进侍中知政事。

庚戌[650 年]改元永徽。褚遂良罢政。

辛亥[651 年]征贺鲁至于金岭。④ 至日,有事于南郊。

壬子[652 年]册陈王忠为皇太子。韩瑗、来济为相,宇文节为侍中,柳奭为中书令。⑤

癸丑[653 年]驸马都尉房遗爱、柴令武、薛万彻、荆王元景及二公主以谋逆伏诛,遂杀吴王恪。褚遂良复为右仆射。睦州女寇乱。

甲寅[654 年]筑长安罗城。亲谒昭陵。

乙卯[655 年]废皇后王氏、良娣萧氏为庶人,⑥册昭仪武氏为皇后。罢长孙无忌、褚遂良政事,以许敬宗、李义府为相。武后杀庶

---

① "徙",四库本作"役"。
② "陀",四库本作"陁"。
③ "州",四库本作"外"。
④ "岭",原作"领",据四库本改。
⑤ "奭",四库本作"奭"。
⑥ "娣",原作"姊",四库本同,据《旧唐书》卷六《则天皇后纪》改。

人王氏及萧氏。崔敦礼为中书令。

丙辰[656年]废皇太子忠为梁王，册代王弘为皇太子。改元显庆，杜正伦为相。

丁巳[657年]幸许、洛。以洛阳为东都。李义府进中书令，许敬宗进侍中。贬相韩瑗、来济为州刺史。

戊午[658年]苏定方平贺鲁，获其王。

己未[659年]杀长孙无忌、褚遂良于流所。幸东都。

庚申[660年]废梁王忠为庶人。苏定方平百济，获其王扶余。

辛酉[661年]改元龙朔。

壬戌[662年]还长安。进门下、尚书、中书为东、中、西三台，分侍中、中书令为左、右相。造蓬莱宫。许圉师为左相，寻下狱。

癸亥[663年]起含元殿于蓬莱宫。李义府为右相，寻配流巂州，死。改来年为麟德。

以运经世之十　观物篇之三十四

经元之甲一

经会之午七

经运之壬一百八十九

经世之子二千二百五十七

　　经世之子二千二百五十七

甲子[664年]唐弘孝皇帝十五年。杀西台侍中上官仪，又杀庶人忠于流所。窦德玄为左相，[①]刘祥道为右相。

乙丑[665年]帝同皇后巡东海，封泰山。陆敦信为右相。

丙寅[666年]帝同皇后至自泰山。改元乾封。刘仁轨为右相。

---

① "德"，原作"隐"，据四库本改。

丁卯［667年］禁工商乘马。戴至德、李安期、张文瓘并同东西台三品。

戊辰［668年］李勣平高丽，执其王。① 祀明堂。改元总章。

己巳［669年］帝同皇后幸九成宫。郝处俊同东西台三品。② 李勣卒。

庚午［670年］改元咸亨。③

辛未［671年］帝同皇后幸东都及许昌，皇太子监国。④ 阎立本为中书令。⑤

壬申［672年］帝及皇后至自东都。

癸酉［673年］帝及皇后幸九成宫。

甲戌［674年］皇后称天后，帝为天皇。改元上元。帝同皇后幸东都。帝有疾。

乙亥［675年］皇太子弘卒，以雍王贤为皇太子。

丙子［676年］帝及皇后自东都还。改元仪凤。来恒、薛元超、李义琰、高智周并同中书门下三品，李敬玄、刘仁轨为中书令。

丁丑

戊寅［678年］改来年为通乾。

己卯［679年］甘露降，改元调露。帝同皇后幸东都。裴行俭大伐突厥。

庚辰［680年］废皇太子贤为庶人，立英王哲为皇太子。⑥ 帝同皇后

---

① "执"，四库本作"获"。
② "郝处俊"，原作"张文瓘"，据四库本改。
③ 此后，四库本有"薛仁贵征吐蕃不利"八字。
④ "子"后，四库本有"弘"字。
⑤ "阎立本为中书令"，四库本作"中书令阎立本、黄门侍郎郝处俊从行"。
⑥ "立"，四库本作"以"。

幸汝州及嵩山。① 裴炎、崔知温、王德真并同中书门下三品。②
改元永隆。帝及皇后至自东都。

辛巳[681年]裴行俭平突厥,虏其王伏念。改元开耀。裴炎进侍
中,崔知温、薛元超进中书令。

壬午[682年]改元永淳。帝及皇后幸东都。起奉天宫于嵩之阳。③
刘景先、郭待举、郭正一、岑长倩、魏玄同并同中书门下平
章事。

癸未[683年]改元弘道。帝崩于东都,皇太子哲嗣位,是谓昭孝皇
帝,天后称制。刘仁轨进尚书左仆射,岑长倩进兵部尚书,④
魏玄同进黄门侍郎,刘齐贤进侍中,裴炎进中书令。

甲申[684年]改元嗣圣。皇后废帝为庐陵王,⑤迁之均,立豫王旦。
改元文明。侍中裴炎进爵为侯,王德真进侍中,刘祎之、武承
嗣进中书平章事。葬高宗于乾陵。再改元光宅。徐敬业以扬
州举兵,⑥南攻润州,⑦平之。杀宰相裴炎。又改来年为垂拱。
来俊臣、周兴大行诬构,谓之罗织。

乙酉[685年]武后徙帝居房陵。⑧ 改中书、门下为凤阁、鸾台。⑨

丙戌[686年]苏良嗣为文昌左相,韦待价为文昌右相,并同凤阁鸾
台三品。

丁亥[687年]武后赐宰相刘祎之死。张光辅为凤阁侍郎。

---

① 四库本无"同"字。"州",四库本作"阳"。"山",四库本作"岳"。
② "炎",原作"琰",据四库本改。
③ "宫",原作"观",据四库本改。
④ "兵",原作"六",据四库本改。
⑤ "皇",四库本作"天"。
⑥ "举兵",四库本作"叛"。
⑦ "攻",四库本作"拔"。
⑧ "陵",原作"陆",据四库本改。
⑨ "门下"二字据四库本补。

戊子[688年]武后称圣母。关寡人琅琊王冲及越王贞举兵以讨乱,不克。大夷王室。①

己丑[689年]武后改元永昌,称圣皇,大杀王族,又杀纳言魏玄同及内史张光辅,②引王本立、范履冰、邢文伟为相。

庚寅[690年]武后改元载初,以建子月为岁首,祀明堂,以曌为名,以诏为制,大杀王族,改国为周,元曰天授,称皇帝。降豫王旦为皇嗣,立武氏七庙,封武氏三人为王,引傅游艺为相,改鱼为龟。

辛卯[691年]武后祀明堂。格辅元、乐思晦并同凤阁鸾台平章事,③欧阳通为纳言。杀宰相岑长倩、格辅元及纳言欧阳通。用狄仁杰为相。

壬辰[692年]武后祀明堂。改元如意,再改元长寿。杨执柔、崔元琮、李昭德、姚璹、李元素为相,④狄仁杰下狱。

癸巳[693年]武后祀明堂,称金轮皇帝。引豆卢钦望、韦巨源、陆元方为相,娄师德亦相。

经世之丑二千二百五十八

甲午[694年]唐昭孝皇帝十一年,在房陵。武后祀明堂。改元延载。引苏味道、王孝杰、杨再思、杜景俭、李元素、周允元相继为相。⑤

乙未[695年]武后改元证圣。明堂火。称天册,再改元天册万岁。

丙申[696年]武后封中岳。改元万岁登封。祀新明堂。⑥ 再改元

---

① 是年,底本无事,四库本作"武后称圣母。关东八王谋兴复,博州琅琊王冲及父蔡州越王贞先发。悉平之,大夷王室"。
② "光",原作"公",据四库本改。
③ "辅元",原作"元辅",据四库本改。后同。
④ "崔元琮",四库本作"崔元综"。
⑤ "允元",原作"元允",据四库本改。
⑥ 四库本无"新"字。

万岁通天。契丹李尽忠以孙万荣叛,陷营、冀。命二十八将讨之,不利。引王方庆、李道广为相。

丁酉[697年]武后祀明堂。河朔平。再用娄师德为相。魏王武承嗣、梁王武三思并同凤阁鸾台三品。改元神功。狄仁杰、杜景俭复相。诛司业少卿来俊臣,遂及内史李昭德。

戊戌[698年]武后祀明堂。改元圣历。召帝于房陵,返政。突厥执武延秀及行人阎知微,以破妫、檀,寇赵、定。① 姚元崇、李峤为相。

己亥[699年]武后幸嵩山,封皇嗣旦为相王。引魏元忠、吉顼为相,又引王及善、豆卢钦望为左右相。

庚子[700年]武后幸汝阳。建三阳宫于嵩山之阳。改元久视,复旧正朔。张锡、韦安石为相。武三思为特进。② 相吉顼配流岭表。③ 内史狄仁杰卒。

辛丑[701年]改元大足。武后幸嵩之三阳宫。又改元长安。④ 李怀远、顾琮、李迥秀为相。⑤

壬寅[702年]武后祀南郊。

癸卯[703年]武后幸东都。朱敬则为相。

甲辰[704年]张柬之同平章事,⑥韦安石纳言,李峤内史。⑦

乙巳[705年]武后改元神龙。张柬之、崔玄暐、⑧桓彦范、敬晖、袁

① "寇赵定",四库本作"定赵用","用"属下读。
② "为",原作"罢",据四库本改。
③ "顼",原作"瑱",据四库本改。
④ "改元",原作"而还",据四库本改。
⑤ "秀"原脱,据四库本补。
⑥ "张"前,四库本有"韦嗣立宗楚客崔元暐"九字。
⑦ "峤",原作"蟜",据四库本改。
⑧ "暐",原作"晖",据四库本改,下同。

恕己平张易之及昌宗之乱。徙武后于上阳宫,①除周号。② 以
相王旦为安国王,太平公主为镇国公主,③赏定乱功也。韦氏
复正皇后位,武三思进位司空相。④ 武后崩于东都之上阳
宫。⑤ 祝钦明、唐休璟为相。

丙午[706年]帝还长安。附武后于乾陵。⑥ 以宫人上官婉儿为昭
容,⑦武三思居中用事。封张柬之、桓彦范、崔玄暐、袁恕己、
敬晖五人为王,复贬为州司马,杀之于流所。进魏元忠、李峤
为中书令,李怀远同中书平章事。册卫王重俊为皇太子。开
长宁、安乐二公主府。大行斜封墨制。于惟谦为相,苏瑰进
侍中。

丁未[707年]李多祚以羽林兵讨武三思,⑧又讨皇后韦氏,⑨不克,
败死。太子重俊出奔,野死。宗楚客、萧至忠为相。⑩ 改元
景龙。

戊申[708年]安乐公主假皇后车服出游。⑪ 张仁亶为相。

己酉[709年]作宫市。韦嗣立、崔实为相。⑫

庚戌[710年]杀谏臣燕钦融于殿庭。皇后韦氏及安乐公主行弑于
内寝,立温王重茂为嗣,改元唐隆。以裴谈、张锡、张嘉福、岑

---

① "徙",原作"彼",据四库本改。
② "周"后,四库本有"国"字。
③ "主",原作"生",据四库本改。
④ "三",原作"王",据四库本改。
⑤ "阳",原作"杨",据四库本改。
⑥ "附",原作"拊","后",原作"台",据四库本改。
⑦ "婉",原作"苑",据四库本改。
⑧ "讨",四库本作"诛"。
⑨ "讨",四库本作"杀"。
⑩ "客"后,四库本有"纪处讷"三字。
⑪ 四库本无"游"字,而有"敕武延秀"四字。
⑫ "实"后,四库本有"韦温郑愔苏瑰赵彦昭相继"十一字。"相"后,四库本有"李峤
为特进"五字。

羲为相。临淄王隆基以刘幽求、薛崇简、锺绍京、麻嗣宗兵入
诛韦温、纪处讷、宗楚客、武延秀、马秦客、叶静能、赵履温、杨
均及皇后韦氏、安乐公主、上官昭容。葬中宗于定陵。临淄王
隆基称平王，降重茂嗣，尊父相王旦为帝，是谓兴孝皇帝。既
践位，以锺绍京、刘幽求、薛崇简、崔日用为相，立平王隆基为
皇太子，①改元景云。追废皇后韦氏、安乐公主为庶人。② 姚
元之为相。

辛亥[711 年]皇太子隆基监国，郭元振、张说、窦怀贞、陆象先、魏
知古为相，刘幽求进侍中相。

壬子[712 年]祀南郊，改元太极，祀北郊，改元延和。帝传位于皇
太子隆基，是谓明孝皇帝。既践位，改元先天。黜刘幽求、锺
绍京、张晖官。

癸丑[713 年]太平公主、窦怀贞、岑羲、萧至忠、常元楷、薛稷、贾膺
福、李慈、李钦、李猷、崔湜、卢藏用、傅孝忠、僧惠范作逆，③伏
诛。进姜皎、李令问、王毛仲、王守一官，复刘幽求、锺绍京、张
晖官，令知政事。讲武于骊山。改元开元。用卢怀慎、姚崇为
相。改中书为紫微。

甲寅

乙卯[715 年]册郢王嗣谦为皇太子。

丙辰[716 年]太上皇崩，葬睿宗于乔陵。源乾曜、苏颋为相。姚崇
让宋璟为相。

丁巳[717 年]幸洛阳。嫔永乐公主于契丹。

戊午[718 年]至自东都。

---

① “立”，四库本作“册”。
② “追”，原作“进”，据四库本改。
③ “膺”，原作“应”，据四库本改。

己未

庚申［720年］张嘉贞为相。

辛酉［721年］相姚崇卒。

壬戌［722年］幸东都。①

癸亥

　　经世之寅二千二百五十九

甲子［724年］唐明孝皇帝十三年。废皇后王氏为庶人。幸东都，
　　宋璟守长安。

乙丑［725年］封泰山。用源乾曜、张说为左右相。

丙寅［726年］李元纮、杜暹为相。还东都。

丁卯［727年］至自东都。

戊辰［728年］萧嵩为相。

己巳［729年］张说、宋璟为左右相。谒乔、定、献、昭、乾五陵。裴
　　光庭为相。

庚午［730年］北讨契丹。

辛未［731年］幸东都。

壬申［732年］至自东都。宋璟免相。

癸酉［733年］韩休、张九龄、裴耀卿为相。

甲戌［734年］幸东都。李林甫为相。

乙亥

丙子［736年］至自东都。牛仙客为相。是年，太真杨氏入宫，李林
　　甫用事。

丁丑［737年］废皇太子瑛为庶人。罢张九龄相，仍黜之。相宋璟
　　卒。监察御史周子谅言牛仙客事，杀死于朝。②

————————

① 此后，四库本有"长安窃发"四字。

② "杀"，四库本作"杖"。

戊寅［738 年］册忠王玙为皇太子。相李林甫领陇右河西节度，①牛
　　仙客领河东节度。②

己卯［739 年］平突厥，获其王。追封孔宣父为文宣王，颜回为兖国
　　公，③余哲并为侯。

庚辰

辛巳［741 年］命安禄山为平卢军节度使。

壬午［742 年］改元天宝。李适之为相。④ 开庄、文、列、庚桑子四
　　学。⑤ 裴耀卿进尚书右仆射。

癸未

甲申［744 年］改元为载。命安禄山为范阳节度使，作太真妃杨氏
　　养子。

乙酉［745 年］册太真妃杨氏为贵妃。契丹杀公主，叛。

丙戌［746 年］陈希烈为左相。右相李林甫大行诬构，首陷韦坚。

丁亥［747 年］改温泉为华清宫。

戊子［748 年］以宦人高力士为骠骑大将军，关总中外。⑥ 赐安禄山
　　铁券。幸华清宫。

己丑［749 年］幸华清宫。

庚寅［750 年］幸华清宫。权归韩国、虢国、秦国三夫人及鸿胪卿杨
　　铦、宰相杨国忠五家。安禄山进封东平郡王。

辛卯［751 年］幸华清宫。安禄山入朝，乞兼河东。讨云南不利。

壬辰［752 年］幸华清宫。李林甫卒，杨国忠为右相。

――――――――

① "度"后，四库本有"使"字。
② "度"后，四库本有"使"字。
③ "兖"，原作"梵"，据四库本改。
④ "适"，原作"通"，据四库本改。
⑤ "庚"，原作"耕"，据四库本改。
⑥ 四库本无"总"字。

癸巳［753 年］幸华清宫。杨国忠大行诬构。进封哥舒翰西平
　　郡王。

　　经世之卯二千二百六十

甲午［754 年］唐明孝皇帝四十三年。受朝于华清宫。韦见素为
　　相。始以诗赋取士。杨国忠进位守司空。

乙未［755 年］安禄山以范阳叛，兵陷东都。皇太子玙为元帅监国。
　　高仙芝、封常清军败。以哥舒翰将兵二十万守潼关。

丙申［756 年］潼关不守。帝西幸蜀，至马嵬，兵乱，杀宰相杨国忠
　　及贵妃杨氏。禄山陷长安，称帝东都，国曰燕，元曰圣武。皇
　　太子西至灵武，即皇帝位，是谓宣孝皇帝，改元至德，以广平王
　　俶为元帅，裴冕为相，尊蜀中帝为太上皇，移军彭原。恒山
　　陷，①颜杲卿死于东都。

丁酉［757 年］朔方节度使郭子仪、太原节度使李光弼兵入逐安禄
　　山将，大败之于香积，遂复两京。帝还长安，太上皇至自成都。
　　封广平王俶为成王。苗晋卿代韦见素为左相。安禄山为子庆
　　绪所杀，代立，退保相州，改元天成。

戊戌［758 年］唐改元乾元，以成王俶为皇太子，李揆、王玙为相。
　　九节度围安庆绪于相州，军溃。禄山将史思明杀安庆绪，称帝
　　魏州。

己亥［759 年］唐改元顺天，李岘、吕谭、第五琦为相。史思明复陷
　　东都。

庚子［760 年］唐改元上元。宦人李辅国逼太上皇入西宫。刘展以
　　扬州叛。

辛丑［761 年］太上皇崩于西宫，帝亦不豫，皇太子俶监国，苗晋卿

---

① "恒山"，原作"安禄山"，据四库本改。

行冢宰。史思明为子朝义所杀,代立,保东都。

壬寅[762年]改元宝应。皇后张氏谋立越王系,内臣李辅国、程元振幽皇后张氏于别殿,杀之。帝崩,皇太子俶践位,是谓孝武皇帝,以雍王适为元帅,元载为相,程元振为骠骑大将军,居中用事。复东都及河朔。史朝义走幽州,幽人杀之以献。

癸卯[763年]吐蕃犯长安,别立武王宏,帝出居陕。① 郭子仪收京城,帝还长安,放武王宏于华州,葬玄宗于泰陵,葬肃宗于建陵,改元广德。仆固怀恩以汾州叛。罢苗晋卿、裴遵度相,以李岘为相。

甲辰[764年]以雍王为皇太子。吐蕃寇邠及奉天。王缙、杜鸿渐代刘晏、李岘为相。

乙巳[765年]改元永泰。吐蕃大掠畿甸。帝御六军屯于苑,命九节度以本军讨贼。吐蕃又会回纥寇奉天,②仆固怀恩启之也。郭子仪复以回纥随白元光讨吐蕃于灵武。③ 崔旰以西川乱。

丙午[766年]改元大历。周智光以华叛。

丁未[767年]吐蕃大寇灵武。郭子仪镇泾阳。

戊申[768年]吐蕃再寇灵武。

己酉[769年]裴冕为相。

庚戌[770年]臧玠以潭州叛。④

辛亥

壬子[772年]回纥掠京城。朱泚节度幽州。⑤

癸丑[773年]郭子仪大败吐蕃于灵武。

---

① "陕",四库本作"郏"。
② 四库本无"又"字。
③ "讨",四库本作"破"。
④ "玠",原作"介",据四库本改。
⑤ "泚",四库本作"滔"。

甲寅

乙卯［775年］魏博节度使田承嗣擅取洺、卫、磁、相四州。① 河阳及
　　陕州军乱。

丙辰［776年］淄青李正己擅取齐海、登、莱、沂、密、德、棣、曹、濮、
　　兖、郓，请命封陇西王，李宝臣封陇西王，李忠臣封西平王，段
　　秀实封张掖王。崔宁破吐蕃。河阳军乱。

丁巳［777年］诛宰相元载并夷其族。贬相王缙括州刺史。杨绾、
　　常衮为相。

戊午［778年］回纥寇太原。吐蕃寇灵武。

己未［779年］汴州军乱。皇太子适监国。帝崩，皇太子适践位，是
　　谓孝文皇帝。② 葬代宗于元陵。贬相常衮，以崔祐甫为相，郭
　　子仪为尚父。

庚申［780年］改元建中。朱泚领四镇节度使。刘文喜以泾乱。册
　　宣王诵为皇太子。杨炎为相。刘晏贬忠州，寻赐死。③

辛酉［781年］卢杞为相，贬相杨炎崖州司马。尚父郭子仪卒。④ 淄
　　青李正己卒，其子纳自立。梁崇义反，淮西帅李希烈讨斩
　　之。⑤ 田悦围邢州，马燧救之，田悦败走。

壬戌⑥

癸亥［783年］李希烈陷汝州，执刺史李元平。东都行营节度使哥

---

① 四库本无“使”字。
② “孝文”，原作“文孝”，据四库本改。后同。
③ “刘晏贬忠州寻赐死”，四库本作“贬相刘晏自杀”。
④ “尚父郭子仪卒”，此后四库本作“淄青李正己、魏博田悦、恒定李惟岳各拥本部兵
　叛。李希烈平梁崇义于襄阳，封之为南平王。河东马燧、泽潞李抱真破田悦于
　洹水”。
⑤ “希”，原作“义”，据四库本改。
⑥ 是年，底本无事，四库本作“宣武刘洽、神策曲环破李纳于徐州。幽州朱滔平李惟岳
　于束鹿。朱滔、田悦、王武俊、李纳、李希烈称王，相推为盟主。关播始相”。

舒曜讨李希烈。兵马使刘德信及李希烈战于扈涧,败绩。命泾州姚令言以本军救东都,兵至作乱,入长安立朱泚为帝于含元殿。浑瑊奉帝出居奉天。朱泚兵顿乾陵。朔方节度使李怀光以本军救奉天,朱泚退保京城。李怀光以本军叛。李希烈陷襄阳、许、郑及汴州,哥舒曜走洛阳。贬宰相卢杞新州司马。①

经世之辰二千二百六十一

甲子[784年]唐孝文皇帝五年。在奉天,改元兴元。王武俊格命,李怀光走河中。② 帝移军梁州,浑瑊及吐蕃败朱泚于武功。李晟收京师。③ 泾原兵马使田希鉴杀冯河清,④以泾州叛。⑤ 李抱真、王武俊败朱滔于泾城。⑥ 淄青李纳亦归款。⑦ 田希鉴杀姚令言以泾州降。李晟平泾乱,⑧杀朱泚。⑨ 李希烈将李澄以滑州格命。刘洽、曲环败李希烈于陈州。卢翰为相。

乙丑[785年]改元贞元。李希烈陷南阳。浑瑊平李怀光于河中。

丙寅[786年]刘滋、崔造、齐映、李勉相继为相。⑩ 陈仙奇杀李希烈,以蔡州降。以□□为豫州刺史。⑪ 吴少诚又杀陈仙奇,以

---

① 此年,四库本作"李希烈陷岐州。太师颜真卿宣抚淮宁军事,不还。哥舒曜以凤翔、邠宁、泾原军大伐于东师丧扈涧,命泾州姚令言以本军卫东都,兵至浐水,返戈入长安,立朱泚为帝于含元殿,浑瑊奉帝出居奉天。朱泚兵顿乾陵。朔方节度使李怀光以本兵救奉天,朱泚退保京城。李怀光以本军叛。李希烈陷襄阳、许、郑及汴州。哥舒曜走洛阳。贬宰相卢杞新州司马。萧复、刘从一、姜公辅相为相"。

② "中",原作"东",据四库本改。

③ "师",四库本作"城"。

④ "泾原兵马使",四库本作"迎帝还宫"。

⑤ "叛"后,四库本有"行军司马田绪杀田悦以魏博降"十三字。

⑥ "败",四库本作"平"。"滔",四库本作"泚"。

⑦ "亦归款",四库本作"格命"。

⑧ "泾"后,四库本有"州"字。

⑨ "朱泚",四库本作"田希鉴"。

⑩ "刘滋崔造齐映"六字原脱,据四库本补。

⑪ "以□□为豫州刺史",四库本作"陈仙奇为蔡州刺史"。

蔡州请命,以吴少诚为蔡州刺史。① 吐蕃寇泾陇。

丁卯[787年]〔张延赏、柳浑、李泌为相。浑瑊〕会吐蕃于平凉,②
　　吐蕃窃兵发于会,浑瑊逃归,马燧请之谬也。

戊辰[788年]福建军乱,邠宁亦军乱。③ 李晟、马燧、李泌连相国。
　　征夏县处士阳城为谏议大夫。

己巳[789年]董晋、窦参为相。韦皋破吐蕃于巂州。

庚午[790年]吐蕃陷北庭。

辛未

壬申[792年]襄州军乱。赵憬、陆贽为相。贬相窦参郴州别驾。
　　吐蕃入寇。

癸酉[793年]贾耽、卢迈为相。宣武军乱。

甲戌[794年]南诏异牟寻破吐蕃于神川,④韦皋破吐蕃于羌和。元
　　谊以田绪叛于洺。黄少卿以钦叛。⑤

乙亥

丙子[796年]崔损、赵宗儒为相。

丁丑[797年]韦皋破吐蕃于巂州。⑥

戊寅[798年]郑余庆为相。栗锽杀刺史以明州叛。

己卯[799年]汴州军乱。吴少诚以陈、蔡叛。伐淮西不利。

庚辰[800年]伐蔡不利,又伐,又不利。徐州军乱。贬相郑余庆郴
　　州司马。齐抗为相。蔡州吴少诚顺命。

辛巳[801年]韦皋大破吐蕃于雅州,封皋南康郡王。

―――――――――

① "以"前,四库本有"复"字。
② "张延赏柳浑李泌为相浑瑊"十一字原脱,据四库本补。
③ "亦军",四库本作"军亦"。
④ "寻"原脱,据四库本补。
⑤ "钦",原作"邢",据四库本改。
⑥ "巂",原作"隽",据四库本改。

壬午

癸未［803年］高郢为相。吐蕃请和。

甲申［804年］吐蕃、南诏、日本修贡。

乙酉［805年］正月帝崩，皇太子诵践位。王叔文、王伾用事。韦执
谊、贾耽、郑珣瑜、高郢、杜佑为相。罢宫市物。① 贬京兆尹李
实通州长史，削民故也。册广陵王纯为皇太子。罢郑珣瑜、高
郢相，以杜黄裳、袁滋为相。帝不豫，八月授位于太子，徙居兴
庆宫。皇太子纯践位，是谓章武皇帝。② 葬德宗于崇陵。贬
王伾开州司马、王叔文渝州司马、韦执谊崖州司户。以郑余
庆、郑絪为相。

丙戌［806年］改元元和。太上皇崩于兴庆宫。杜佑行冢宰事。葬
顺宗于丰陵。王士真为相。刘辟以西川叛，高崇文平之。诛
王叔文于贬所。

丁亥［807年］武元衡、李吉甫为相。李锜以润州叛，③平之。

戊子［808年］裴垍为相。

己丑［809年］册邓王宁为皇太子。王承宗以镇叛。蔡州吴少诚
卒，弟少阳继事。

庚寅［810年］用权德舆为相。

辛卯［811年］罢李藩相，用李吉甫、李绛为相。皇太子宁卒。

壬辰［812年］册遂王恒为皇太子。魏博军乱。

癸巳［813年］振武军乱。

　　经世之巳二千二百六十二

甲午［814年］唐章武皇帝九年。蔡州吴少阳卒，子元济继事，以淮

---

① “宫”，四库本作“官”。
② “章”，原作“彰”，据四库本改。后同。
③ “锜”，原作“奇”，据四库本改。

西逆命。

乙未[815年]伐淮西。盗杀宰相武元衡。以裴度为相,会兵伐王承宗于镇。淄青李师道以嵩僧叛,会兵伐淄青。

丙申[816年]大伐淮西及镇。① 李逢吉、王涯为相。黄洞蛮屠岩州。宿州军乱。

丁酉[817年]崔群、李廊为相。裴度大伐淮西,将李愬入蔡,获吴元济以献,淮西平。裴度复相。

戊戌[818年]镇州王承宗、淄青李师道顺命。李夷简、皇甫镈、程异为相。

己亥[819年]刘悟杀李师道,以淄青十二州降。令狐楚为相。沂及安南军乱。以方士柳泌为台州刺史。帝饵金石有疾。

庚子[820年]帝崩。皇太子恒践位,是谓文思皇帝。段文昌、崔植为相。贬皇甫镈崖州司户。安南平。葬宪宗于景陵。镇王承宗卒,弟承元继事。

辛丑[821年]改元长庆。杜元颖、王播为相。刘总弃幽州,以张弘靖代之。幽州军乱,逐张弘靖,立朱克融为留后。镇州军乱,杀田弘正,立王廷凑为留后。瀛州军乱,幽军拔瀛州。镇军围深州。相州军乱。

壬寅[822年]册景王湛为皇太子。幽州朱克融陷沧州,会镇州王廷凑兵攻深州。王智兴逐崔群,以徐州乱。元稹、裴度、李逢吉为相。李齐逐李愿,以汴州乱。镇军救饶阳及博野。② 王国清以浙西叛。德州军乱。

癸卯[823年]牛僧孺为相。

---

① "镇"后,四库本有"阳"字。
② "军",四库本作"兵"。

甲辰[824年]帝崩。皇太子湛践位,是谓昭愍皇帝。① 贬侍郎李绅
　　端州司马。李逢吉、牛僧孺为相。又以李程、窦易直为相。葬
　　穆宗于光陵。

乙巳[825年]改元宝历。牛僧孺免相。

丙午[826年]裴度复相。内命乱②,中人弑帝于饮所。③ 群臣诛
　　贼,立江王昂,④是谓昭献皇帝。以韦处厚为相。幽州军乱,
　　杀其帅朱克融。

丁未[827年]改元大和。⑤ 贬相李逢吉。葬敬宗于庄陵。

戊申[828年]镇州王廷凑逆命。安南军乱。路随为相。

己酉[829年]魏博军乱,杀节度使史宪诚,⑥立何进滔为留后。李
　　宗闵为相。南诏蛮陷成都。

庚戌[830年]兴元军乱,杀节度使李绛,温造平之。牛僧孺、宋申
　　锡为相。

辛亥[831年]幽州军乱。贬相宋申锡开州司马,内臣王守澄诬
　　故也。

壬子

癸丑[833年]李德裕、王涯为相,罢李宗闵相。册鲁王永为皇
　　太子。

甲寅[834年]幽州军乱。复李宗闵相。

乙卯[835年]郑注、李训用事。贬李德裕袁州长史。罢李宗闵相,
　　贬为潮州司户。用李训、贾𫗧、李固言、舒元舆为相。出郑注

---

① “愍”,四库本作“武”。
② “裴度复相内命乱”,四库本作“裴度复内相会乱”。
③ “中”,四库本作“宫”。
④ “昂”,原作“卬”,四库本作“邙”,据《资治通鉴》卷二四三改。
⑤ “大”,四库本作“太”。
⑥ “宪”,原作“献”,据四库本改。

为凤翔尹。李训诛宦氏不克，走南山。中尉仇士良屠宰相李训、王涯、贾𫗧、舒元舆及王播、郭行余、罗立言、李孝本、韩约十余家。① 监军张仲清屠郑注于凤翔。李训野死。引郑覃、李石为相。中尉仇士良、鱼志弘并为大将军，②遣内养驰四方，交杀州县官吏。

丙辰［836 年］改元开成。李固言为相。

丁巳［837 年］陈夷行为相。河阳军乱。

戊午［838 年］盗伤宰相李石于亲仁里。③ 杨嗣复、李珏为相。易定军乱。皇太子有罪，卒于少阳院。

己未［839 年］崔郸为相。册陈王成美为皇太子，监国。

庚申［840 年］帝有疾。中尉仇士良、鱼志弘册颖王炎为皇太子，④废皇太子成美复为陈王。帝崩，皇太子炎立，是谓昭肃皇帝。杨嗣复行冢宰。杀陈王成美、安王溶于邸，二中尉封国公。崔郸、崔珙、陈夷行为相。葬文宗于章陵。⑤ 杨嗣复、李珏罢相，李德裕复相。

辛酉［841 年］改元会昌。用李绅为相。贬相杨嗣复、李珏为州司马。幽州军乱。

壬戌［842 年］李德裕专政。

癸亥［843 年］刘稹以泽、潞叛。

经世之午二千二百六十三

甲子［844 年］唐昭肃皇帝四年。太原军乱。邢、洺、磁三州叛。

---

① "家"，四库本作"人"。
② "鱼志弘"，原作"虞志弘"，据四库本改。后同。
③ "伤"，四库本作"杀"。
④ "颖"，原作"颖"，据四库本改。"炎"，四库本作"瀍"。
⑤ "章"，原作"竟"，据四库本改。

泽、潞二州平。杜悰、崔铉为相。① 贬相崔珙为州司马。

乙丑〔845 年〕罢崔铉、杜悰相。李回、崔元式、郑肃为相。大除
　　象教。

丙寅〔846 年〕帝饵金石有疾。命光王怡为皇太叔。帝崩，太叔怡
　　立，是谓献文皇帝。用白敏中、卢商、韦琮相。葬武宗于端陵。

丁卯〔847 年〕改元大中。贬相李德裕潮州司马。

戊辰〔848 年〕周墀、马植、崔龟从为相。

己巳〔849 年〕罢周墀、马植相。再贬李德裕崖州司户。崔铉、魏扶
　　为相。幽州军乱。

庚午〔850 年〕魏扶罢相，令狐绹为相。

辛未〔851 年〕魏謩为相。

壬申〔852 年〕裴休为相。

癸酉〔853 年〕郑郎为相。

甲戌

乙亥

丙子

丁丑〔857 年〕魏謩出尹成都。崔慎由、萧邺为相。

戊寅〔858 年〕刘瑑、夏侯孜为相。宣、洪寇乱。

己卯〔859 年〕蒋伸为相。② 册郓王温为皇太子。帝崩，皇太子温践
　　位，是谓恭惠皇帝。令狐绹行冢宰。

庚辰〔860 年〕葬宣宗于贞陵。令狐绹出尹河中。杜审权、杜悰为
　　相。改元咸通。宣、洪寇乱。

辛巳〔861 年〕相萧邺出尹太原。蒋伸罢相。林邑蛮入寇。

---

① "杜悰"，原作"杜琮"，四库本作"杜宗"，据《资治通鉴》卷二四七改。下同。

② "伸"，原作"申"，据四库本改。后同。

壬午[862年]徐州军乱。林邑蛮陷交阯及安南都护。①

癸未[863年]杨收、曹确、高璩为相。蛮陷安南州。

甲申[864年]杜审权出刺润州。萧寘为相。蛮寇邕、管。

乙酉[865年]徐商为相。高骈平林邑蛮,复安南都护。

丙戌[866年]夏侯孜出尹成都。路岩为相。

丁亥[867年]杨收观察浙西。于琮为相。

戊子[868年]湘潭戍军乱,立庞勋为帅,归陷徐、宿、滁、和、濠五
　　州。贬杨收端州司马,移驩州,赐死。

己丑[869年]蒋伸罢相,刘瞻为相。徐商出尹江陵。命十八将伐
　　徐,以康成训为军帅,②徐寇平。蛮复寇东西二川。

庚寅[870年]相曹确病免,韦保衡为相。大黜官吏。王铎为相。

辛卯[871年]相路岩出尹成都。

壬辰[872年]刘邺出刺幽州,于琮出刺襄州。赵隐为相,大行黜
　　陟。命沙陀李国昌移镇云中,国昌以大同阻命。

癸巳[873年]征李国昌。萧仿为相。册普王俨为皇太子。韦保衡
　　行冢宰。帝崩,皇太子俨践位,是谓恭定皇帝,两军中尉居中
　　用事。黜冢宰韦保衡,仍赐死,复前贬官吏。③

　　　经世之未二千二百六十四

甲午[874年]唐恭定皇帝元年。葬懿宗于简陵。崔彦昭、郑畋、卢
　　携为相。改元乾符。蛮寇两川。

乙未[875年]浙西及曹、濮寇乱。王铎复相。

丙申[876年]相萧仿病免。浙西寇平。曹濮王仙芝陷江淮南北十
　　五州,至江南,乞符节于朝,不听。李蔚为相。

---

① "阯",四库本作"趾"。
② "帅",原作"师",据四库本改。
③ "贬",四库本作"之"。

丁酉［877 年］冤句寇黄巢陷沂、郓，南会王仙芝将尚让于蔡之查牙
　　山，破隋及江陵。沙陀李国昌寇朔州。

戊戌［878 年］江陵寇平。黄巢扰淮北、淮南及江南、广南。李国昌
　　陷岢岚。昭义军乱。郑从谠为相，李蔚出守东都。

己亥［879 年］黄巢据岭表，乞符节于朝，不听。罢卢携、郑畋相，以
　　崔沆、豆卢瑑为相。卢携复相。

庚子［880 年］改元广明。郑从谠出尹太原。沙陀军败北。黄巢军
　　北逾五岭，破湖、湘及江淮、扬州。高骈距之不利，发徐、兖、许
　　军赴溵水以捍东都。溵水军溃，黄巢陷东都，西攻陕、虢，潼关
　　失守。罢卢携相，王徽、裴彻为相。黄巢陷长安，称帝，国曰
　　齐，元曰金统。帝出南山。

辛丑［881 年］帝移军兴元。萧遘为相，郑畋为都统，杨复光为监
　　军。羽书飞天下，沙陀顺命，请勤王。黄巢攻凤翔，帝移幸成
　　都。改元中和。以韦昭度为相。河中王重荣军屯沙苑，泾原
　　唐弘夫军屯渭北，①易定王处存军屯渭桥，鄜延托跋思恭军屯
　　武功，凤翔郑畋军屯盩厔，邠宁朱玫军屯兴平，②荆襄王铎军
　　至自行在，王徽都督潞州。

壬寅［882 年］帝在成都。黄巢保长安，其将朱温以同州降，锡名全
　　忠。沙陀李克用自代北至，军屯良田。③

癸卯［883 年］帝在成都。诸将合攻，大破巢军于渭南，巢走蓝关，
　　遂收京城。以李克用为河东节度使，朱全忠为宣武军节度使。
　　巢军东走，图陈、蔡，蔡州秦宗权以城降贼，合巢兵攻陈州，以

---

① "泾"，原作"经"，据四库本改。
② "玫"，原作"政"，据四库本改。
③ "良"，四库本作"梁"。

春磨围陈三百日,①陈刺坚守,不陷。

甲辰［884年］帝在成都。以郑昌图为相。汴州朱全忠及关东诸侯镇帅兵会河东李克用兵,大破巢军于太康及西华,又北破之于中牟,又东灭之于冤句,巢寇平。朱全忠图李克用于汴之上元驿,不克,自此二帅交恶。② 朝廷封李克用陇西郡王以和解之。

乙巳［885年］帝至自成都,改元光启。秦宗权保逆陈、蔡,王镕专兵镇阳,李昌符抗兵凤翔,王重荣擅兵蒲、陕,③诸葛爽拥兵孟、洛,孟方立控兵邢、洺,李克用阻兵并、代,朱全忠渎兵汴、滑,时溥弄兵徐、泗,朱瑾穷兵齐、郓,王敬武握兵淄、青,高骈玩兵淮南,刘汉宏恃兵浙东,王处存结兵易、定,李可举坚兵幽、蓟。中尉田令孜取河中王重荣解州盐池不克,引邠宁师伐河中,重荣会太原师攻令孜,京师军乱,邠将朱玫败归邠州。神策军大掠都市,令孜以帝幸凤翔。封宣武节度朱全忠为沛郡王。钱镠始受封为杭州刺史。

丙午［886年］帝在凤翔。河中王重荣条罪攻田令孜,令孜以帝移幸兴元。相萧遘、裴彻、郑昌图召邠军迎帝还都。朱玫军至自凤翔,令孜以帝移军过散关,朱玫追帝不及,至遵途获皇子襄王熅。兴元节度石君涉合朱玫军破栈,以绝帝归路。帝至兴元,石君涉弃城走朱玫军。帝以孔纬、杜让能为相,出田令孜为剑南节度使。李铤、杨守亮、杨守宗败朱玫军于凤翔。朱玫逼萧遘立襄王熅于凤翔,玫称大丞相,率百官还京,奉熅称帝,改元建贞。罢萧遘相,以郑昌图、裴彻为相,宣谕四方,加诸镇

① "春",原作"春",据四库本改。
② "帅",原作"师",据四库本改。
③ "陕",四库本作"郏"。

官。常山、太原、宣武、河中不受命。王重荣、李克用败朱玫将
王行瑜于凤翔，行瑜退攻兴元，以邠军还长安，杀朱玫，大掠京
城。裴彻、郑昌图以襄王熅奔河中，王重荣杀襄王熅以献。蔡
将孙儒陷郑及许、洛、怀、孟、陕、虢，荣将诸葛爽据河阳，①李
罕之据泽州，张宗奭据怀州，秦宗权称帝陈、蔡，王潮据福州。

丁未［887 年］帝自兴元移军凤翔，以张濬为相。扬州军乱，牙将毕
师铎囚帅高骈。召秦宗权之宣州观察，秦彦为扬州节度使。
蔡兵攻汴，兖郓之师败蔡军于边孝，②蔡将孙儒弃郑及许、洛、
怀、孟、陕、虢。张宗奭取洛阳，李罕之取河阳，同附于全忠。
张宗奭赐名全义。京师杨守立、李昌符争道，战于通衢，昌符
败走陇州。河中军乱，牙将常行儒杀其帅王重荣，立其弟重盈
为留后。杨行密与蔡将孙儒争扬州，行密拔扬州。秦彦、毕师
铎奔孙儒于高邮，复攻行密，行密求救于汴，汴军援行密于淮
口。③ 东川顾彦朗、壁州王建攻成都。

戊申［888 年］帝至自凤翔，改元文德。观军容使杨复恭专命，李铤
为相，册寿王杰为皇太弟。帝崩，皇太弟杰践位，是谓景文皇
帝。韦昭度行冢宰。魏州军乱，杀帅乐彦贞，小校罗宗弁为留
后。张全义拔河阳，李罕之走泽州，蔡将孙儒拔扬州，杨行密
走宣城，朱全忠攻徐州，蔡将赵谊以荆襄降于汴，全忠败蔡人
于龙坂，蔡将申丛执秦宗权降于汴，④淮西平。⑤ 全忠兼领蔡
州节度使。王建大寇剑南。韦昭度出尹成都。葬僖宗于
靖陵。

---

① "荣"，四库本作"巢"。
② "师败蔡军于边孝"，四库本作"帅合兵大破其军"。
③ "援"，四库本作"授"。
④ "申"，原作"由"，据四库本改。
⑤ "平"，四库本作"朱"，下读。

己酉[889年]改元龙纪。以刘崇望为相,封朱全忠东平王。王建
　　陷成都,称留后。太原李克用攻邢、洺。杭州钱镠拔宣城,获
　　刘浩。

庚戌[890年]改元大顺。孟迁以邢入于太原。李克用攻云州,幽
　　州援之,败李克用于蔚州。幽州李匡威、云州赫连铎会汴兵攻
　　太原李克用。潞州军乱,杀李克恭,降于汴。克用将安建以
　　邢、洺、磁三州降于全忠。宰相张濬帅京兆孙揆、华州韩建出
　　阴地关,会汴将葛从周兵入潞州。太原兵攻潞州,幽、云兵攻
　　雁门。太原将康君立入潞州,①克用败幽、云之兵于雁门,将
　　李存信又败张濬、韩建兵于阴地,逐收晋、绛。② 朝廷复克用
　　官,贬张濬连州刺史。崔昭纬、徐彦若为相。克用将李存孝以
　　邢入于汴。

辛亥[891年]中尉杨复恭致政,复恭不受命,陈兵于昌化里,命天
　　威军使李顺节讨之不利,两军中尉刘景宣、西门重遂杀天威军
　　使李顺节于银台门,③顺节兵散,大掠京城。复恭奔兴元。郑
　　延昌为相。太原李克用攻邢州,责叛己也。宣武朱全忠攻魏
　　州,责不助讨也。镇州援邢州,克用攻镇州,幽兵援镇州,汴兵
　　攻宿州,幽、镇兵攻定州。处存求援于太原。④ 宣州杨行密灭
　　孙儒,据有扬州,封行密为淮南王。

壬子[892年]改元景福。凤翔李茂贞、邠州王行瑜、华州韩建、同
　　州王行约、秦州李茂庄兵陷兴元,杀守亮及杨复恭。左军中尉
　　西门重遂杀天威军使贾德晟于京师,⑤部下奔凤翔。太原李

① "康",四库本作"匡"。
② "收",四库本作"拔"。"绛",四库本作"降"。
③ "军使",原作"兵破",据四库本改。
④ "援",四库本作"救"。
⑤ "左",原作"在",据四库本改。

克用会易、定兵,败镇兵于尧山。

癸丑[893年]凤翔李茂贞举兵犯阙,败覃王兵于盩厔。帝诛中军
西门重遂、李周谨,贬相杜让能,岐兵乃止。进茂贞中书令,封
秦王。以王行瑜为尚父,王搏为相。成都王建与李茂贞争东
川。幽军乱,逐其帅李匡威于镇,以其弟匡筹为留后。汴兵灭
徐,兼领其镇。李克用败镇州王镕于平山,镕乞盟,遂许盟
而退。①

甲寅[894年]改元乾宁。崔胤为相。王搏出镇湖湘。② 李茂贞拥
山南十五州以抗王室。汴兵败兖、郓之师于东阿。朱瑄、朱瑾
求救于太原。李克用拔邢州获李存孝,拔云州获赫连铎,拔幽
州获李匡筹,用幽人请以匡筹将刘仁恭为留后。③

乙卯[895年]河中王重盈卒。太原李克用请以王珂袭重盈,封于
朝。邠州王行瑜、凤翔李茂贞、华州韩建请以王珙袭重盈,封
于朝。朝廷先许克用。陕州王珙、绛州王瑶以兵攻珂于河中。
王行瑜、李茂贞兵入长安行废,不克,杀宰相韦昭度及李磎,各
以兵二千留京师而去。李克用渡河称讨,同州王行实弃郡奔
京师,与两军中尉骆全瓘、刘景宣逼帝西幸。④ 帝以李筠、李
君实兵出,次南山,都人毕从。⑤ 命延王戒丕、丹王允从李克
用西讨。封淮南杨行密弘农王,亦从西讨。克用败邠军于梨
园。帝还京,邠州平。行瑜野死,封克用为晋王。克用还太
原。崔昭纬罢相,徐彦若为相。董昌以浙东叛,称王,国曰罗
平,元曰大圣。

---

① "而退",原作"于还",据四库本改。
② "湘",四库本作"南"。
③ "用",原作"其",据四库本改。
④ "瓘",底本、四库本作"珍",据《旧唐书》卷二○上《昭宗纪》改。
⑤ "人",原作"官",据四库本改。

丙辰[896年]岐兵犯长安。韩建逼帝幸华州,建进封中书令兼两
　　京军。① 陆扆、王搏、崔胤、孙偓为相。魏州罗弘信败太原之
　　师于莘,以绝李克用兖、郓之援。克用攻魏,下十城。湖南军
　　乱,立马殷为留后。② 钱镠平浙东,获董昌,授镠中书令。相
　　王搏观察浙东,陆扆出刺陕州。③

丁巳[897年]帝在华州。孙偓罢相,郑綮为相。册德王裕为皇太
　　子。封韩建为昌黎王。郑綮病免,朱朴为相。韩建杀禁卫李
　　筠,以散卫兵,罢八王兵柄,仍杀之,贬相朱朴,杀帝侍卫马道
　　殷、许岩士。帝封两浙钱镠吴王,俾救难王室。汴将庞师古拔
　　郓州,朱瑄野死。④ 汴将葛从周拔兖州,朱瑾奔淮南。兖、郓、
　　曹、濮、齐、棣、沂、密、徐、宿、陈、蔡、许、郑、滑尽入于汴。⑤ 全
　　忠以八郡兵攻淮南,朱瑾以淮南兵败汴兵于清口,获将庞师
　　古,又败汴军于淠河,走葛从周,杨行密遂据有江淮。幽州刘
　　仁恭败李克用于安塞。⑥ 福州王潮卒,弟审知继事。

戊午[898年]帝在华州。以崔远为相,册何氏为皇后。帝还长安,
　　改元光化。以华州为兴德府。韩建进封颍川王。汴将葛从周
　　拔李克用之邢、洺、磁。氏叔琮拔赵匡凝之随、唐、邓。⑦ 泽州
　　李罕之拔克用之上党,归于汴。⑧ 幽州刘守文拔汴之沧州。
　　魏博罗弘信卒,子绍威称留后。

己未[899年]复陆扆相。蔡军以崔珙奔淮南。幽兵寇赵、魏,魏引

① “军”,四库本作“尹”。
② “殷”,原作“商”,据四库本改。
③ “陕”,原作“硖”,据四库本改。
④ “瑄”,原作“军”,据四库本改。
⑤ “沂密”二字原脱,据四库本补。
⑥ “于安塞”,原作“子安寒”,据四库本改。
⑦ “氏”,原作“民”,据四库本改。后同。
⑧ “于”,原作“下”,据四库本改。

汴兵破之。汴将氏叔琮攻太原,不利。陕州军乱,牙将杀其帅王珙,立李璠为留后,又杀之,降于汴。青州王师范将牛从毅以海州入于淮南。

庚申[900年]相崔胤诬杀宰相王搏、枢密使宋道弼、景务修。朱全忠会魏军攻幽之沧、德州。李克用拔汴之邢州,又以三镇兵攻镇州,王镕乞和乃还。汴将张存敬攻幽之沧州,又拔祁州,又败定州王处直于沙河,进攻定州,处直以定州降于全忠。罢崔远相,以裴贽、裴枢为相。徐彦若观察青海。中尉两军刘季述、王仲先幽帝于东内,令皇太子裕监国。相崔胤、张濬告难于全忠,全忠自定还汴护驾。将孙德昭、周承诲、董彦诛刘季述、王仲先。帝自幽所还政。

辛酉[901年]诛神策使李师度、徐彦回,①窘帝故也。降皇太子裕为德王,改元天复。汴将张存敬由含山路拔李克用之河中及晋绛。朱全忠兼领河中节度,②进封梁王。梁军大举攻晋之太原,晋将孟迁以泽入于梁。梁将氏叔琮长驱出团柏,屯军洞涡,③葛从周以赵、魏兵入土门,陷承天,会天大雨乃复。宰相崔胤受全忠命逼帝幸东都,④未及行,中尉韩全诲以李茂贞兵勒帝幸凤翔。⑤ 罢崔胤相,崔胤至三原促全忠西攻,⑥全忠以四镇兵破华州,⑦由京城西围凤翔,又破邠州,获李继徽,以绝其援。

壬戌[902年]帝在凤翔。封淮南杨行密吴王、两浙钱镠越王,俾救

---

① "李",四库本作"季"。
② "领",原作"须",据四库本改。
③ "涡",原作"过",据四库本改。
④ "命",四库本作"旨"。
⑤ "勒",四库本作"劫"。
⑥ "三",原作"太",据四库本改。
⑦ 四库本无"四"字。

难王室,皆不至。李克用南攻,朱全忠自凤翔至河中,令将拔晋之汾州,①进围太原不利,全忠自河中复至凤翔。鄜州节度使李周彝以兵援凤翔,〔汴将孔勋乘虚陷〕鄜州,②周彝以兵降全忠,邠宁鄜坊又入于梁。凤翔李茂贞乃诛宦氏韩全诲,③以解全忠之围。

癸亥[903 年]帝还长安。进朱全忠元帅,复崔胤相。全忠诛宦氏七百人,罢陆扆相,以裴枢、王溥为相。④ 青州王师范拔梁之兖州,全忠东攻青州。成都王建复李茂贞之秦陇,⑤以修好于全忠。王师范会淮南兵败梁军于临淄,梁将杨师厚败青军于临朐,王师范以青州降。淮南杨行密攻鄂州,荆南成汭救鄂,澧朗军乘虚陷江陵,赵匡凝乘虚陷荆州。成汭愤死。岐兵逼长安。梁军屯河中,全忠逼帝都洛阳,杀宰相崔胤、六军使郑仁规、皇城使王建勋、飞龙使陈班、合门使王建袭、客省使王建义、左仆射张濬,⑥缓迁故也。柳璨、崔远代相。

经世之申二千二百六十五

甲子[904 年]唐景文皇帝十六年。东徙至榖水,梁王朱全忠坑帝侍从二百人。⑦ 至洛阳改元天祐。⑧ 以张汉瑜为相。杨崇本以邠兵寇关辅,⑨全忠西攻,行弑于别宫,⑩立辉王祚,是谓哀

---

① “令”,四库本作“命”。
② “汴将孔勋乘虚陷”七字原脱,据四库本补。
③ “乃”,四库本作“逐”。
④ “溥”,原作“搏”,据四库本改。
⑤ “复”,四库本作“寇”。
⑥ “班”,原作“庄”,“合”,原作“阁”,据四库本改。
⑦ “二”,四库本作“三”。
⑧ “祐”,原作“祚”,据四库本改。
⑨ “邠”,原作“颁”,据四库本改。
⑩ “弑”,四库本作“杀”。“别”,四库本作“洛”。

帝。李克用以本部兵据太原。①

乙丑[905年]梁王全忠逼帝授禅,杀宰相裴枢、崔远、陆扆及九王,
　　用张文蔚、杨涉为相,尽黜朝廷官吏。② 太原李克用、凤翔李
　　茂贞、成都王建、襄阳赵匡凝同谋兴复。梁将杨师厚败赵匡凝
　　于江湄,进拔襄阳,匡凝将王建武以荆南兵众降,③唐、邓、复、
　　郢、随、襄、荆南又入于梁。④ 匡凝奔淮南。朱全忠加九锡,总
　　百揆,天下元帅,进封魏王,不受。再逼授禅,杀枢密使蒋玄
　　晖、丰德库使应顼、[尚食]使朱建武及宰相柳璨、太常卿张廷
　　范、太常少卿裴硕、温变、知制诰张茂昭及皇后何氏。⑤ 淮南
　　杨行密卒,子渥继事。太原李克用会契丹阿保机于云州,⑥进
　　兵河北。

丙寅[906年]魏州牙兵乱,朱全忠坑之,进围幽之沧州,幽人求救
　　于太原,李克用会幽军攻上党,梁将丁会以泽潞降。全忠自长
　　芦还大梁。

丁卯[907年]朱全忠代唐命于汴,改国曰梁,元曰开平。薛贻矩、
　　韩建为相。降帝为济阴王,⑦徙之曹河东。晋王李克用、淮南
　　吴王杨渥、剑南蜀王王建、山南秦王李茂贞、两浙越王钱镠、荆
　　南渤海王高季昌、湖南楚王马殷、泉南闽王王审知、广南南海
　　王刘隐并行唐年。

――――――――――

① "据",四库本作"保"。
② "黜",四库本作"出"。
③ "武",原作"玄",据四库本改。
④ "随",原作"据",据四库本改。
⑤ "丰",原作"沣","应",原作"殷","尚食"二字原脱,"范",原作"弘",今据四库本
　改、补。
⑥ "会",原作"攻",据四库本改。
⑦ "阴"原脱,据四库本补。

戊辰[908年]梁攻河东。① 用于兢、张荣为相。杀济阴王于曹州。
　　荆南高季昌、湖南马殷、两浙钱镠附于梁。② 是年,剑南王建
　　称帝成都,国曰蜀,元曰武成。③ 河东李克用、淮南杨渥、山南
　　李茂贞、泉南王审知、南海刘隐行唐年。河东李克用卒,子存
　　勖继。诛乱命李克宁、李存颢。④〔败梁军于潞之三垂岗〕。⑤
　　淮南杨渥为部将张颢所杀,代立。〔大将徐温自金陵入〕诛
　　颢,⑥立渥弟渭,温专制。

己巳[909年]梁自汴徙都洛阳,郊祀天地。赵光逢、杜晓为相。⑦
　　张奉以沙州乱,刘知俊以同州叛。丹襄军乱。泉南王审知、南
　　海刘隐附于梁。刘隐卒,弟岩立。⑧ 河东李存勖、淮南杨渭、
　　山南李茂贞行唐年。

庚午[910年]梁之镇州王镕、定州王处直请附于晋。河东李存勖
　　东下河北。

辛未[911年]梁改元乾祐。北攻镇、定,军败于柏乡。蜀改元永
　　平。是年,李存勖将刘守光称帝幽州。

壬申[912年]梁北攻镇、定,屠枣强乃复。六月,郢王友珪行弑,代
　　立,改元凤历,杀博王友文于汴。冀王友谦以河中入于晋。许
　　州军乱。晋王李存勖败燕军于龙冈,进围幽州。

癸酉[913年]梁六军杀友珪,立均王友贞于汴,复乾祐三年。晋李
　　存勖平幽州,获刘守光及父仁恭以归。

---

① “东”,原作“里”,据四库本改。
② “殷”,原作“商”,据四库本改。
③ “成”,原作“康”,据四库本改。
④ “宁”,原作“挈”,据四库本改。
⑤ “败梁军于潞之三垂岗”九字原脱,据四库本补。
⑥ “大将徐温自金陵入”八字原脱,据四库本补。
⑦ “晓”,原作“挠”,据四库本改。
⑧ “岩”,原作“涉”,据四库本改。后同。

甲戌[914年]梁将王殷以徐叛,附于吴。晋李存勖开霸府于太原。

乙亥[915年]梁改元贞明。邺王杨师厚卒,分其地六州为两镇,魏
军遂乱,囚其帅贺德伦,以六州入于晋。蜀拔山南之秦凤。阶
成宫大火。晋李存勖东下,大会兵于魏郊。

丙子[916年]梁之河北皆入于晋。赵光逢、郑珏为相。攻晋不利。
蜀改元通正,拔山南之陇州。晋李存勖败梁军于故元城。吴
封相徐温为齐国公,属之以金陵、丹阳、毗陵、宣城、新安、池阳
六郡,镇金陵。

丁丑[917年]梁册两浙钱镠为天下兵马元帅。是年,刘岩以南海
称帝,国曰汉,元曰乾亨。蜀改元天汉,诛降将刘知俊于炭市。
晋李存勖拔梁之杨刘城。

戊寅[918年]梁之郓、濮陷于晋。蜀改元天光,建遇毒死,子衍立。
晋李存勖拥太原、魏博、幽、沧、镇定、邢洺、麟、胜、云、朔十镇
之师,大阅于魏郊,败梁军于胡柳。

己卯[919年]梁张守进以兖入于晋。蜀改元乾德。晋逼梁之河
南。是年,杨渭称帝淮南,国曰吴,元曰武义,徐温为大丞相,
都督中外,封东海王。

庚辰[920年]梁李琪为相,陈州妖寇乱,晋兵入寇。吴杨渭卒,弟
溥立。晋存勖拔梁之同州。

辛巳[921年]梁改元龙德。惠王友能以陈叛。吴改元顺义。晋
镇、定乱。契丹犯幽州。

壬午[922年]晋李存勖平镇、定,又败契丹于易水。

癸未[923年]河东晋王李存勖称帝魏州,是谓庄宗,国曰唐,元曰
同光,是谓后唐。以豆卢革为相、郭崇韬枢密使。[①] 自魏由郓

---

① "卢",原作"芦",据四库本改。

而南,败梁将王彦章于中都,长驱入汴,杀友贞于建国楼,降之
为庶人。潞州军乱。淮南杨溥、两浙钱镠、山南李茂贞、湖南
马殷请附。吴杨溥去帝号称王。荆南高季兴、泉南王审知行
梁年。

甲申[924年]唐自汴徙都洛阳,平上党。

乙酉[925年]唐帝存勖北巡魏郊。以枢密使郭崇韬同魏王继岌伐
蜀,七旬平之,获其主王衍以归,至秦川驿族杀之。以孟知祥
镇成都。荆南高季兴请附。蜀改元咸康,国亡。汉改元白龙。
泉南王审知为子延翰所杀,代立。

丙戌[926年]唐内命乱,皇后刘氏使人杀枢密使郭崇韬于蜀。魏
军变,以镇帅李嗣源伐之,①嗣源至,魏军又变,二军奉李嗣源
入汴。唐帝存勖东征至万胜乃复。内军又变,杀存勖于绛霄
殿。嗣源入洛称帝,是谓明宗,改元天成。诛宰相豆卢革、韦
说,以郑珏、任圜为相,安重海为枢密使。魏王继岌自成都入,
至渭桥杀之。荆南逆命,泉南称附。泉南王延翰为弟延钧所
杀,②代立。

丁亥[927年]唐以冯道、崔协为相。卢台及浚仪军乱。③淮南杨溥
复称帝,改元乾贞。宰相徐温卒,养子知诰继事,于金陵称王。
是年,北狄耶律德光称帝潢水,国曰契丹,元曰天显。

戊子[928年]唐以王建立为相。王都以定叛。高季兴以荆南入于
吴。汉改元大有。

己丑[929年]唐以赵凤为相,安重海专政。吴改元大和。

---

① "伐",四库本作"代"。
② "弟"后,四库本有"王"字。
③ "仪",四库本作"义"。

庚寅[930年]唐改元长兴。河中军乱。① 西川孟知祥、东川董璋
　　连叛。

辛卯[931年]唐以李愚为相。罢安重诲枢密使,②以赵延寿、范延
　　光为枢密使。东西二川相攻。

壬辰[932年]唐孟知祥平东川,获董璋,称表,封知祥为蜀王。吴
　　王钱镠卒,子元瓘继。福州王延钧称帝,国曰闽,元曰光启。

癸巳[933年]唐以刘昫为相。③ 潞王从珂出尹凤翔。石敬瑭移镇
　　太原。④ 帝嗣源病。秦王从荣以河南府兵攻端门,不克,败
　　死。明宗终,立宋王从厚,是谓闵帝。冯道、李愚为相,专政。
　　朱弘昭、冯赟为枢密使。

　　经世之酉二千二百六十六

甲午[934年]后唐闵帝从厚元年,改元顺应。以凤翔潞王从珂移
　　镇太原,从珂自岐入逐从厚,代立于洛宫,改元清泰。从厚出
　　奔卫州,就杀之。是年,孟知祥以两川称帝成都,⑤国曰蜀,元
　　曰明德。知祥卒,子昶继。

乙未[935年]唐以韩昭胤为相。忻州戍军乱。吴改元天祚。闽改
　　元永和,臣李仿弑其君延钧,立其子昶。

丙申[936年]唐以马裔孙为相。以太原石敬瑭移镇汶阳。石敬瑭
　　自太原入以北狄耶律德光,称帝入洛,代唐命,改国为晋,元曰
　　天福。以并州从事桑维翰、赵莹为相。冯道依旧相。输冀、代
　　之北入于狄。从珂火死于玄武楼。荆南、两浙称附。闽王昶

---

① "军",四库本作"兵"。
② "使"原脱,据四库本补。
③ "昫",原作"煦",四库本作"照",据《资治通鉴》卷二七八改。
④ "瑭",原作"塘",据四库本改。后同。
⑤ "两",四库本作"西"。

诛李仿,改元通文。

丁酉[937 年]晋以李崧为相。河阳张从宾、魏州范延光、滑州符彦
　　饶、袁州卢文进不从命,①悉平之。吴大将徐知诰代吴命于金
　　陵,改国曰齐,②易号为唐,元曰昇元,复姓李氏,易名为昇。
　　以宋齐丘、徐玠为左右相。徙其君于丹徒,杀之。

戊戌[938 年]晋徙都汴。魏州范延光顺命,③封高平王,移镇汶阳。
　　北狄耶律德光改元会同。

己亥[939 年]闽乱,连重遇杀其君昶,立其叔父延羲,改元永隆。

庚子[940 年]晋用和凝为相。李金全以安叛,命马全节以十郡之
　　师平之。④

辛丑[941 年]晋帝石敬瑭北过邺。⑤〔安从进以襄叛〕,⑥安重荣以
　　镇叛。⑦ 两浙钱元瓘卒,⑧子弘佐继。

壬寅[942 年]晋帝石敬瑭终于邺,从子齐王重贵立。侍卫将军景
　　延广专政。始贰于狄。汉刘岩卒,子玢继,改元光大。

癸卯[943 年]晋杨光远以青叛。北狄入寇。汉乱,弟晟弑其君玢,
　　代立,改元应乾,再改元乾和。江南李昇卒,子璟继,改元保
　　大,宋齐丘、周京为相。平白云蛮于虔州。闽王延羲弟延政亦
　　称帝建州,国曰殷,元曰天德。

甲辰[944 年]晋改元开运。北狄入寇,至于魏博。封晋阳刘知远

---

① "袁",四库本作"安"。
② "齐",原作"济",据四库本改。
③ "州",四库本作"帅"。"顺",四库本作"服"。
④ "全",原作"安",据四库本改。
⑤ "过",四库本作"巡"。
⑥ "安从进以襄叛"六字原脱,据四库本补。
⑦ "叛",原作"洛",据四库本改。
⑧ "元瓘",原作"镠",据四库本改。

为太原王,刘昫为相。① 闽乱,大将朱文进杀其君延羲,代立,
以福州称附于晋。

乙巳[945年]北狄大入寇晋河朔至于礠、相。② 封刘知远北平王,
罢和凝、桑维翰相,以冯玉为相,李崧知枢密院事。

丙午[946年]晋大将杜重威、李守贞及裨将张彦泽以军降狄于中
渡。彦泽以兵五百人入汴,为狄清路,幽其君重贵于开封府。
南唐平闽之建州,③灭王延政。

丁未[947年]正月,契丹耶律德光入汴灭晋,改国为辽。④ 诛张彦
泽,徙其君重贵于北荒,致之龙城。二月,北平王刘知远称帝
晋阳,年用天福,是谓高祖。五月,契丹溃于汴,耶律德光留相
萧翰守汴,翰求后唐明宗子从益立之而去。六月,刘知远留子
崇于太原,南入汴代命,建国曰汉,用苏逢吉、苏禹珪为相,又
以窦贞固、李涛为相。杨邠、郭威为枢密使。相冯道、李崧自
栾城至。杜重威以魏州拒命。闽国分为三。荆南、两浙称附
于汉。吴越钱弘佐卒,弟弘倧立。狄契丹耶律德光还至栾城,
卒,兄之子兀欲代立,归国,废德光母,改元天禄。

戊申[948年]汉改元乾祐。帝知远终,子周王承祐继。罢李涛相,
以杨邠为相。平邺,诛杜重威。⑤ 李守贞以河中阻命,王景崇
以凤翔叛,赵思绾以永兴抗命,郭威以枢密使西伐之。浙东
乱,大将胡思进废其君弘倧,立其弟俶。

己酉[949年]汉之蒲、雍、岐三叛平。契丹寇河北。命郭威以枢密

---

① "昫",原作"颖",四库本作"照",据《资治通鉴》卷二八四改。
② "礠",四库本作"磁"。
③ "南",四库本作"署",属上读。
④ "为",四库本作"曰"。
⑤ "诛",原作"攻",据四库本改。

使北伐镇、邺。

庚戌[950年]汉夷宰相杨贇、侍卫将军史弘肇、三司使王章，①赐澶
　　州王殷、魏州郭威、王峻死。十二月，枢密使郭威以魏兵入，渡
　　河败内军于刘子陂，其主承祐野死。② 郭威至汴，请宰相冯道
　　迎其君之弟承珪于徐州，还至澶渊。军变入汴，③太后命威监
　　国。降承珪为湘阴公，诛宰相苏逢吉及刘铢。

辛亥[951年]正月，监国郭威代汉命于汴，是谓太祖，改国曰周，元
　　曰应顺。王峻、范质、冯道为相。④ 湘阴公死于宋州。兖州慕
　　容彦超不受命。荆南两浙称附。⑤ 太原刘崇称帝河东，国曰
　　汉，年用乾祐。江南唐平湖南，⑥徙其属于金陵。北狄乱，契
　　丹瓦欲为其族述乾所杀。⑦ 德光子述律平其乱，代立，改元应
　　历，易名为明。⑧

壬子[952年]周平兖州。

癸丑[953年]周以皇后弟柴荣为皇太子，⑨封晋王，尹开封府。流
　　王峻于商州、王殷于登州，皆杀之。李谷、冯道为相。

甲寅[954年]周郑仁诲、王溥为相。改元显德。太祖威终，晋王荣
　　绍位于汴宫。河东刘崇以契丹之师入寇。周主荣亲征，大破
　　刘崇于高平，诛不用命者将校七十人，进攻太原，不克。泽、
　　潞、汾、辽、忻、代、岚、石迎降。宰相冯道卒于□州。⑩

----

① "弘"原脱，据四库本改。"章"后，四库本有"族"字。
② "主"，原作"王"，据四库本改。
③ "入"前，四库本有"复"字。
④ "范质"二字原脱，据四库本补。
⑤ "受命荆南两浙称"七字原脱，据四库本补。
⑥ "江南唐平湖"五字原脱，据四库本补。
⑦ "瓦"，四库本作"元"。
⑧ "明"，四库本作"璟"。
⑨ "以"，四库本作"册"。"弟"，四库本作"侄"。
⑩ "州"前，底本有阙文，四库本无空格。

乙卯［955 年］周大伐江南及蜀。汉刘崇卒，子承钧继。

丙辰［956 年］周广汴之外城。① 南伐取唐之滁、和，败其君于涡口。
　　汉刘承钧改元天会。

丁巳［957 年］周李谷罢相。王朴为枢密使，伐江南有功。唐改元
　　交泰，兵败于紫金山，②请以江北地求和于周。

戊午［958 年］周受唐江北地。南海汉刘晟卒，子𫓧继，改元大宝。
　　唐请附于周，杀宰相宋齐丘及陈觉、李知古。

己未［959 年］周北征契丹，至于瓦桥，宁、雄、瀛、莫迎降。周帝荣
　　有疾，乃复荣妃符氏为皇后，子崇训为皇太子，封梁王。周魏
　　仁溥、范质为相。赵匡胤进位检校太傅、充殿前都点检使。世
　　宗荣终，皇太子崇训嗣位。③

庚甲

辛酉

壬戌

癸亥

　　经世之戌二千二百六十七

　　经世之亥二千二百六十八

---

① “之”，四库本作“都”。
② “兵败”，原作“军攻”，据四库本改。
③ 是年，四库本作“周征契丹，至于瓦桥，取瀛、莫、易，置雄、霸，遂趣幽州，宁、雄、瀛、
　莫迎，有疾，乃还。复册妃符氏为皇后，子崇训为皇太子，封梁王。用魏仁溥、范质
　为相。赵匡胤进位检校太傅、充殿前都点检。世宗荣终，皇太子崇训嗣位”。

皇极经世卷第七

观物篇之三十五

日日声平辟
　多良千刀妻
　宫心●●●
　　日日声七，下唱地之用音一百五十
　　二，是谓平声辟音。平声辟音一千
　　六十四。

　　　　日日声平之一辟
　　　　开音清和律一之一

		古古古古	多可个舌
一	音	古古古古	禾火化八
一	声	古古古古	开宰爱〇
		古古古古	回每退〇
		古古古古	良两向〇
一	音	古古古古	光广况〇
二	声	古古古古	丁井亘〇
		古古古古	兄永莹〇
		古古古古	千典旦〇
一	音	古古古古	元犬半〇

水水音开清
　古黑安夫卜东
　乃走思■■■
　　水水音九，上和天之用声一百一十
　　二，是谓开音清声。开音清声一
　　千八。

　　　　水水音开之一清
　　　　平声辟唱吕一之一①

		古甲九癸	多多多多
一	音	□□近揆	多多多多
一	声	坤巧丘弃	多多多多
		□□乾虬	多多多多
二	音	黑花香血	多多多多
一	声	黄华雄贤	多多多多
		五瓦仰□	多多多多
		吾牙月尧	多多多多
		安亚乙一	多多多多
三	音	□爻王寅	多多多多

① 四库本上下栏与此相反。

三 声		古古古古	臣引艮○
		古古古古	君允巽○
		古古古古	刀早孝岳
一 音	四 声	古古古古	毛宝报霍
		古古古古	牛斗奏六
		古古古古	○○○玉
		古古古古	妻子四日
一 音	五 声	古古古古	衰○帅骨
		古古古古	○○○德
		古古古古	龟水贵北
		古古古古	宫孔众○
一 音	六 声	古古古古	龙甬用○
		古古古古	鱼鼠去○
		古古古古	乌虎兔○
		古古古古	心审禁○
一 音	七 声	古古古古	○○○十
		古古古古	男坎欠○
		古古古古	○○○妾
		古古古古	●●●●
一 音	八 声	古古古古	●●●●
		古古古古	●●●●
		古古古古	●●●●
一 音	九 声	古古古古	●●●●
		古古古古	●●●●
		古古古古	●●●●
一 音	十 声	古古古古	●●●●
		古古古古	●●●●

一 声		母马美米	多多多多
		目皃眉民	多多多多
		夫法□飞	多多多多
四 音	一 声	父凡□吠	多多多多
		文万□未	多多多多
		卜百丙必	多多多多
五 音	一 声	步白葡鼻	多多多多
		普朴品匹	多多多多
		旁排平瓶	多多多多
		东丹帝■	多多多多
六 音	一 声	兑大弟■	多多多多
		土贪天■	多多多多
		同覃田■	多多多多
		乃妳女■	多多多多
七 音	一 声	内南年■	多多多多
		老冷吕■	多多多多
		鹿荦离■	多多多多
		走哉足■	多多多多
八 音	一 声	自在匠■	多多多多
		草采七■	多多多多
		曹才全■	多多多多
		思三星■	多多多多
九 音	一 声	寺□象■	多多多多
		□□□■	多多多多
		□□□■	多多多多
		■山手■	多多多多
十 音	一 声	■士石■	多多多多
		■□耳■	多多多多
		■□二■	多多多多

开音清和律一之二

　　　　黑黑黑黑　多可个舌
二　音　黑黑黑黑　禾火化八
一　声　黑黑黑黑　开宰爱〇
　　　　黑黑黑黑　回每退〇

　　　　黑黑黑黑　良两向〇
二　音　黑黑黑黑　光广况〇
二　声　黑黑黑黑　丁井亘〇
　　　　黑黑黑黑　兄永莹〇

　　　　黑黑黑黑　千典旦〇
二　音　黑黑黑黑　元犬半〇
三　声　黑黑黑黑　臣引艮〇
　　　　黑黑黑黑　君允巽〇

　　　　黑黑黑黑　刀早孝岳
二　音　黑黑黑黑　毛宝报霍
四　声　黑黑黑黑　牛斗奏六
　　　　黑黑黑黑　〇〇〇玉

　　　　黑黑黑黑　妻子四日
二　音　黑黑黑黑　衰〇帅骨
五　声　黑黑黑黑　〇〇〇德
　　　　黑黑黑黑　龟水贵北

　　　　黑黑黑黑　宫孔众〇
二　音　黑黑黑黑　龙甬用〇
六　声　黑黑黑黑　鱼鼠去〇
　　　　黑黑黑黑　乌虎兔〇

　　　　■庄震■　多多多多
十一音　■乍□■　多多多多
一　声　■叉赤■　多多多多
　　　　■崇辰■　多多多多

　　　　■卓中■　多多多多
十二音　■宅直■　多多多多
一　声①　■坼丑■　多多多多
　　　　■茶呈■　多多多多

平声辟唱吕一之二

　　　　古甲九癸　良良良良
一　音　□□近揆　良良良良
二　声　坤巧丘弃　良良良良
　　　　□□乾虬　良良良良

　　　　黑花香血　良良良良
二　音　黄华雄贤　良良良良
二　声　五瓦仰□　良良良良
　　　　吾牙月尧　良良良良

　　　　安亚乙一　良良良良
三　音　□爻王寅　良良良良
二　声　母马美米　良良良良
　　　　目皃眉民　良良良良

　　　　夫法□飞　良良良良
四　音　父凡□吠　良良良良
二　声　武晚□尾　良良良良
　　　　文万□未　良良良良

---

①　"一声"，原作"二声"，据四库本改。

二音七声

黑黑黑黑　心审禁〇
黑黑黑黑　〇〇〇十
黑黑黑黑　男坎欠〇
黑黑黑黑　〇〇〇妾

二音八声

黑黑黑黑　●●●●
黑黑黑黑　●●●●
黑黑黑黑　●●●●
黑黑黑黑　●●●●

二音九声

黑黑黑黑　●●●●
黑黑黑黑　●●●●
黑黑黑黑　●●●●

二音十声

黑黑黑黑　●●●●
黑黑黑黑　●●●●
黑黑黑黑　●●●●

开音清和律一之三

三音一声

安安安安　多可个舌
安安安安　禾火化八
安安安安　开宰爱〇
安安安安　回每退〇

三音二声

安安安安　良两向〇
安安安安　光广况〇
安安安安　丁井亘〇
安安安安　兄永莹〇

三音三声

安安安安　千典旦〇
安安安安　元犬半〇

五音二声

卜百丙必　良良良良
步白葡鼻　良良良良
普朴品匹　良良良良
旁排平瓶　良良良良

六音二声

东丹帝■　良良良良
兑大弟■　良良良良
土贪天■　良良良良
同覃田■　良良良良

七音二声

乃妳女■　良良良良
内南年■　良良良良
老冷吕■　良良良良
鹿荦离■　良良良良

八音二声

走哉足■　良良良良
自在匠■　良良良良
草采七■　良良良良
曹才全■　良良良良

九音二声

思三星■　良良良良
寺□象■　良良良良
□□■■　良良良良
□□■■　良良良良

十音二声

■山手■　良良良良
■士石■　良良良良
■□耳■　良良良良
■□二■　良良良良

十一音二声

■庄震■　良良良良
■乍□■　良良良良

三声	安安安安 臣引艮○
	安安安安 君允巽○
	安安安安 刀早孝岳
三音 四声	安安安安 毛宝报霍
	安安安安 牛斗奏六
	安安安安 ○○○玉
	安安安安 妻子四日
三音 五声	安安安安 衰○帅骨
	安安安安 ○○○德
	安安安安 龟水贵北
	安安安安 宫孔众○
三音 六声	安安安安 龙甬用○
	安安安安 鱼鼠去○
	安安安安 乌虎兔○
	安安安安 心审禁○
三音 七声	安安安安 ○○○十
	安安安安 男坎欠○
	安安安安 ○○○姜
	安安安安 ●●●●
三音 八声	安安安安 ●●●●
	安安安安 ●●●●
	安安安安 ●●●●
三音 九声	安安安安 ●●●●
	安安安安 ●●●●
	安安安安 ●●●●
三音	安安安安 ●●●●

二声	■叉赤■ 良良良良
	■崇辰■ 良良良良
	■卓中■ 良良良良
十二音	■宅直■ 良良良良
二声	■坼丑■ 良良良良
	■茶呈■ 良良良良

平声辟唱吕一之三

	古甲九癸 千千千千
一音	□□近揆 千千千千
三声	坤巧丘弃 千千千千
	□□乾虬 千千千千
	黑花香血 千千千千
二音	黄华雄贤 千千千千
三声	五瓦仰□ 千千千千
	吾牙月尧 千千千千
	安亚乙一 千千千千
三音	□爻王寅 千千千千
三声	母马美米 千千千千
	目皃眉民 千千千千
	夫法□飞 千千千千
四音	父凡□吠 千千千千
三声	武晚□尾 千千千千
	文万□未 千千千千
	卜百丙必 千千千千
五音	步白葡鼻 千千千千
三声	普朴品匹 千千千千
	旁排平瓶 千千千千
	东丹帝■ 千千千千
六音	兑大第■ 千千千千

十 声	安安安安 ●●●●			三 声	土贪天■ 千千千千		
	安安安安 ●●●●				同覃田■ 千千千千		

开音清和律一之四

	夫夫夫夫 多可个舌			乃妳女■ 千千千千
四 音	夫夫夫夫 禾火化八	七 音		内南年■ 千千千千
一 声	夫夫夫夫 开宰爱○	三 声		老冷吕■ 千千千千
	夫夫夫夫 回每退○			鹿荤离■ 千千千千
	夫夫夫夫 良两向○			走哉足■ 千千千千
四 音	夫夫夫夫 光广况○	八 音		自在匠■ 千千千千
二 声	夫夫夫夫 丁井亘○	三 声		草采七■ 千千千千
	夫夫夫夫 兄永莹○			曹才全■ 千千千千
	夫夫夫夫 千典旦○			思三星■ 千千千千
四 音	夫夫夫夫 元犬半○	九 音		寺□象■ 千千千千
三 声	夫夫夫夫 臣引艮○	三 声		□□□■ 千千千千
	夫夫夫夫 君允巽○			□□□■ 千千千千
	夫夫夫夫 刀早孝岳			■山手■ 千千千千
四 音	夫夫夫夫 毛宝报霍	十 音		■士石■ 千千千千
四 声	夫夫夫夫 牛斗奏六	三 声		■□耳■ 千千千千
	夫夫夫夫 ○○○玉			■□二■ 千千千千
	夫夫夫夫 妻子四日			■庄震■ 千千千千
四 音	夫夫夫夫 衰○帅骨	十一音		■乍□■ 千千千千
五 声	夫夫夫夫 ○○○德	三 声		■叉赤■ 千千千千
	夫夫夫夫 龟水贵北			■崇辰■ 千千千千
	夫夫夫夫 宫孔众○			■卓中■ 千千千千
四 音	夫夫夫夫 龙甬用○	十二音		■宅直■ 千千千千
六 声	夫夫夫夫 鱼鼠去○	三 声		■坼丑■ 千千千千
	夫夫夫夫 乌虎兔○			■茶呈■ 千千千千

		夫夫夫夫	心审禁○
四	音	夫夫夫夫	○○○十
七	声	夫夫夫夫	男坎欠○
		夫夫夫夫	○○○妾
		夫夫夫夫	●●●●
四	音	夫夫夫夫	●●●●
八	声	夫夫夫夫	●●●●
		夫夫夫夫	●●●●
		夫夫夫夫	●●●●
四	音	夫夫夫夫	●●●●
九	声	夫夫夫夫	●●●●
		夫夫夫夫	●●●●
		夫夫夫夫	●●●●
四	音	夫夫夫夫	●●●●
十	声	夫夫夫夫	●●●●
		夫夫夫夫	●●●●

开音清和律一之五

		卜卜卜卜	多可个舌
五	音	卜卜卜卜	禾火化八
一	声	卜卜卜卜	开宰爱○
		卜卜卜卜	回每退○
		卜卜卜卜	良两向○
五	音	卜卜卜卜	光广况○
二	声	卜卜卜卜	丁井亘○
		卜卜卜卜	兄永莹○
		卜卜卜卜	千典旦○
五	音	卜卜卜卜	元犬半○

平声辟唱吕一之四

		古甲九癸	刀刀刀刀
一	音	□□近揆	刀刀刀刀
四	声	坤巧丘弃	刀刀刀刀
		□□乾虬	刀刀刀刀
		黑花香血	刀刀刀刀
二	音	黄华雄贤	刀刀刀刀
四	声	五瓦仰□	刀刀刀刀
		吾牙月尧	刀刀刀刀
		安亚乙一	刀刀刀刀
三	音	□爻王寅	刀刀刀刀
四	声	母马美米	刀刀刀刀
		目皃眉民	刀刀刀刀
		夫法□飞	刀刀刀刀
四	音	父凡□吠	刀刀刀刀
四	声	武晚□尾	刀刀刀刀
		文万□未	刀刀刀刀
		卜百丙必	刀刀刀刀
五	音	步白精鼻	刀刀刀刀
四	声	曹朴品匹	刀刀刀刀
		旁排平瓶	刀刀刀刀
		东丹帝■	刀刀刀刀
六	音	兑大弟■	刀刀刀刀
四	声	土贪天■	刀刀刀刀
		同覃田■	刀刀刀刀
		乃妳女■	刀刀刀刀
七	音	内南年■	刀刀刀刀

三　声　卜卜卜卜　臣引艮〇
　　　　卜卜卜卜　君允巽〇
　　　　卜卜卜卜　刀早孝岳
五　音　卜卜卜卜　毛宝报霍
四　声　卜卜卜卜　牛斗奏六
　　　　卜卜卜卜　〇〇〇玉
　　　　卜卜卜卜　妻子四日
五　音　卜卜卜卜　衰〇帅骨
五　声　卜卜卜卜　〇〇〇德
　　　　卜卜卜卜　龟水贵北
　　　　卜卜卜卜　宫孔众〇
五　音　卜卜卜卜　龙甬用〇
六　声　卜卜卜卜　鱼鼠去〇
　　　　卜卜卜卜　乌虎兔〇
　　　　卜卜卜卜　心审禁〇
五　音　卜卜卜卜　〇〇〇十
七　声　卜卜卜卜　男坎欠〇
　　　　卜卜卜卜　〇〇〇妾
　　　　卜卜卜卜　●●●●
五　音　卜卜卜卜　●●●●
八　声　卜卜卜卜　●●●●
　　　　卜卜卜卜　●●●●

　　　　卜卜卜卜　●●●●
五　音　卜卜卜卜　●●●●
九　声　卜卜卜卜　●●●●
　　　　卜卜卜卜　●●●●

四　声　老冷吕■　刀刀刀刀
　　　　鹿莘离■　刀刀刀刀
　　　　走哉足■　刀刀刀刀
八　音　自在匠■　刀刀刀刀
四　声　草采七■　刀刀刀刀
　　　　曹才全■　刀刀刀刀
　　　　思三星■　刀刀刀刀
九　音　寺囗象■　刀刀刀刀
四　声　囗囗囗■　刀刀刀刀
　　　　囗囗囗■　刀刀刀刀
　　　　■山手■　刀刀刀刀
十　音　■土石■　刀刀刀刀
四　声　■囗耳■　刀刀刀刀
　　　　■囗二■　刀刀刀刀
　　　　■庄震■　刀刀刀刀
十一音　■乍囗■　刀刀刀刀
四　声　■叉赤■　刀刀刀刀
　　　　■崇辰■　刀刀刀刀
　　　　■卓中■　刀刀刀刀
十二音　■宅直■　刀刀刀刀
四　声　■蚱丑■　刀刀刀刀
　　　　■茶呈■　刀刀刀刀

平声辟唱吕一之五

　　　　古甲九癸　妻妻妻妻
一　音　囗囗近揆　妻妻妻妻
五　声　坤巧丘弃　妻妻妻妻
　　　　囗囗乾虬　妻妻妻妻

	卜卜卜卜 ●●●●		二 音	黑花香血 妻妻妻妻	
五 音	卜卜卜卜 ●●●●		五 声	黄华雄贤 妻妻妻妻	
十 声	卜卜卜卜 ●●●●			五瓦仰□ 妻妻妻妻	
	卜卜卜卜 ●●●●			吾牙月尧 妻妻妻妻	

开音清和律一之六

六 音	东东东东 多可个舌	三 音	安亚乙一 妻妻妻妻
一 声	东东东东 禾火化八	五 声	□爻王寅 妻妻妻妻
	东东东东 开宰爱○		母马美米 妻妻妻妻
	东东东东 回每退○		目兒眉民 妻妻妻妻
六 音	东东东东 良两向○	四 音	夫法□飞 妻妻妻妻
二 声	东东东东 光广况○	五 声	父凡□吠 妻妻妻妻
	东东东东 丁井亘○		武晚□尾 妻妻妻妻
	东东东东 兄永莹○		文万□未 妻妻妻妻
六 音	东东东东 千典旦○	五 音	卜百丙必 妻妻妻妻
三 声	东东东东 元犬半○	五 声	步白蒲鼻 妻妻妻妻
	东东东东 臣引艮○		普朴品匹 妻妻妻妻
	东东东东 君允巽○		旁排平瓶 妻妻妻妻
六 音	东东东东 刀早孝岳	六 音	东丹帝■ 妻妻妻妻
四 声	东东东东 毛宝报霍	五 声	兑大弟■ 妻妻妻妻
	东东东东 牛斗奏六		土贪天■ 妻妻妻妻
	东东东东 ○○○玉		同覃田■ 妻妻妻妻
六 音	东东东东 妻子四日	七 音	乃妳女■ 妻妻妻妻
五 声	东东东东 衰○帅骨	五 声	内南年■ 妻妻妻妻
	东东东东 ○○○德		老冷吕■ 妻妻妻妻
	东东东东 龟水贵北		鹿荦离■ 妻妻妻妻
	东东东东 宫孔众○	八 音	走哉足■ 妻妻妻妻
六 音	东东东东 龙甬用○		自在匠■ 妻妻妻妻

六　声　东东东东　鱼鼠去〇　　　　五　声　草采七■　妻妻妻妻
　　　　东东东东　乌虎兔〇　　　　　　　　　曹才全■　妻妻妻妻
　　　　东东东东　心审禁〇　　　　　　　　　思三星■　妻妻妻妻
六　音　东东东东　〇〇〇十　　　　九　音　寺□象■　妻妻妻妻
七　声　东东东东　男坎欠〇　　　　五　声　□□□■　妻妻妻妻
　　　　东东东东　〇〇〇妾　　　　　　　　　□□□■　妻妻妻妻
　　　　东东东东　●●●●　　　　　　　　　■山手■　妻妻妻妻
六　音　东东东东　●●●●　　　　十　音　■土石■　妻妻妻妻
八　声　东东东东　●●●●　　　　五　声　■□耳■　妻妻妻妻
　　　　东东东东　●●●●　　　　　　　　　■□二■　妻妻妻妻
　　　　东东东东　●●●●　　　　　　　　　■庄震■　妻妻妻妻
六　音　东东东东　●●●●　　　　十一音　■乍□■　妻妻妻妻
九　声　东东东东　●●●●　　　　五　声　■叉赤■　妻妻妻妻
　　　　东东东东　●●●●　　　　　　　　　■崇辰■　妻妻妻妻
　　　　东东东东　●●●●　　　　　　　　　■卓中■　妻妻妻妻
六　音　东东东东　●●●●　　　　十二音　■宅直■　妻妻妻妻
十　声　东东东东　●●●●　　　　五　声　■坼丑■　妻妻妻妻
　　　　东东东东　●●●●　　　　　　　　　■茶呈■　妻妻妻

开音清和律一之七　　　　　　　## 平声辟唱吕一之六

　　　　乃乃乃乃　多可个舌　　　　　　　　　古甲九癸　宫宫宫宫
七　音　乃乃乃乃　禾火化八　　　　一　音　□□近揆　宫宫宫宫
一　声　乃乃乃乃　开宰爱〇　　　　六　声　坤巧丘弃　宫宫宫宫
　　　　乃乃乃乃　回每退〇　　　　　　　　　□□乾虬　宫宫宫宫
　　　　乃乃乃乃　良两向〇　　　　　　　　　黑花香血　宫宫宫宫
七　音　乃乃乃乃　光广况〇　　　　二　音　黄华雄贤　宫宫宫宫
二　声　乃乃乃乃　丁井亘〇　　　　六　声　五瓦仰□　宫宫宫宫
　　　　乃乃乃乃　兄永莹〇　　　　　　　　　吾牙月尧　宫宫宫宫

七音三声	乃乃乃乃	千典旦○
	乃乃乃乃	元犬半○
	乃乃乃乃	臣引艮○
	乃乃乃乃	君允巽○

七音四声	乃乃乃乃	刀早孝岳
	乃乃乃乃	毛宝报霍
	乃乃乃乃	牛斗奏六
	乃乃乃乃	○○○玉

七音五声	乃乃乃乃	妻子四日
	乃乃乃乃	哀○帅骨
	乃乃乃乃	○○○穗
	乃乃乃乃	龟水贵北

七音六声	乃乃乃乃	宫孔众○
	乃乃乃乃	龙甬用○
	乃乃乃乃	鱼鼠去○
	乃乃乃乃	乌虎兔○

七音七声	乃乃乃乃	心审禁○
	乃乃乃乃	○○○十
	乃乃乃乃	男坎欠○
	乃乃乃乃	○○○妾

七音八声	乃乃乃乃	●●●●
	乃乃乃乃	●●●●
	乃乃乃乃	●●●●
	乃乃乃乃	●●●●

七音九声	乃乃乃乃	●●●●
	乃乃乃乃	●●●●
	乃乃乃乃	●●●●

三音六声	安亚乙一	宫宫宫宫
	□爻王寅	宫宫宫宫
	母马美米	宫宫宫宫
	目皃眉民	宫宫宫宫

四音六声	夫法□飞	宫宫宫宫
	父凡□吠	宫宫宫宫
	武晚□尾	宫宫宫宫
	文万□未	宫宫宫宫

五音六声	卜百丙必	宫宫宫宫
	步白葡鼻	宫宫宫宫
	普朴品匹	宫宫宫宫
	旁排平瓶	宫宫宫宫

六音六声	东丹帝■	宫宫宫宫
	兑大弟■	宫宫宫宫
	土贪天■	宫宫宫宫
	同覃田■	宫宫宫宫

七音六声	乃妳女■	宫宫宫宫
	内南羊■	宫宫宫宫
	老冷吕■	宫宫宫宫
	鹿荦离■	宫宫宫宫

八音六声	走哉足■	宫宫宫宫
	自在匠■	宫宫宫宫
	草采七■	宫宫宫宫
	曹才全■	宫宫宫宫

九音六声	思三星■	宫宫宫宫
	寺□象■	宫宫宫宫
	□□□■	宫宫宫宫
	□□□■	宫宫宫宫

	乃乃乃乃	●●●●	
七音	乃乃乃乃	●●●●	
十声	乃乃乃乃	●●●●	
	乃乃乃乃	●●●●	

开音清和律一之八

	走走走走	多可个舌	
八音	走走走走	禾火化八	
一声	走走走走	开宰爱○	
	走走走走	回每退○	
	走走走走	良两向○	
八音	走走走走	光广况○	
二声	走走走走	丁井亘○	
	走走走走	兄永莹○	
	走走走走	千典旦○	
八音	走走走走	元犬半○	
三声	走走走走	臣引艮○	
	走走走走	君允巽○	
	走走走走	刀早孝岳	
八音	走走走走	毛宝报霍	
四声	走走走走	牛斗奏六	
	走走走走	○○○玉	
	走走走走	妻子四日	
八音	走走走走	衰○帅骨	
五声	走走走走	○○○德	
	走走走走	龟水贵北	
	走走走走	宫孔众○	
八音	走走走走	龙甬用○	

	■山手■	宫宫宫宫	
十音	■士石■	宫宫宫宫	
六声	■□耳■	宫宫宫宫	
	■□二■	宫宫宫宫	
	■庄震■	宫宫宫宫	
十一音	■乍□■	宫宫宫宫	
六声	■叉赤■	宫宫宫宫	
	■崇辰■	宫宫宫宫	
	■卓中■	宫宫宫宫	
十二音	■宅直■	宫宫宫宫	
六声	■坼丑■	宫宫宫宫	
	■茶呈■	宫宫宫宫	

平声辟唱吕一之七

	古甲九癸	心心心心	
一音	□□近揆	心心心心	
七声	坤巧丘弃	心心心心	
	□□乾虬	心心心心	
	黑花香血	心心心心	
二音	黄华雄贤	心心心心	
七声	五瓦仰□	心心心心	
	吾牙月尧	心心心心	
	安亚乙一	心心心心	
三音	□爻王寅	心心心心	
七声	母马美米	心心心心	
	目兒眉民	心心心心	
	夫法□飞	心心心心	
四音	父凡□吠	心心心心	

六 声	走走走走	鱼鼠去○		七 声	武晚□尾	心心心心
	走走走走	乌虎兔○			文万□未	心心心心
	走走走走	心审禁○			卜百丙必	心心心心
八 音	走走走走	○○○十		五 音	步白葡鼻	心心心心
七 声	走走走走	男坎欠○		七 声	普朴品匹	心心心心
	走走走走	○○○妾			旁排平瓶	心心心心
	走走走走	●●●●			东丹帝■	心心心心
八 音	走走走走	●●●●		六 音	兑大弟■	心心心心
八 声	走走走走	●●●●		七 声	土贪天■	心心心心
	走走走走	●●●●			同覃田■	心心心心
	走走走走	●●●●			乃妳女■	心心心心
八 音	走走走走	●●●●		七 音	内南年■	心心心心
九 声	走走走走	●●●●		七 声	老冷吕■	心心心心
	走走走走	●●●●			鹿荦离■	心心心心
	走走走走	●●●●			走哉足■	心心心心
八 音	走走走走	●●●●		八 音	自在匠■	心心心心
十 声	走走走走	●●●●		七 声	草采七■	心心心心
	走走走走	●●●●			曹才全■	心心心心

开音清和律一之九

	思思思思	多可个舌			思三星■	心心心心
九 音	思思思思	禾火化八		九 音	寺□象■	心心心心
一 声	思思思思	开宰爱○		七 声	□□□■	心心心心
	思思思思	回每退○			□□□■	心心心心
	思思思思	良两向○			■山手■	心心心心
九 音	思思思思	光广况○		十 音	■土石■	心心心心
二 声	思思思思	丁井亘○		七 声	■□耳■	心心心心
	思思思思	兄永莹○			■□二■	心心心心

九音	思思思思	千典旦〇	
三声	思思思思	元犬半〇	
	思思思思	臣引艮〇	
	思思思思	君允巽〇	
九音	思思思思	刀早孝岳	
四声	思思思思	毛宝报霍	
	思思思思	牛斗奏六	
	思思思思	〇〇〇玉	
九音	思思思思	妻子四日	
五声	思思思思	衰〇帅骨	
	思思思思	〇〇〇德	
	思思思思	龟水贵北	
九音	思思思思	宫孔众〇	
六声	思思思思	龙甬用〇	
	思思思思	鱼鼠去〇	
	思思思思	乌虎兔〇	
九音	思思思思	心审禁〇	
七声	思思思思	〇〇〇十	
	思思思思	男坎欠〇	
	思思思思	〇〇〇妾	
九音	思思思思	●●●●	
八声	思思思思	●●●●	
	思思思思	●●●●	
九音	思思思思	●●●●	

十一音	■庄震■	心心心心	
七声	■乍□■	心心心心	
	■叉赤■	心心心心	
	■崇辰■	心心心心	
十二音	■卓中■	心心心心	
七声	■宅直■	心心心心	
	■坼丑■	心心心心	
	■茶呈■	心心心心	

平声辟唱吕一之八

一音	古甲九癸	●●●●	
八声	□□近揆	●●●●	
	坤巧丘弃	●●●●	
	□□乾虬	●●●●	
二音	黑花香血	●●●●	
八声	黄华雄贤	●●●●	
	五瓦仰□	●●●●	
	吾牙月尧	●●●●	
三音	安亚乙一	●●●●	
八声	□爻王寅	●●●●	
	母马美米	●●●●	
	目皃眉民	●●●●	
四音	夫法□飞	●●●●	
八声	父凡□吠	●●●●	
	武晚□尾	●●●●	
	文万□未	●●●●	
五音	卜百丙必	●●●●	
	步白葡鼻	●●●●	

九	声	思思思思 ●●●●
		思思思思 ●●●●
		思思思思 ●●●●
九	音	思思思思 ●●●●
十	声	思思思思 ●●●●
		思思思思 ●●●●

开音清和律一之十

十	音	■■■■ 多可个舌
		■■■■ 禾火化八
一	声	■■■■ 开宰爱○
		■■■■ 回每退○
		■■■■ 良两向○
十	音	■■■■ 光广况○
二	声	■■■■ 丁井亘○
		■■■■ 兄永莹○
		■■■■ 千典旦○
十	音	■■■■ 元犬半○
三	声	■■■■ 臣引艮○
		■■■■ 君允巽○
		■■■■ 刀早孝丘
十	音	■■■■ 毛宝报霍
四	声	■■■■ 牛斗奏六
		■■■■ ○○○玉
		■■■■ 妻子四日
十	音	■■■■ 衰○帅骨
五	声	■■■■ ○○○德
		■■■■ 龟水贵北

八	声	普朴品匹 ●●●●
		旁排平瓶 ●●●●
		东丹帝■ ●●●●
六	音	兑大弟■ ●●●●
八	声	土贪天■ ●●●●
		同覃田■ ●●●●
		乃妳女■ ●●●●
七	音	内南年■ ●●●●
八	声	老冷吕■ ●●●●
		鹿荤离■ ●●●●
		走哉足■ ●●●●
八	音	自在匠■ ●●●●
八	声	草采七■ ●●●●
		曹才全■ ●●●●
		思三星■ ●●●●
九	音	寺□象■ ●●●●
八	声	□□□■ ●●●●
		□□□■ ●●●●
		■山手● ●●●●
十	音	■土石● ●●●●
八	声	■□耳■ ●●●●
		■□二■ ●●●●
		■庄震● ●●●●
十一	音	■乍□● ●●●●
八	声	■叉赤■ ●●●●
		■崇辰■ ●●●●

十音 六声	■■■■	宫孔众○
	■■■■	龙甬用○
	■■■■	鱼鼠去○
	■■■■	乌虎兔○
十音 七声	■■■■	心审禁○
	■■■■	○○○十
	■■■■	男坎欠○
	■■■■	○○○妾
十音 八声	■■■■	●●●●
	■■■■	●●●●
	■■■■	●●●●
	■■■■	●●●●
十音 九声	■■■■	●●●●
	■■■■	●●●●
	■■■■	●●●●
	■■■■	●●●●
十音 十声	■■■■	●●●●
	■■■■	●●●●
	■■■■	●●●●

开音清和律一之十一

十一音 一声	■■■■	多可个舌
	■■■■	禾火化八
	■■■■	开宰爱○
	■■■■	回每退○
十一音	■■■■	良两向○
	■■■■	光广况○

十二音 八声	■卓中■	●●●●
	■宅直■	●●●●
	■圻丑■	●●●●
	■茶呈■	●●●●

平声辟唱吕一之九

一音 九声	古甲九癸	●●●●
	□□近揆	●●●●
	坤巧丘弃	●●●●
	□□乾虬	●●●●
二音 九声	黑花香血	●●●●
	黄华雄贤	●●●●
	五瓦仰□	●●●●
	吾牙月尧	●●●●
三音 九声	安亚乙一	●●●●
	□爻王寅	●●●●
	母马美米	●●●●
	目兒眉民	●●●●
四音 九声	夫法□飞	●●●●
	父凡□吠	●●●●
	武晚□尾	●●●●
	文万□米	●●●●
五音 九声	卜百丙必	●●●●
	步白蒲鼻	●●●●
	普朴品匹	●●●●
	旁排平瓶	●●●●
六音	东丹帝■	●●●●
	兑大弟■	●●●●

二　声	■■■■	丁井亘○		九　声	土贪天■	●●●●
	■■■■	兄永莹○			同覃田■	●●●●
	■■■■	千典旦○			乃妳女■	●●●●
十一音	■■■■	元犬半○		七　音	内南年■	●●●●
三　声	■■■■	臣引艮○		九　声	老冷吕■	●●●●
	■■■■	君允巽○			鹿荤离■	●●●●
	■■■■	刀早孝岳			走哉足■	●●●●
十一音	■■■■	毛宝报霍		八　音	自在匠■	●●●●
四　声	■■■■	牛斗奏六		九　声	草采七■	●●●●
	■■■■	○○○玉			曹才全■	●●●●
	■■■■	妻子四日			思三星■	●●●●
十一音	■■■■	衰○帅骨		九　音	寺□象■	●●●●
五　声	■■■■	○○○德		九　声	□□□■	●●●●
	■■■■	龟水贵北			□□□■	●●●●
	■■■■	宫孔众○			■山手■	●●●●
十一音	■■■■	龙甬用○		十　音	■士石■	●●●●
六　声	■■■■	鱼鼠去○		九　声	■□耳■	●●●●
	■■■■	乌虎兔○			■□二■	●●●●
	■■■■	心审禁○			■庄震■	●●●●
十一音	■■■■	○○○十		十一音	■乍□■	●●●●
七　声	■■■■	男坎欠○		九　声	■叉赤■	●●●●
	■■■■	○○○妾			■崇辰■	●●●●
	■■■■	●●●●			■卓中■	●●●●
十一音	■■■■	●●●●		十二音	■宅直■	●●●●
八　声	■■■■	●●●●		九　声	■坼丑■	●●●●
	■■■■	●●●●			■茶呈■	●●●●
	■■■■	●●●●				
十一音	■■■■	●●●●				

平声辟唱吕一之十

	古甲九癸	●●●●
一　音	□□近揆	●●●●

九　声　■■■■ ●●●●　　　　十　声　坤巧丘弃 ●●●●
　　　　　■■■■ ●●●●　　　　　　　　□□乾虬 ●●●●
　　　　　■■■■ ●●●●　　　　　　　　黑花香血 ●●●●
十一音　■■■■ ●●●●　　　　二　音　黄华雄贤 ●●●●
十　声　■■■■ ●●●●　　　　十　声　五瓦仰□ ●●●●
　　　　　■■■■ ●●●●　　　　　　　　吾牙月尧 ●●●●

开音清和律一之十二

　　　　　■■■■ 多可个舌　　　　　　　安亚乙一 ●●●●
十二音　■■■■ 禾火化八　　　三　音　□爻王寅 ●●●●
一　声　■■■■ 开宰爱〇　　　十　声　母马美米 ●●●●
　　　　　■■■■ 回每退〇　　　　　　　目皃眉民 ●●●●
　　　　　■■■■ 良两向〇　　　　　　　夫法□飞 ●●●●
十二音　■■■■ 光广况〇　　　四　音　父凡□吠 ●●●●
二　声　■■■■ 丁井亘〇　　　十　声　武晚□尾 ●●●●
　　　　　■■■■ 兄永莹〇　　　　　　　文万□未 ●●●●
　　　　　■■■■ 千典旦〇　　　　　　　卜百丙必 ●●●●
十二音　■■■■ 元犬半〇　　　五　音　步白葡鼻 ●●●●
三　声　■■■■ 臣引艮〇　　　十　声　普朴品匹 ●●●●
　　　　　■■■■ 君允巽〇　　　　　　　旁排平瓶 ●●●●
　　　　　■■■■ 刀早孝岳　　　　　　　东丹帝■ ●●●●
十二音　■■■■ 毛宝报霍　　　六　音　兑大弟■ ●●●●
四　声　■■■■ 牛斗奏六　　　十　声　土贪天■ ●●●●
　　　　　■■■■ 〇〇〇玉　　　　　　　同覃田■ ●●●●
　　　　　■■■■ 妻子四日　　　　　　　乃妳女■ ●●●●
十二音　■■■■ 衰〇帅骨　　　七　音　内南年■ ●●●●
五　声　■■■■ 〇〇〇德　　　十　声　老冷吕■ ●●●●
　　　　　■■■■ 龟水贵北　　　　　　　鹿荤离■ ●●●●

	■■■■	宫孔众○	
十二音	■■■■	龙甬用○	
六　声	■■■■	鱼鼠去○	
	■■■■	乌虎兔○	
	■■■■	心审禁○	
十二音	■■■■	○○○十	
七　声	■■■■	男坎欠○	
	■■■■	○○○妻	
	■■■■	●●●●	
十二音	■■■■	●●●●	
八　声	■■■■	●●●●	
	■■■■	●●●●	
	■■■■	●●●●	
十二音	■■■■	●●●●	
九　声	■■■■	●●●●	
	■■■■	●●●●	
	■■■■	●●●●	
十二音	■■■■	●●●●	
十　声	■■■■	●●●●	
	■■■■	●●●●	

	走哉足■	●●●●	
八　音	自在匠■	●●●●	
十　声	草采七■	●●●●	
	曹才全■	●●●●	
	思三星■	●●●●	
九　音	寺□象■	●●●●	
十　声	□□□□	●●●●	
	□□□□	●●●●	
	■山手■	●●●●	
十　音	■士石■	●●●●	
十　声	□耳■	●●●●	
	□二■	●●●●	
	■庄震■	●■■■	
十一音	■乍□■	●●●●	
十　声	■叉赤■	●●●●	
	■崇辰■	●■■■	
	■卓中■	●●●●	
十二音	■宅直■	●●●●	
十　声	■坼丑■	●●●●	
	■茶呈■	●●●●	

观物篇之三十六

日月声平翕

　禾光元毛衰

　龙○●●●

　日月声七，下唱地之用音一百五十二，是谓平声翕音。平声翕音一千六十四。

水火音开浊

　□黄□父步兑

　内自寺■■■

　水火音九，上和天之用声一百一十二，是谓开音浊声。开音浊声一千八。

日月声平之二翕
开音浊和律二之一

	□□□□	多可个舌
一 音	□□□□	禾火化八
一 声	□□□□	开宰爱○
	□□□□	回每退○
	□□□□	良两向○
一 音	□□□□	光广况○
二 声	□□□□	丁井亘○
	□□□□	兄永莹○
	□□□□	千典旦○
一 音	□□□□	元犬半○
三 声	□□□□	臣引艮○
	□□□□	君允巽○
	□□□□	刀早孝岳
一 音	□□□□	毛宝报霍
四 声	□□□□	牛斗奏六
	□□□□	○○○玉
	□□□□	妻子四日
一 音	□□□□	衰○帅骨
五 声	□□□□	○○○德
	□□□□	龟水贵北
	□□□□	宫孔众○
一 音	□□□□	龙甬用○
六 声	□□□□	鱼鼠去○
	□□□□	乌虎兔○
	□□□□	心审禁○
一 音	□□□□	○○○十

水火音开之二浊
平声翕唱吕二之一

	古甲九癸	禾禾禾禾
一 音	□□近揆	禾禾禾禾
一 声	坤巧丘弃	禾禾禾禾
	□□乾虬	禾禾禾禾
	黑花香血	禾禾禾禾
二 音	黄华雄贤	禾禾禾禾
一 声	五瓦仰□	禾禾禾禾
	吾牙月尧	禾禾禾禾
	安亚乙一	禾禾禾禾
三 音	□爻王寅	禾禾禾禾
一 声	母马美米	禾禾禾禾
	目兄眉民	禾禾禾禾
	夫法□飞	禾禾禾禾
四 音	父凡□吠	禾禾禾禾
一 声	武晚□尾	禾禾禾禾
	文万□未	禾禾禾禾
	卜百丙必	禾禾禾禾
五 音	步白葡鼻	禾禾禾禾
一 声	普朴品匹	禾禾禾禾
	旁排平瓶	禾禾禾禾
	东丹帝■	禾禾禾禾
六 音	兑大弟■	禾禾禾禾
一 声	土贪天■	禾禾禾禾
	同覃田■	禾禾禾禾
	乃妳女■	禾禾禾禾
七 音	内南年■	禾禾禾禾

七　声　□□□□　男坎欠○
　　　　□□□□　○○○妾
　　　　□□□□　●●●●
一　音　□□□□　●●●●
八　声　□□□□　●●●●
　　　　□□□□　●●●●
　　　　□□□□　●●●●
一　音　□□□□　●●●●
九　声　□□□□　●●●●
　　　　□□□□　●●●●
一　音　□□□□　●●●●
十　声　□□□□　●●●●
　　　　□□□□　●●●●

开音浊和律二之二

　　　　黄黄黄黄　多可个舌
二　音　黄黄黄黄　禾火化八
一　声　黄黄黄黄　开宰爱○
　　　　黄黄黄黄　回每退○
　　　　黄黄黄黄　良两向○
二　音　黄黄黄黄　光广况○
二　声　黄黄黄黄　丁井亘○
　　　　黄黄黄黄　兄永莹○

　　　　黄黄黄黄　千典旦○
二　音　黄黄黄黄　元犬半○
三　声　黄黄黄黄　臣引艮○
　　　　黄黄黄黄　君允巽○

一　声　老冷吕■　禾禾禾禾
　　　　鹿荤离■　禾禾禾禾
　　　　走哉足■　禾禾禾禾
八　音　自在匠■　禾禾禾禾
一　声　草采七■　禾禾禾禾
　　　　曹才全■　禾禾禾禾
　　　　思三星■　禾禾禾禾
九　音　寺□象■　禾禾禾禾
一　声　□□□■　禾禾禾禾
　　　　□□□■　禾禾禾禾
　　　　■山手■　禾禾禾禾
十　音　■土石■　禾禾禾禾
一　声　■□耳■　禾禾禾禾
　　　　■□二■　禾禾禾禾

　　　　■庄震■　禾禾禾禾
十一音　■乍□■　禾禾禾禾
一　声　■叉赤■　禾禾禾禾
　　　　■崇辰■　禾禾禾禾
　　　　■卓中■　禾禾禾禾
十二音　■宅直■　禾禾禾禾
一　声　■坼丑■　禾禾禾禾
　　　　■茶呈■　禾禾禾禾

平声翕唱吕二之二

　　　　古甲九癸　光光光光
一　音　□□近揆　光光光光
二　声　坤巧丘弃　光光光光
　　　　□□乾虬　光光光光

		黄黄黄黄	刀早孝岳
二音	四声	黄黄黄黄	毛宝报霍
		黄黄黄黄	牛斗奏六
		黄黄黄黄	○○○玉
		黄黄黄黄	妻子四日
二音	五声	黄黄黄黄	衰○帅骨
		黄黄黄黄	○○○德
		黄黄黄黄	龟水贵北
		黄黄黄黄	宫孔众○
二音	六声	黄黄黄黄	龙甬用○
		黄黄黄黄	鱼鼠去○
		黄黄黄黄	乌虎兔○
		黄黄黄黄	心审禁○
二音	七声	黄黄黄黄	○○○十
		黄黄黄黄	男坎欠○
		黄黄黄黄	○○○妾
		黄黄黄黄	●●●●
二音	八声	黄黄黄黄	●●●●
		黄黄黄黄	●●●●
		黄黄黄黄	●●●●
		黄黄黄黄	●●●●
二音	九声	黄黄黄黄	●●●●
		黄黄黄黄	●●●●
		黄黄黄黄	●●●●
二音	十声	黄黄黄黄	●●●●
		黄黄黄黄	●●●●

		黑花香血	光光光光
二音	二声	黄华雄贤	光光光光
		五瓦仰□	光光光光
		吾牙月尧	光光光光
		安亚乙一	光光光光
三音	二声	□爻王寅	光光光光
		母马美米	光光光光
		目皃眉民	光光光光
		夫法□飞	光光光光
四音	二声	父凡□吠	光光光光
		武晚□尾	光光光光
		文万□未	光光光光
		卜百丙必	光光光光
五音	二声	步白葡鼻	光光光光
		普朴品匹	光光光光
		旁排平瓶	光光光光
		东丹帝■	光光光光
六音	二声	兑大弟■	光光光光
		土贪天■	光光光光
		同覃田■	光光光光
		乃妳女■	光光光光
七音	二声	内南年■	光光光光
		老冷吕■	光光光光
		内南年■	光光光光
		走哉足■	光光光光
八音	二声	自在匠■	光光光光
		草采七■	光光光光
		曹才全■	光光光光

开音浊和律二之三

<table>
<tr><td></td><td>□□□□</td><td>多可个舌</td><td></td><td>思三星■</td><td>光光光光</td></tr>
<tr><td>三　音</td><td>□□□□</td><td>禾火化八</td><td>九　音</td><td>寺□象■</td><td>光光光光</td></tr>
<tr><td>一　声</td><td>□□□□</td><td>开宰爱○</td><td>二　声</td><td>□□□■</td><td>光光光光</td></tr>
<tr><td></td><td>□□□□</td><td>回每退○</td><td></td><td>□□□■</td><td>光光光光</td></tr>
<tr><td></td><td>□□□□</td><td>良两向□</td><td></td><td>■山手■</td><td>光光光光</td></tr>
<tr><td>三　音</td><td>□□□□</td><td>光广况○</td><td>十　音</td><td>■士石■</td><td>光光光光</td></tr>
<tr><td>二　声</td><td>□□□□</td><td>丁井亘○</td><td>二　声</td><td>■□耳■</td><td>光光光光</td></tr>
<tr><td></td><td>□□□□</td><td>兄永莹○</td><td></td><td>■□二■</td><td>光光光光</td></tr>
<tr><td></td><td>□□□□</td><td>千典旦○</td><td></td><td>■庄震■</td><td>光光光光</td></tr>
<tr><td>三　音</td><td>□□□□</td><td>元犬半○</td><td>十一音</td><td>■乍□■</td><td>光光光光</td></tr>
<tr><td>三　声</td><td>□□□□</td><td>臣引艮○</td><td>二　声</td><td>■叉赤■</td><td>光光光光</td></tr>
<tr><td></td><td>□□□□</td><td>君允巽○</td><td></td><td>■崇辰■</td><td>光光光光</td></tr>
<tr><td></td><td>□□□□</td><td>刀早孝岳</td><td></td><td>■卓中■</td><td>光光光光</td></tr>
<tr><td>三　音</td><td>□□□□</td><td>毛宝报霍</td><td>十二音</td><td>■宅直■</td><td>光光光光</td></tr>
<tr><td>四　声</td><td>□□□□</td><td>牛斗奏六</td><td>二　声</td><td>■坼丑■</td><td>光光光光</td></tr>
<tr><td></td><td>□□□□</td><td>○○○玉</td><td></td><td>■茶呈■</td><td>光光光光</td></tr>
</table>

平声翁唱吕二之三

<table>
<tr><td></td><td>□□□□</td><td>妻子四日</td><td></td><td>古甲九癸</td><td>元元元元</td></tr>
<tr><td>三　音</td><td>□□□□</td><td>衰○帅骨</td><td>一　音</td><td>□□近揆</td><td>元元元元</td></tr>
<tr><td>五　声</td><td>□□□□</td><td>○○○德</td><td>三　声</td><td>坤巧丘弃</td><td>元元元元</td></tr>
<tr><td></td><td>□□□□</td><td>龟水贵北</td><td></td><td>□□乾虬</td><td>元元元元</td></tr>
<tr><td></td><td>□□□□</td><td>宫孔众○</td><td></td><td>黑花香血</td><td>元元元元</td></tr>
<tr><td>三　音</td><td>□□□□</td><td>龙甬用○</td><td>二　音</td><td>黄华雄贤</td><td>元元元元</td></tr>
<tr><td>六　声</td><td>□□□□</td><td>鱼鼠去○</td><td>三　声</td><td>五瓦仰□</td><td>元元元元</td></tr>
<tr><td></td><td>□□□□</td><td>乌虎兔○</td><td></td><td>吾牙月尧</td><td>元元元元</td></tr>
<tr><td></td><td>□□□□</td><td>心审禁○</td><td></td><td>安亚乙一</td><td>元元元元</td></tr>
<tr><td>三　音</td><td>□□□□</td><td>○○○十</td><td>三　音</td><td>□爻王寅</td><td>元元元元</td></tr>
</table>

七　声　□□□□　男坎欠〇
　　　　□□□□　〇〇〇妾

三　音　□□□□　●●●●
八　声　□□□□　●●●●
　　　　□□□□　●●●●

三　音　□□□□　●●●●
九　声　□□□□　●●●●
　　　　□□□□　●●●●

三　音　□□□□　●●●●
十　声　□□□□　●●●●
　　　　□□□□　●●●●

开音浊和律二之四

　　　　父父父父　多可个舌
四　音　父父父父　禾火化八
一　声　父父父父　开宰爱〇
　　　　父父父父　回每退〇

　　　　父父父父　良两向〇
四　音　父父父父　光广况〇
二　声　父父父父　丁井亘〇
　　　　父父父父　兄永莹〇

　　　　父父父父　千典旦〇
四　音　父父父父　元犬半〇
三　声　父父父父　臣引艮〇
　　　　父父父父　君允巽〇

　　　　父父父父　刀早孝岳
四　音　父父父父　毛宝报霍

三　声　母马美米　元元元元
　　　　目皃眉民　元元元元

　　　　夫法□飞　元元元元
四　音　父凡□吠　元元元元
三　声　武晚□尾　元元元元
　　　　文万□未　元元元元

　　　　卜百丙必　元元元元
五　音　步白蒲鼻　元元元元
三　声　普朴品匹　元元元元
　　　　旁排平瓶　元元元元

　　　　东丹帝■　元元元元
六　音　兑大弟■　元元元元
三　声　土贪天■　元元元元
　　　　同覃田■　元元元元

　　　　乃妳女■　元元元元
七　音　内南年■　元元元元
三　声　老冷吕■　元元元元
　　　　鹿荦离■　元元元元

　　　　走哉足■　元元元元
八　音　自在匠■　元元元元
三　声　草采七■　元元元元
　　　　曹才全■　元元元元

　　　　思三星■　元元元元
九　音　寺□象■　元元元元
三　声　□□□■　元元元元
　　　　□□□■　元元元元

　　　　■山手■　元元元元
十　音　■士石■　元元元元

四声	父父父父	牛斗奏六	
	父父父父	○○○玉	
	父父父父	妻子四日	
四音	父父父父	衰○帅骨	
五声	父父父父	○○○德	
	父父父父	龟水贵北	
	父父父父	宫孔众○	
四音	父父父父	龙甬用○	
六声	父父父父	鱼鼠去○	
	父父父父	乌虎兔○	
	父父父父	心审禁○	
四音	父父父父	○○○十	
七声	父父父父	男坎欠○	
	父父父父	○○○姜	
	父父父父	●●●●	
四音	父父父父	●●●●	
八声	父父父父	●●●●	
	父父父父	●●●●	
	父父父父	●●●●	
四音	父父父父	●●●●	
九声	父父父父	●●●●	
	父父父父	●●●●	
	父父父父	●●●●	
四音	父父父父	●●●●	
十声	父父父父	●●●●	
	父父父父	●●●●	

三声	■□耳■	元元元元	
	■□二■	元元元元	
	■庄震■	元元元元	
十一音	■乍□■	元元元元	
三声	■叉赤■	元元元元	
	■崇辰■	元元元元	
	■卓中■	元元元元	
十二音	■宅直■	元元元元	
三声	■圻丑■	元元元元	
	■茶呈■	元元元元	

平声翁唱吕二之四

	古甲九癸	毛毛毛毛	
一音	□□近揆	毛毛毛毛	
四声	坤巧丘弃	毛毛毛毛	
	□□乾虬	毛毛毛毛	
	黑花香血	毛毛毛毛	
二音	黄华雄贤	毛毛毛毛	
四声	五瓦仲□	毛毛毛毛	
	吾牙月尧	毛毛毛毛	
	安亚乙一	毛毛毛毛	
三音	□爻王寅	毛毛毛毛	
四声	母马美米	毛毛毛毛	
	目皃眉民	毛毛毛毛	
	夫法□飞	毛毛毛毛	
四音	父凡□吠	毛毛毛毛	
四声	武晚□尾	毛毛毛毛	
	文万□未	毛毛毛毛	

开音浊和律二之五

五 音 一 声	步步步步 多可个舌	五 音 四 声	卜百丙必 毛毛毛毛
	步步步步 禾火化八		步白葡鼻 毛毛毛毛
	步步步步 开宰爱○		普朴品匹 毛毛毛毛
	步步步步 回每退○		旁排平瓶 毛毛毛毛
五 音 二 声	步步步步 良两向○	六 音 四 声	东丹帝■ 毛毛毛毛
	步步步步 光广况○		兑大弟■ 毛毛毛毛
	步步步步 丁井亘○		土贪天■ 毛毛毛毛
	步步步步 兄永莹○		同覃田■ 毛毛毛毛
五 音 三 声	步步步步 千典旦○	七 音 四 声	乃妳女■ 毛毛毛毛
	步步步步 元犬半○		内南年■ 毛毛毛毛
	步步步步 臣引艮○		老冷吕■ 毛毛毛毛
	步步步步 君允巽○		鹿荤离■ 毛毛毛毛
五 音 四 声	步步步步 刀早孝岳	八 音 四 声	走哉足■ 毛毛毛毛
	步步步步 毛宝报霍		自在匠■ 毛毛毛毛
	步步步步 牛斗奏六		草采七■ 毛毛毛毛
	步步步步 ○○○玉		曹才全■ 毛毛毛毛
五 音 五 声	步步步步 妻子四日	九 音 四 声	思三星■ 毛毛毛毛
	步步步步 衰○帅骨		寺□象■ 毛毛毛毛
	步步步步 ○○○德		□□□■ 毛毛毛毛
	步步步步 龟水贵北		□□□■ 毛毛毛毛
五 音 六 声	步步步步 宫孔众○	十 音 四 声	■山手■ 毛毛毛毛
	步步步步 龙甬用○		■士石■ 毛毛毛毛
	步步步步 鱼鼠去○		■□耳■ 毛毛毛毛
	步步步步 乌虎兔○		■□二■ 毛毛毛毛
五 音	步步步步 心审禁○	十一音	■庄震■ 毛毛毛毛
	步步步步 ○○○十		■乍□■ 毛毛毛毛

七声	步步步步	男坎欠○
	步步步步	○○○姿
	步步步步	●●●●
五音	步步步步	●●●●
八声	步步步步	●●●●
	步步步步	●●●●
	步步步步	●●●●
五音	步步步步	●●●●
九声	步步步步	●●●●
	步步步步	●●●●
	步步步步	●●●●
五音	步步步步	●●●●
十声	步步步步	●●●●
	步步步步	●●●●

开音浊和律二之六

	兑兑兑兑	多可个舌
六音	兑兑兑兑	禾火化八
一声	兑兑兑兑	开宰爱○
	兑兑兑兑	回每退○
	兑兑兑兑	良两向○
六音	兑兑兑兑	光广况○
二声	兑兑兑兑	丁井亘○
	兑兑兑兑	兄永莹○
	兑兑兑兑	千典旦○
六音	兑兑兑兑	元犬半○
三声	兑兑兑兑	臣引艮○
	兑兑兑兑	君允巽○

四声	■叉赤■	毛毛毛毛
	■崇辰■	毛毛毛毛
	■卓中■	毛毛毛毛
十二音	■宅直■	毛毛毛毛
四声	■坼丑■	毛毛毛毛
	■茶呈■	毛毛毛毛

平声翕唱吕二之五

	古甲九癸	衰衰衰衰
一音	□□近揆	衰衰衰衰
五声	坤巧丘弃	衰衰衰衰
	□□乾虬	衰衰衰衰
	黑花香血	衰衰衰衰
二音	黄华雄贤	衰衰衰衰
五声	五瓦仰□	衰衰衰衰
	吾牙月尧	衰衰衰衰
	安亚乙一	衰衰衰衰
三音	□爻王寅	衰衰衰衰
五声	母马美米	衰衰衰衰
	目皃眉民	衰衰衰衰
	夫法□飞	衰衰衰衰
四音	父凡□吠	衰衰衰衰
五声	武晚□尾	衰衰衰衰
	文万□未	衰衰衰衰
	卜百丙必	衰衰衰衰
五音	步白葡鼻	衰衰衰衰
五声	普朴品匹	衰衰衰衰
	旁排平瓶	衰衰衰衰

		兑兑兑兑	刀早孝岳
六	音	兑兑兑兑	毛宝报霍
四	声	兑兑兑兑	牛斗奏六
		兑兑兑兑	○○○玉
		兑兑兑兑	妻子四日
六	音	兑兑兑兑	衰○帅骨
五	声	兑兑兑兑	○○○德
		兑兑兑兑	龟水贵北
		兑兑兑兑	宫孔众○
六	音	兑兑兑兑	龙甫用○
六	声	兑兑兑兑	鱼鼠去○
		兑兑兑兑	乌虎兔○
		兑兑兑兑	心审禁○
六	音	兑兑兑兑	○○○十
七	声	兑兑兑兑	男坎欠○
		兑兑兑兑	○○○妾
		兑兑兑兑	●●●●
六	音	兑兑兑兑	●●●●
八	声	兑兑兑兑	●●●●
		兑兑兑兑	●●●●
		兑兑兑兑	●●●●
六	音	兑兑兑兑	●●●●
九	声	兑兑兑兑	●●●●
		兑兑兑兑	●●●●
		兑兑兑兑	●●●●
六	音	兑兑兑兑	●●●●
十	声	兑兑兑兑	●●●●
		兑兑兑兑	●●●●

		东丹帝■	衰衰衰衰
六	音	兑大弟■	衰衰衰衰
五	声	土贪天■	衰衰衰衰
		同覃田■	衰衰衰衰
		乃妳女■	衰衰衰衰
七	音	内南年■	衰衰衰衰
五	声	老冷吕■	衰衰衰衰
		鹿荦离■	衰衰衰衰
		走哉足■	衰衰衰衰
八	音	自在匠■	衰衰衰衰
五	声	草采七■	衰衰衰衰
		曹才全■	衰衰衰衰
		思三星■	衰衰衰衰
九	音	寺□象■	衰衰衰衰
五	声	□□□■	衰衰衰衰
		□□□■	衰衰衰衰
		■山手■	衰衰衰衰
十	音	■士石■	衰衰衰衰
五	声	■□耳■	衰衰衰衰
		■□二■	衰衰衰衰
		■庄震■	衰衰衰衰
十一音		■乍□■	衰衰衰衰
五	声	■叉赤■	衰衰衰衰
		■崇辰■	衰衰衰衰
		■卓中■	衰衰衰衰
十二音		■宅直■	衰衰衰衰
五	声	■坼丑■	衰衰衰衰
		■茶呈■	衰衰衰衰

开音浊和律二之七

七音一声	内内内内	多可个舌	
	内内内内	禾火化八	
	内内内内	开宰爱〇	
	内内内内	回每退〇	
七音二声	内内内内	良两向〇	
	内内内内	光广况〇	
	内内内内	丁井亘〇	
	内内内内	兄永莹〇	
七音三声	内内内内	千典旦〇	
	内内内内	元犬半〇	
	内内内内	臣引艮〇	
	内内内内	君允巽〇	
七音四声	内内内内	刀早孝岳	
	内内内内	毛宝报霍	
	内内内内	牛斗奏六	
	内内内内	〇〇〇玉	
七音五声	内内内内	妻子四日	
	内内内内	衰〇帅骨	
	内内内内	〇〇〇德	
	内内内内	龟水贵北	
七音六声	内内内内	宫孔众〇	
	内内内内	龙甬用〇	
	内内内内	鱼鼠去〇	
	内内内内	乌虎兔〇	
七音七声	内内内内	心审禁〇	
	内内内内	〇〇〇十	

平声翕唱吕二之六

一音六声	古甲九癸	龙龙龙龙	
	□□近揆	龙龙龙龙	
	坤巧丘弃	龙龙龙龙	
	□□乾虬	龙龙龙龙	
二音六声	黑花香血	龙龙龙龙	
	黄华雄贤	龙龙龙龙	
	五瓦仰□	龙龙龙龙	
	吾牙月尧	龙龙龙龙	
三音六声	安亚乙一	龙龙龙龙	
	□爻王寅	龙龙龙龙	
	母马美米	龙龙龙龙	
	目兒眉民	龙龙龙龙	
四音六声	夫法□飞	龙龙龙龙	
	父凡□吠	龙龙龙龙	
	武晚□尾	龙龙龙龙	
	文万□未	龙龙龙龙	
五音六声	卜百丙必	龙龙龙龙	
	步白葡鼻	龙龙龙龙	
	普朴品匹	龙龙龙龙	
	旁排平瓶	龙龙龙龙	
六音六声	东丹帝■	龙龙龙龙	
	兑大弟■	龙龙龙龙	
	土贪天■	龙龙龙龙	
	同覃田■	龙龙龙龙	
七音	乃妳女■	龙龙龙龙	
	内南年■	龙龙龙龙	

七	声	内内内内	男坎欠〇
		内内内内	〇〇〇妾
		内内内内	●●●●
七	音	内内内内	●●●●
八	声	内内内内	●●●●
		内内内内	●●●●
		内内内内	●●●●
七	音	内内内内	●●●●
九	声	内内内内	●●●●
		内内内内	●●●●
		内内内内	●●●●
七	音	内内内内	●●●●
十	声	内内内内	●●●●
		内内内内	●●●●

开音浊和律二之八

		自自自自	多可个舌
八	音	自自自自	禾火化八
一	声	自自自自	开宰爱〇
		自自自自	回每退〇
		自自自自	良两向〇
八	音	自自自自	光广况〇
二	声	自自自自	丁井亘〇
		自自自自	兄永莹〇
		自自自自	千典旦〇
八	音	自自自自	元犬半〇
三	声	自自自自	臣引艮〇
		自自自自	君允巽〇

六	声	老冷吕■	龙龙龙龙
		鹿荤离■	龙龙龙龙
		走哉足■	龙龙龙龙
八	音	自在匠■	龙龙龙龙
六	声	草采七■	龙龙龙龙
		曹才全■	龙龙龙龙
		思三星■	龙龙龙龙
九	音	寺□象■	龙龙龙龙
六	声	□□□■	龙龙龙龙
		□□□■	龙龙龙龙
		■山手■	龙龙龙龙
十	音	■士石■	龙龙龙龙
六	声	■□耳■	龙龙龙龙
		■□二■	龙龙龙龙
		■庄震■	龙龙龙龙
十一	音	■乍□■	龙龙龙龙
六	声	■叉赤■	龙龙龙龙
		■崇辰■	龙龙龙龙
		■卓中■	龙龙龙龙
十二	音	■宅直■	龙龙龙龙
六	声	■坼丑■	龙龙龙龙
		■茶呈■	龙龙龙龙

平声翕唱吕二之七

		古甲九癸	〇〇〇〇
一	音	□□近撰	〇〇〇〇
七	声	坤巧丘弃	〇〇〇〇
		□□乾虬	〇〇〇〇

八音四声	自自自自	刀早孝岳		二音七声	黑花香血	○○○○
	自自自自	毛宝报霍			黄华雄贤	○○○○
	自自自自	牛斗奏六			五瓦仰□	○○○○
	自自自自	○○○玉			吾牙月尧	○○○○
八音五声	自自自自	妻子四日		三音七声	安亚乙一	○○○○
	自自自自	衰○帅骨			□爻王寅	○○○○
	自自自自	○○○德			母马美米	○○○○
	自自自自	龟水贵北			目兒眉民	○○○○
八音六声	自自自自	宫孔众○		四音七声	夫法□飞	○○○○
	自自自自	龙甬用○			父凡□吠	○○○○
	自自自自	鱼鼠去○			武晚□尾	○○○○
	自自自自	乌虎兔○			文万□未	○○○○
八音七声	自自自自	心审禁○		五音七声	卜百丙必	○○○○
	自自自自	○○○十			步白葡鼻	○○○○
	自自自自	男坎欠○			普朴品匹	○○○○
	自自自自	○○○妾			旁排平瓶	○○○○
八音八声	自自自自	●●●●		六音七声	东丹帝■	○○○○
	自自自自	●●●●			兑大弟■	○○○○
	自自自自	●●●●			土贪天■	○○○○
	自自自自	●●●●			同覃田■	○○○○
八音九声	自自自自	●●●●		七音七声	乃妳女■	○○○○
	自自自自	●●●●			内南年■	○○○○
	自自自自	●●●●			老冷吕■	○○○○
					鹿荦离■	○○○○
八音十声	自自自自	●●●●		八音七声	走哉足■	○○○○
	自自自自	●●●●			自在匠■	●○○○
	自自自自	●●●●			草采七■	○○○○
					曹才全■	○○○○

开音浊和律二之九

九 音 一 声	寺寺寺寺 多可个舌 寺寺寺寺 禾火化八 寺寺寺寺 开宰爱○ 寺寺寺寺 回每退○	九 音 七 声	思三星■ ○○○○ 寺□象■ ○○○○ □□□■ ○○○○ □□□■ ○○○○

九 音 一 声　寺寺寺寺 多可个舌　　九 音 七 声　思三星■ ○○○○
　　　　　　寺寺寺寺 禾火化八　　　　　　　　　寺□象■ ○○○○
　　　　　　寺寺寺寺 开宰爱○　　　　　　　　　□□□■ ○○○○
　　　　　　寺寺寺寺 回每退○　　　　　　　　　□□□■ ○○○○

九 音 二 声　寺寺寺寺 良两向○　　十 音 七 声　■山手■ ○○○○
　　　　　　寺寺寺寺 光广况○　　　　　　　　　■士石■ ○○○○
　　　　　　寺寺寺寺 丁井旦○　　　　　　　　　■□耳■ ○○○○
　　　　　　寺寺寺寺 兄永莹○　　　　　　　　　■□二■ ○○○○

九 音 三 声　寺寺寺寺 千典旦○　　十一音 七 声　■庄震■ ○○○○
　　　　　　寺寺寺寺 元犬半○　　　　　　　　　■乍□■ ○○○○
　　　　　　寺寺寺寺 臣引艮○　　　　　　　　　■叉赤■ ○○○○
　　　　　　寺寺寺寺 君允巽○　　　　　　　　　■崇辰■ ○○○○

九 音 四 声　寺寺寺寺 刀早孝岳　　十二音 七 声　■卓中■ ○○○○
　　　　　　寺寺寺寺 毛宝报霍　　　　　　　　　■宅直■ ○○○○
　　　　　　寺寺寺寺 牛斗奏六　　　　　　　　　■坼丑■ ○○○○
　　　　　　寺寺寺寺 ○○○玉　　　　　　　　　■茶呈■ ○○○○

平声翕唱吕二之八

九 音 五 声　寺寺寺寺 妻子四日　　一 音 八 声　古甲九癸 ●●●●
　　　　　　寺寺寺寺 衰○帅骨　　　　　　　　　□□近揆 ●●●●
　　　　　　寺寺寺寺 ○○○德　　　　　　　　　坤巧丘弃 ●●●●
　　　　　　寺寺寺寺 龟水贵北　　　　　　　　　□□乾虬 ●●●●

九 音 六 声　寺寺寺寺 宫孔众○　　二 音 八 声　黑花香血 ●●●●
　　　　　　寺寺寺寺 龙甬用○　　　　　　　　　黄华雄贤 ●●●●
　　　　　　寺寺寺寺 鱼鼠去○　　　　　　　　　五瓦仰□ ●●●●
　　　　　　寺寺寺寺 乌虎兔○　　　　　　　　　吾牙月尧 ●●●●

　　　　　　寺寺寺寺 心审禁○　　　　　　　　　安亚乙一 ●●●●
九 音　　　　寺寺寺寺 ○○○十　　三 音　　　　□爻王寅 ●●●●

七 声	寺寺寺寺	男坎欠○
	寺寺寺寺	○○○姜
	寺寺寺寺	●●●●
九 音	寺寺寺寺	●●●●
八 声	寺寺寺寺	●●●●
	寺寺寺寺	●●●●
	寺寺寺寺	●●●●
九 音	寺寺寺寺	●●●●
九 声	寺寺寺寺	●●●●
	寺寺寺寺	●●●●
	寺寺寺寺	●●●●
九 音	寺寺寺寺	●●●●
十 声	寺寺寺寺	●●●●
	寺寺寺寺	●●●●

开音浊和律二之十

	■■■■	多可个舌
十 音	■■■■	禾火化八
一 声	■■■■	开宰爱○
	■■■■	回每退○
	■■■■	良两向○
十 音	■■■■	光广况○
二 声	■■■■	丁井亘○
	■■■■	兄永莹○
	■■■■	千典旦○
十 音	■■■■	元犬半○
三 声	■■■■	臣引艮○
	■■■■	君允巽○

八 声	母马美米	●●●●
	目皃眉民	●●●●
	夫法□飞	●●●●
四 音	父凡□吠	●●●●
八 声	武晚□尾	●●●●
	文万□未	●●●●
	卜百丙必	●●●●
五 音	步白葡鼻	●●●●
八 声	普朴品匹	●●●●
	旁排平瓶	●●●●
	东丹帝■	●●●●
六 音	兑大弟■	●●●●
八 声	土贪天■	●●●●
	同覃田■	●●●●
	乃妳女■	●●●●
七 音	内南年■	●●●●
八 声	老冷吕■	●●●●
	鹿荦离■	●●●●
	走哉足■	●●●●
八 音	自在匠■	●●●●
八 声	草采七■	●●●●
	曹才全■	●●●●
	思三星■	●●●●
九 音	寺□象■	●●●●
八 声	□□□■	●●●●
	□□□■	●●●●

	■■■■	刀早孝岳
十 音	■■■■	毛宝报霍
四 声	■■■■	牛斗奏六
	■■■■	○○○玉
	■■■■	妻子四日
十 音	■■■■	衰○帅骨
五 声	■■■■	○○○德
	■■■■	龟水贵北
	■■■■	宫孔众○
十 音	■■■■	龙甬用○
六 声	■■■■	鱼鼠去○
	■■■■	乌虎兔○
	■■■■	心审禁○
十 音	■■■■	○○○十
七 声	■■■■	男坎欠○
	■■■■	○○○妾
	■■■■	●●●●
十 音	■■■■	●●●●
八 声	■■■■	●●●●
	■■■■	●●●●
十 音	■■■■	●●●●
九 声	■■■■	●●●●
	■■■■	●●●●
十 音	■■■■	●●●●

	■山手■	●●●●
十 音	■土石■	●●●●
八 声	■□耳■	●●●●
	■□二■	●●●●
	■庄震■	●●●●
十一音	■乍□■	●●●●
八 声	■叉赤■	●●●●
	■崇辰■	●●●●
	■卓中■	●●●●
十二音	■宅直■	●●●●
八 声	■坼丑■	●●●●
	■茶呈■	●●●●

平声翕唱吕二之九

	古甲九癸	●●●●
一 音	□□近揆	●●●●
九 声	坤巧丘弃	●●●●
	■■乾虬	●●●●
	黑花香血	●●●●
二 音	黄华雄贤	●●●●
九 声	五瓦仰□	●●●●
	吾牙月尧	●●●●
	安亚乙一	●●●●
三 音	□爻王寅	●●●●
九 声	母马美米	●●●●
	目皃眉民	●●●●
	夫法□飞	●●●●
四 音	父凡□吠	●●●●

十　声	■■■■ ●●●●	九　声	武晚□尾 ●●●●
	■■■■ ●●●●		文万□未 ●●●●

开音浊和律二之十一

	■■■■ 多可个舌		卜百丙必 ●●●●
十一音	■■■■ 禾火化八	五　音	步白葡鼻 ●●●●
一　声	■■■■ 开宰爱○	九　声	普朴品匹 ●●●●
	■■■■ 回每退○		旁排平瓶 ●●●●
	■■■■ 良两向○		东丹帝■ ●●●●
十一音	■■■■ 光广况○	六　音	兑大弟■ ●●●●
二　声	■■■■ 丁井亘○	九　声	土贪天■ ●●●●
	■■■■ 兄永莹○		同覃田■ ●●●●
	■■■■ 千典旦●		乃妳女■ ●●●●
十一音	■■■■ 元犬半○	七　音	内南年■ ●●●●
三　声	■■■■ 臣引艮○	九　声	老冷吕■ ●●●●
	■■■■ 君允巽○		鹿荦离■ ●●●●
	■■■■ 刀早孝岳		走哉足■ ●●●●
十一音	■■■■ 毛宝报霍	八　音	自在匠■ ●●●●
四　声	■■■■ 牛斗奏六	九　声	草采七■ ●●●●
	■■■■ ○○○玉		曹才全■ ●●●●
	■■■■ 妻子四日		思三星■ ●●●●
十一音	■■■■ 衰○帅骨	九　音	寺□象■ ●●●●
五　声	■■■■ ○○○德	九　声	□□□■ ●●●●
	■■■■ 龟水贵北		□□□■ ●●●●
	■■■■ 宫孔众○		■山手● ●●●●
十一音	■■■■ 龙甬用○	十　音	■士石■ ●●●●
六　声	■■■■ 鱼鼠去○	九　声	■□耳● ●●●●
	■■■■ 乌虎兔○		■○二■ ●●●●

■■■■ 心审禁○
十一音 ■■■■ ○○○十
七 声 ■■■■ 男坎欠○
■■■■ ○○○妾

十一音 ■■■■ ●●●●
八 声 ■■■■ ●●●●
■■■■ ●●●●

十一音 ■■■■ ●●●●
九 声 ■■■■ ●●●●
■■■■ ●●●●

十一音 ■■■■ ●●●●
十 声 ■■■■ ●●●●
■■■■ ●●●●

开音浊和律二之十二

■■■■ 多可个舌
十二音 ■■■■ 禾火化八
一 声 ■■■■ 开宰爱○
■■■■ 回每退○
■■■■ 良两向○
十二音 ■■■■ 光广况○
二 声 ■■■■ 丁井亘○
■■■■ 兄永莹○
■■■■ 千典旦○
十二音 ■■■■ 元犬半○

■庄震■ ●●●●
十一音 ■乍□■ ●●●●
九 声 ■叉赤■ ●●●●
■崇辰■ ●●●●

■卓中■ ●●●●
十二音 ■宅直■ ●●●●
九 声 ■坼丑■ ●●●●
■茶呈■ ●●●●

平声翁唱吕二之十

古甲九癸 ●●●●
一 音 □□近揆 ●●●●
十 声 坤巧丘弃 ●●●●
□□乾虬 ●●●●

黑花香血 ●●●●
二 音 黄华雄贤 ●●●●
十 声 五瓦仰□ ●●●●
吾牙月尧 ●●●●

安亚乙一 ●●●●
三 音 □爻王寅 ●●●●
十 声 母马美米 ●●●●
目皃眉民 ●●●●

夫法□飞 ●●●●
四 音 父凡□吠 ●●●●
十 声 武晚□尾 ●●●●
文万□未 ●●●●

卜百丙必 ●●●●
五 音 步白蒲鼻 ●●●●

三 声　■■■■　臣引艮○
　　　　■■■■　君允巽○
　　　　■■■■　刀早孝岳
十二音　■■■■　毛宝报霍
四 声　■■■■　牛斗奏六
　　　　■■■■　○○○玉
　　　　■■■■　妻子四日
十二音　■■■■　衰○帅骨
五 声　■■■■　○○○德
　　　　■■■■　龟水贵北
　　　　■■■■　宫孔众○
十二音　■■■■　龙甬用○
六 声　■■■■　鱼鼠去○
　　　　■■■■　乌虎兔○
　　　　■■■■　心审禁○
十二音　■■■■　○○○十
七 声　■■■■　男坎欠○
　　　　■■■■　○○○姜
　　　　■■■■　●●●●
十二音　■■■■　●●●●
八 声　■■■■　●●●●
　　　　■■■■　●●●●
十二音　■■■■　●●●●
九 声　■■■■　●●●●
　　　　■■■■　●●●●
　　　　■■■■　●●●●
十二音　■■■■　●●●●

十 声　普朴品匹　●●●●
　　　　旁排平瓶　●●●●
　　　　东丹帝■　●●●●
六 音　兑大弟■　●●●●
十 声　土贪天■　●●●●
　　　　同覃田■　●●●●
　　　　乃妳女■　●●●●
七 音　内南年■　●●●●
十 声　老冷吕■　●●●●
　　　　鹿荦离■　●●●●
　　　　走哉足■　●●●●
八 音　自在匠■　●●●●
十 声　草采七■　●●●●
　　　　曹才全■　●●●●
　　　　思三星■　●●●●
九 音　寺□象■　●●●●
十 声　□□□■　●●●●
　　　　□□□■　●●●●
　　　　■山手■　●●●●
十 音　■士石■　●●●●
十 声　■□耳■　●●●●
　　　　■□二■　●●●●
　　　　■庄震■　●●●●
十一音　■乍□■　●●●●
十 声　■叉赤■　●●●●
　　　　■崇辰■　●●●●
　　　　■卓中■　●●●●
十二音　■宅直■　●●●●

十 声 ■■■■ ●●●●
　　　 ■■■■ ●●●●

观物篇之三十七

日星声平辟

开丁臣牛●

鱼男●●●

日星声七,下唱地之用音一百五十二,是谓平声辟音。平声辟音一千六十四。

日星声平之三辟
开音清和律三之一

	坤坤坤坤	多可个舌	
一 音	坤坤坤坤	禾火化八	
一 声	坤坤坤坤	开宰爱○	
	坤坤坤坤	回每退○	
	坤坤坤坤	良两向○	
一 音	坤坤坤坤	光广况○	
二 声	坤坤坤坤	丁井亘○	
	坤坤坤坤	兄永莹○	
	坤坤坤坤	千典旦○	
一 音	坤坤坤坤	元犬半○	
三 声	坤坤坤坤	臣引艮○	
	坤坤坤坤	君允巽○	
	坤坤坤坤	刀早孝岳	
一 音	坤坤坤坤	毛宝报霍	
四 声	坤坤坤坤	牛斗奏六	
	坤坤坤坤	○○○玉	

十 声 ■坏丑■ ●●●●
　　　 ■茶呈■ ●●●●

水土音开清

坤五母武普土

老草□■■■

水土音九,上和天之用声一百一十二,是谓开音清声。开音清声一千八。

水土音开之三清
平声辟唱吕三之一

	古甲九癸	开开开开	
一 音	□□近揆	开开开开	
一 声	坤巧丘弃	开开开开	
	□□乾虬	开开开开	
	黑花香血	开开开开	
二 音	黄华雄贤	开开开开	
一 声	五瓦仰□	开开开开	
	吾牙月尧	开开开开	
	安亚乙一	开开开开	
三 音	□爻王寅	开开开开	
一 声	母马美米	开开开开	
	目兑眉民	开开开开	
	夫法□飞	开开开开	
四 音	父凡□吠	开开开开	
一 声	武晚□尾	开开开开	
	文万□未	开开开开	

		坤坤坤坤	妻子四日
一音	五声	坤坤坤坤	衰〇帅骨
		坤坤坤坤	〇〇〇德
		坤坤坤坤	龟水贵北
		坤坤坤坤	宫孔众〇
一音	六声	坤坤坤坤	龙甬用〇
		坤坤坤坤	鱼鼠去〇
		坤坤坤坤	乌虎兔〇
		坤坤坤坤	心审禁〇
一音	七声	坤坤坤坤	〇〇〇十
		坤坤坤坤	男坎欠〇
		坤坤坤坤	〇〇〇妾
		坤坤坤坤	●●●●
一音	八声	坤坤坤坤	●●●●
		坤坤坤坤	●●●●
		坤坤坤坤	●●●●
		坤坤坤坤	●●●●
一音	九声	坤坤坤坤	●●●●
		坤坤坤坤	●●●●
		坤坤坤坤	●●●●
		坤坤坤坤	●●●●
一音	十声	坤坤坤坤	●●●●
		坤坤坤坤	●●●●

开音清和律三之二

		五五五五	多可个舌
二音	一声	五五五五	禾火化八
		五五五五	开宰爱〇
		五五五五	回每退〇

		卜百丙必	开开开开
五音	一声	步白葡鼻	开开开开
		普朴品匹	开开开开
		旁排平瓶	开开开开
		东丹帝■	开开开开
六音	一声	兑大弟■	开开开开
		土贪天■	开开开开
		同覃田■	开开开开
		乃妳女■	开开开开
七音	一声	内南年■	开开开开
		老冷吕■	开开开开
		鹿荦离■	开开开开
		走哉足■	开开开开
八音	一声	自在匠■	开开开开
		草采七■	开开开开
		曹才全■	开开开开
		思三星■	开开开开
九音	一声	寺〇象■	开开开开
		□□□■	开开开开
		□□□■	开开开开
		■山手■	开开开开
十音	一声	■士石■	开开开开
		■□耳■	开开开开
		■□二■	开开开开
		■庄震■	开开开开
十一音	一声	■乍□■	开开开开
		■叉赤■	开开开开
		■崇辰■	开开开开

		五五五五	良两向○
二 音		五五五五	光广况○
二 声		五五五五	丁井亘○
		五五五五	兄永莹○
		五五五五	千典旦○
二 音		五五五五	元犬半○
三 声		五五五五	臣引艮○
		五五五五	君允巽○
		五五五五	刀早孝岳
二 音		五五五五	毛宝报霍
四 声		五五五五	牛斗奏六
		五五五五	○○○玉
		五五五五	妻子四日
二 音		五五五五	衰○帅骨
五 声		五五五五	○○○德
		五五五五	龟水贵北
		五五五五	宫孔众○
二 音		五五五五	龙甬用○
六 声		五五五五	鱼鼠去○
		五五五五	乌虎兔○
		五五五五	心审禁○
二 音		五五五五	○○○十
七 声		五五五五	男坎欠○
		五五五五	○○○妾
		五五五五	●●●●
二 音		五五五五	●●●●

十二音		■卓中■	开开开开
一 声		■宅直■	开开开开
		■坼丑■	开开开开
		■茶呈■	开开开开

平声辟唱吕三之二

		古甲九癸	丁丁丁丁
一 音		□□近揆	丁丁丁丁
二 声		坤巧丘弃	丁丁丁丁
		□□乾虬	丁丁丁丁
		黑花香血	丁丁丁丁
二 音		黄华雄贤	丁丁丁丁
二 声		五瓦仰□	丁丁丁丁
		吾牙月尧	丁丁丁丁
		安亚乙一	丁丁丁丁
三 音		□爻王寅	丁丁丁丁
二 声		母马美米	丁丁丁丁
		目皃眉民	丁丁丁丁
		夫法□飞	丁丁丁丁
四 音		父凡□吠	丁丁丁丁
二 声		武晚□尾	丁丁丁丁
		文万□未	丁丁丁丁
		卜百丙必	丁丁丁丁
五 音		步白葡鼻	丁丁丁丁
二 声		普朴品匹	丁丁丁丁
		旁排平瓶	丁丁丁丁
		东丹帝■	丁丁丁丁
六 音		兑大弟■	丁丁丁丁

八　声　五五五五　●●●●
　　　　五五五五　●●●●
　　　　五五五五　●●●●
二　音　五五五五　●●●●
九　声　五五五五　●●●●
　　　　五五五五　●●●●
　　　　五五五五　●●●●
二　音　五五五五　●●●●
十　声　五五五五　●●●●
　　　　五五五五　●●●●

开音清和律三之三

　　　　母母母母　多可个舌
三　音　母母母母　禾火化八
一　声　母母母母　开宰爱〇
　　　　母母母母　回每退〇
　　　　母母母母　良两向〇
三　音　母母母母　光广况〇
二　声　母母母母　丁井亘〇
　　　　母母母母　兄永莹〇
　　　　母母母母　千典旦〇
三　音　母母母母　元犬半〇
三　声　母母母母　臣引艮〇
　　　　母母母母　君允巽〇
　　　　母母母母　刀早孝岳
三　音　母母母母　毛宝报霍
四　声　母母母母　牛斗奏六
　　　　母母母母　〇〇〇玉

二　声　土贪天■　丁丁丁丁
　　　　同覃田■　丁丁丁丁
　　　　乃妳女■　丁丁丁丁
七　音　内南年■　丁丁丁丁
二　声　老冷吕■　丁丁丁丁
　　　　鹿荤离■　丁丁丁丁
　　　　走哉足■　丁丁丁丁
八　音　自在匠■　丁丁丁丁
二　声　草采七■　丁丁丁丁
　　　　曹才全■　丁丁丁丁
　　　　思三星■　丁丁丁丁
九　音　寺□象■　丁丁丁丁
二　声　□□□■　丁丁丁丁
　　　　□□□■　丁丁丁丁
　　　　■山手■　丁丁丁丁
十　音　■土石■　丁丁丁丁
二　声　■□耳■　丁丁丁丁
　　　　■□二■　丁丁丁丁
　　　　■庄震■　丁丁丁丁
十一音　■乍□■　丁丁丁丁
二　声　■又赤■　丁丁丁丁
　　　　■崇辰■　丁丁丁丁
　　　　■卓中■　丁丁丁丁
十二音　■宅直■　丁丁丁丁
二　声　■坼丑■　丁丁丁丁
　　　　■茶呈■　丁丁丁丁

	母母母母	妻子四日	
三音	母母母母	衰○帅骨	
五声	母母母母	○○○德	
	母母母母	龟水贵北	

	古甲九癸	臣臣臣臣
一音	□□近揆	臣臣臣臣
三声	坤巧丘弃	臣臣臣臣
	□□乾虬	臣臣臣臣

	母母母母	宫孔众○	
三音	母母母母	龙甬用○	
六声	母母母母	鱼鼠去○	
	母母母母	乌虎兔○	

	黑花香血	臣臣臣臣
二音	黄华雄贤	臣臣臣臣
三声	五瓦仰□	臣臣臣臣
	吾牙月尧	臣臣臣臣

	母母母母	心审禁○	
三音	母母母母	○○○十	
七声	母母母母	男坎欠○	
	母母母母	○○○妾	

	安亚乙一	臣臣臣臣
三音	□爻王寅	臣臣臣臣
三声	母马美米	臣臣臣臣
	目皃眉民	臣臣臣臣

	母母母母	●●●●	
三音	母母母母	●●●●	
八声	母母母母	●●●●	
	母母母母	●●●●	

	夫法□飞	臣臣臣臣
四音	父凡□吠	臣臣臣臣
三声	武晚□尾	臣臣臣臣
	文万□未	臣臣臣臣

	母母母母	●●●●	
三音	母母母母	●●●●	
九声	母母母母	●●●●	
	母母母母	●●●●	

	卜百丙必	臣臣臣臣
五音	步白葡鼻	臣臣臣臣
三声	普朴品匹	臣臣臣臣
	旁排平瓶	臣臣臣臣

	母母母母	●●●●	
三音	母母母母	●●●●	
十声	母母母母	●●●●	
	母母母母	●●●●	

	东丹帝■	臣臣臣臣
六音	兑大弟■	臣臣臣臣
三声	土贪天■	臣臣臣臣
	同覃田■	臣臣臣臣

开音清和律三之四

	武武武武	多可个舌	
四音	武武武武	禾火化八	

	乃妳女■	臣臣臣臣
七音	内南年■	臣臣臣臣

一 声	武武武武	开宰爱〇
	武武武武	回每退〇
	武武武武	良两向〇
四 音	武武武武	光广况〇
二 声	武武武武	丁井亘〇
	武武武武	兄永莹〇
	武武武武	千典旦〇
四 音	武武武武	元犬半〇
三 声	武武武武	臣引艮〇
	武武武武	君允巽〇
	武武武武	刀早孝岳
四 音	武武武武	毛宝报霍
四 声	武武武武	牛斗奏六
	武武武武	〇〇〇玉
	武武武武	妻子四日
四 音	武武武武	衰〇帅骨
五 声	武武武武	〇〇〇德
	武武武武	龟水贵北
	武武武武	宫孔众〇
四 音	武武武武	龙甬用〇
六 声	武武武武	鱼鼠去〇
	武武武武	乌虎兔〇
	武武武武	心审禁〇
四 音	武武武武	〇〇〇十
七 声	武武武武	男坎欠〇
	武武武武	〇〇〇妾

三 声	老冷吕■	臣臣臣臣
	鹿荦离■	臣臣臣臣
	走哉足■	臣臣臣臣
八 音	自在匠■	臣臣臣臣
三 声	草采七■	臣臣臣臣
	曹才全■	臣臣臣臣
	思三星■	臣臣臣臣
九 音	寺□象■	臣臣臣臣
三 声	□□□■	臣臣臣臣
	□□□■	臣臣臣臣
	■山手■	臣臣臣臣
十 音	■土石■	臣臣臣臣
三 声	■□耳■	臣臣臣臣
	■□二■	臣臣臣臣
	■庄震■	臣臣臣臣
十一音	■乍□■	臣臣臣臣
三 声	■叉赤■	臣臣臣臣
	■崇辰■	臣臣臣臣
	■卓中■	臣臣臣臣
十二音	■宅直■	臣臣臣臣
三 声	■坼丑■	臣臣臣臣
	■茶呈■	臣臣臣臣

平声辟唱吕三之四

	古甲九癸	牛牛牛牛
一 音	□□近揆	牛牛牛牛
四 声	坤巧丘弃	牛牛牛牛
	□□乾虬	牛牛牛牛

四音八声 武武武武 ●●●●
武武武武 ●●●●
武武武武 ●●●●
武武武武 ●●●●

四音九声 武武武武 ●●●●
武武武武 ●●●●
武武武武 ●●●●

四音十声 武武武武 ●●●●
武武武武 ●●●●
武武武武 ●●●●

二音四声 黑花香血 牛牛牛牛
黄华雄贤 牛牛牛牛
五瓦仰□ 牛牛牛牛
吾牙月尧 牛牛牛牛

三音四声 安亚乙一 牛牛牛牛
□爻王寅 牛牛牛牛
母马美米 牛牛牛牛
目皃眉民 牛牛牛牛

四音四声 夫法□飞 牛牛牛牛
父凡□吠 牛牛牛牛
武晚□尾 牛牛牛牛
文万□未 牛牛牛牛

开音清和律三之五

五音一声 普普普普 多可个舌
普普普普 禾火化八
普普普普 开宰爱○
普普普普 回每退○

五音二声 普普普普 良两向○
普普普普 光广况○
普普普普 丁井亘○
普普普普 兄永莹○

五音三声 普普普普 千典旦○
普普普普 元犬半○
普普普普 臣引艮○
普普普普 君允巽○

五音四声 普普普普 刀早孝岳
普普普普 毛宝报霍
普普普普 牛斗奏六
普普普普 ○○○玉

五音四声 卜百丙必 牛牛牛牛
步白葡鼻 牛牛牛牛
普朴品匹 牛牛牛牛
旁排平瓶 牛牛牛牛

六音四声 东丹帝■ 牛牛牛牛
兑大弟■ 牛牛牛牛
土贪天■ 牛牛牛牛
同覃田■ 牛牛牛牛

七音四声 乃妳女■ 牛牛牛牛
内南年■ 牛牛牛牛
老冷吕■ 牛牛牛牛
鹿荤离■ 牛牛牛牛

八音四声 走哉足■ 牛牛牛牛
自在匠■ 牛牛牛牛
草采七■ 牛牛牛牛
曹才全■ 牛牛牛牛

<table>
<tr><td>五　音</td><td rowspan="4"></td><td>普普普普</td><td>妻子四日</td><td>九　音</td><td rowspan="4"></td><td>思三星■</td><td>牛牛牛牛</td></tr>
</table>

五　音		普普普普	妻子四日	九　音		思三星■	牛牛牛牛
五　声		普普普普	衰○帅骨	四　声		寺□象■	牛牛牛牛
		普普普普	○○○德			□□□■	牛牛牛牛
		普普普普	龟水贵北			□□□■	牛牛牛牛
五　音		普普普普	宫孔众○	十　音		■山手■	牛牛牛牛
六　声		普普普普	龙甬用○	四　声		■士石■	牛牛牛牛
		普普普普	鱼鼠去○			■□耳■	牛牛牛牛
		普普普普	乌虎兔○			■□二■	牛牛牛牛
五　音		普普普普	心审禁○	十一音		■庄震■	牛牛牛牛
七　声		普普普普	○○○十	四　声		■牛□■	牛牛牛牛
		普普普普	男坎欠○			■叉赤■	牛牛牛牛
		普普普普	○○○妾			■崇辰■	牛牛牛牛
五　音		普普普普	●●●●	十二音		■卓中■	牛牛牛牛
八　声		普普普普	●●●●	四　声		■宅直■	牛牛牛牛
		普普普普	●●●●			■坼丑■	牛牛牛牛
						■茶呈■	牛牛牛牛

平声辟唱吕三之五

五　音		普普普普	●●●●	一　音		古甲九癸	○○○○
九　声		普普普普	●●●●	五　声		□□近揆	○○○○
		普普普普	●●●●			坤巧丘弃	○○○○
						□□乾虬	○○○○
五　音		普普普普	●●●●	二　音		黑花香血	○○○○
十　声		普普普普	●●●●	五　声		黄华雄贤	○○○○
		普普普普	●●●●			五瓦仰□	○○○○
						吾牙月尧	○○○○

开音清和律三之六

六　音		土土土土	多可个舌	三　音		安亚乙一	○○○○
		土土土土	禾火化八			□爻王寅	○○○○

一 声	土土土土	开宰爱○		五 声	母马美米	○○○○
	土土土土	回每退○			目皃眉民	○○○○
	土土土土	良两向○			夫法□飞	○○○○
六 音	土土土土	光广况○		四 音	父凡□吠	○○○○
二 声	土土土土	丁井亘○		五 声	武晚□尾	○○○○
	土土土土	兄永莹○			文万□未	○○○○
	土土土土	千典旦○			卜百丙必	○○○○
六 音	土土土土	元犬半○		五 音	步白葡鼻	○○○○
三 声	土土土土	臣引艮○		五 声	普朴品匹	○○○○
	土土土土	君允巽○			旁排平瓶	○○○○
	土土土土	刀早孝岳			东丹帝■	○○○○
六 音	土土土土	毛宝报霍		六 音	兑大弟■	○○○○
四 声	土土土土	牛斗奏六		五 声	土贪天■	○○○○
	土土土土	○○○玉			同覃田■	○○○○
	土土土土	妻子四日			乃妳女■	○○○○
六 音	土土土土	衰○帅骨		七 音	内南年■	○○○○
五 声	土土土土	○○○德		五 声	老冷吕■	○○○○
	土土土土	龟水贵北			鹿荦离■	○○○○
	土土土土	宫孔众○			走哉足■	○○○○
六 音	土土土土	龙甬用○		八 音	自在匠■	○○○○
六 声	土土土土	鱼鼠去○		五 声	草采七■	○○○○
	土土土土	乌虎兔○			曹才全■	○○○○
	土土土土	心审禁○			思三星■	○○○○
六 音	土土土土	○○○十		九 音	寺□象■	○○○○
七 声	土土土土	男坎欠○		五 声	□□□■	○○○○
	土土土土	○○○妾			□□□■	○○○○
	土土土土	●●●●			■山手■	○○○○
六 音	土土土土	●●●●		十 音	■土石■	○○○○

八　声	土土土土	●●●●		五　声	■□耳■	○○○○
	土土土土	●●●●			■□二■	○○○○
	土土土土	●●●●			■庄震■	○○○○
六　音	土土土土	●●●●		十一音	■乍□■	○○○○
九　声	土土土土	●●●●		五　声	■又赤■	○○○○
	土土土土	●●●●			■崇辰■	○○○○
	土土土土	●●●●			■卓中■	○○○○
六　音	土土土土	●●●●		十二音	■宅直■	○○○○
十　声	土土土土	●●●●		五　声	■坼丑■	○○○○
	土土土土	●●●●			■茶呈■	○○○○

开音清和律三之七　平声辟唱吕三之六

	老老老老	多可个舌			古甲九癸	鱼鱼鱼鱼
七　音	老老老老	禾火化八	一　音		□□近揆	鱼鱼鱼鱼
一　声	老老老老	开宰爱○	六　声		坤巧丘弃	鱼鱼鱼鱼
	老老老老	回每退○			□□乾虬	鱼鱼鱼鱼
	老老老老	良两向○			黑花香血	鱼鱼鱼鱼
七　音	老老老老	光广况○	二　音		黄华雄贤	鱼鱼鱼鱼
二　声	老老老老	丁井亘○	六　声		五瓦仰□	鱼鱼鱼鱼
	老老老老	兄永莹○			吾牙月尧	鱼鱼鱼鱼
	老老老老	千典旦○			安亚乙一	鱼鱼鱼鱼
七　音	老老老老	元犬半○	三　音		□爻王寅	鱼鱼鱼鱼
三　声	老老老老	臣引艮○	六　声		母马美米	鱼鱼鱼鱼
	老老老老	君允巽○			目兒眉民	鱼鱼鱼鱼
	老老老老	刀早孝岳			夫法□飞	鱼鱼鱼鱼
七　音	老老老老	毛宝报霍	四　音		父凡□吠	鱼鱼鱼鱼
四　声	老老老老	牛斗奏六	六　声		武晚□尾	鱼鱼鱼鱼
	老老老老	○○○玉			文万□未	鱼鱼鱼鱼
	老老老老	妻子四日			卜百丙必	鱼鱼鱼鱼
七　音	老老老老	衰○帅骨	五　音		步白葡鼻	鱼鱼鱼鱼

五 声	老老老老	○○○德		六 声	普朴品匹	鱼鱼鱼鱼
	老老老老	龟水贵北			旁排平瓶	鱼鱼鱼鱼
	老老老老	宫孔众○			东丹帝■	鱼鱼鱼鱼
七 音	老老老老	龙甬用○		六 音	兑大弟■	鱼鱼鱼鱼
六 声	老老老老	鱼鼠去○		六 声	土贪天■	鱼鱼鱼鱼
	老老老老	乌虎兔○			同覃田■	鱼鱼鱼鱼
	老老老老	心审禁○			乃妳女■	鱼鱼鱼鱼
七 音	老老老老	○○○十		七 音	内南年■	鱼鱼鱼鱼
七 声	老老老老	男坎欠○		六 声	老冷吕■	鱼鱼鱼鱼
	老老老老	○○○妾			鹿荦离■	鱼鱼鱼鱼
	老老老老	●●●●			走哉足■	鱼鱼鱼鱼
七 音	老老老老	●●●●		八 音	自在匠■	鱼鱼鱼鱼
八 声	老老老老	●●●●		六 声	草采七■	鱼鱼鱼鱼
	老老老老	●●●●			曹才全■	鱼鱼鱼鱼
	老老老老	●●●●			思三星■	鱼鱼鱼鱼
七 音	老老老老	●●●●		九 音	寺□象■	鱼鱼鱼鱼
九 声	老老老老	●●●●		六 声	□□□■	鱼鱼鱼鱼
	老老老老	●●●●			□□□■	鱼鱼鱼鱼
	老老老老	●●●●			■山手■	鱼鱼鱼鱼
七 音	老老老老	●●●●		十 音	■士石■	鱼鱼鱼鱼
十 声	老老老老	●●●●		六 声	■□耳■	鱼鱼鱼鱼
	老老老老	●●●●			■□二■	鱼鱼鱼鱼

开音清和律三之八

	草草草草	多可个舌			■庄震■	鱼鱼鱼鱼
八 音	草草草草	禾火化八		十一音	■乍□■	鱼鱼鱼鱼
一 声	草草草草	开宰爱○		六 声	■叉赤■	鱼鱼鱼鱼
	草草草草	回每退○			■崇辰■	鱼鱼鱼鱼
	草草草草	良两向○			■卓中■	鱼鱼鱼鱼
八 音	草草草草	光广况○		十二音	■宅直■	鱼鱼鱼鱼

二	声	草草草草	丁井亘○
		草草草草	兄永莹○
		草草草草	千典旦○
八	音	草草草草	元犬半○
三	声	草草草草	臣引艮○
		草草草草	君允巽○
		草草草草	刀早孝岳
八	音	草草草草	毛宝报霍
四	声	草草草草	牛斗奏六
		草草草草	○○○玉
		草草草草	妻子四日
八	音	草草草草	衰○帅骨
五	声	草草草草	○○○德
		草草草草	龟水贵北
		草草草草	宫孔众○
八	音	草草草草	龙甬用○
六	声	草草草草	鱼鼠去○
		草草草草	乌虎兔○
		草草草草	心审禁○
八	音	草草草草	○○○十
七	声	草草草草	男坎欠○
		草草草草	○○○妾
		草草草草	●●●●
八	音	草草草草	●●●●
八	声	草草草草	●●●●
		草草草草	●●●●
八	音	草草草草	●●●●

六	声	■圻丑■	鱼鱼鱼鱼
		■茶呈■	鱼鱼鱼鱼

平声辟唱吕三之七

		古甲九癸	男男男男
一	音	□□近揆	男男男男
七	声	坤巧丘弃	男男男男
		□□乾虬	男男男男
		黑花香血	男男男男
二	音	黄华雄贤	男男男男
七	声	五瓦仰□	男男男男
		吾牙月尧	男男男男
		安亚乙一	男男男男
三	音	□爻王寅	男男男男
七	声	母马美米	男男男男
		目皃眉民	男男男男
		夫法□飞	男男男男
四	音	父凡□吠	男男男男
七	声	武晚□尾	男男男男
		文万□未	男男男男
		卜百丙必	男男男男
五	音	步白葡鼻	男男男男
七	声	普朴品匹	男男男男
		旁排平瓶	男男男男
		东丹帝■	男男男男
六	音	兑大弟■	男男男男
七	声	土贪天■	男男男男
		同覃田■	男男男男
		乃妳女■	男男男男
七	音	内南年■	男男男男

九 声	草草草草	●●●●		七 声	老冷吕■	男男男男
	草草草草	●●●●			鹿荤离■	男男男男
	草草草草	●●●●			走哉足■	男男男男
八 音	草草草草	●●●●		八 音	自在匠■	男男男男
十 声	草草草草	●●●●		七 声	草采七■	男男男男
	草草草草	●●●●			曹才全■	男男男男

开音清和律三之九

	□□□□	多可个舌			思三星■	男男男男
九 音	□□□□	禾火化八		九 音	寺□象■	男男男男
一 声	□□□□	开宰爱○		七 声	□□□■	男男男男
	□□□□	四每退○			□□□■	男男男男
	□□□□	良两向○			■山手■	男男男男
九 音	□□□□	光广况○		十 音	■士石■	男男男男
二 声	□□□□	丁井亘○		七 声	■□耳■	男男男男
	□□□□	兄永莹○			■□二■	男男男男
	□□□□	千典旦○			■庄震■	男男男男
九 音	□□□□	元犬半○		十一音	■乍□■	男男男男
三 声	□□□□	臣引艮○		七 声	■又赤■	男男男男
	□□□□	君允巽○			■崇辰■	男男男男
	□□□□	刀早孝岳			■卓中■	男男男男
九 音	□□□□	毛宝报霍		十二音	■宅直■	男男男男
四 声	□□□□	牛斗奏六		七 声	■拆丑■	男男男男
	□□□□	○○○玉			■茶呈■	男男男男

平声辟唱吕三之八

	□□□□	妻子四日			古甲九癸	●●●●
九 音	□□□□	衰○帅骨		一 音	□□近揆	●●●●
五 声	□□□□	○○○德		八 声	坤巧血弃	●●●●
	□□□□	龟水贵北			□□乾虬	●●●●

```
　　　　□□□□　宫孔众〇　　　　　　黑花香血　●●●●
九　音　□□□□　龙甬用〇　　二　音　黄华雄贤　●●●●
六　声　□□□□　鱼鼠去〇　　八　声　五瓦仰□　●●●●
　　　　□□□□　乌虎兔〇　　　　　　吾牙月尧　●●●●

　　　　□□□□　心审禁〇　　　　　　安亚乙一　●●●●
九　音　□□□□　〇〇〇十　　三　音　□爻王寅　●●●●
七　声　□□□□　男坎欠〇　　八　声　母马美米　●●●●
　　　　□□□□　〇〇〇妾　　　　　　目兑眉民　●●●●

　　　　□□□□　●●●●　　　　　　夫法□飞　●●●●
九　音　□□□□　●●●●　　四　音　父凡□吠　●●●●
八　声　□□□□　●●●●　　八　声　武晚□尾　●●●●
　　　　□□□□　●●●●　　　　　　文万□未　●●●●

　　　　□□□□　●●●〇　　　　　　卜百丙必　●●●●
九　音　□□□□　●●●〇　　五　音　步白葡鼻　●●●●
九　声　□□□□　●●●〇　　八　声　普朴品匹　●●●●
　　　　□□□□　●●●〇　　　　　　旁排平瓶　●●●●

　　　　□□□□　●●●〇　　　　　　东丹帝■　●●●●
九　音　□□□□　●●●〇　　六　音　兑大弟■　●●●●
十　声　□□□□　●●●〇　　八　声　土贪天■　●●●●
　　　　□□□□　●●●〇　　　　　　同覃田■　●●●●
```

开音清和律三之十

```
　　　　■■■■　多可个舌　　　　　　乃妳女■　●●●●
十　音　■■■■　禾火化八　　七　音　内南年■　●●●●
一　声　■■■■　开宰爱〇　　八　声　老冷吕■　●●●●
　　　　■■■■　回每退〇　　　　　　鹿荤离■　●●●●
　　　　■■■■　良两向〇　　　　　　走哉足■　●●●●
十　音　■■■■　光广况〇　　八　音　自在匠■　●●●●
```

二 声 ■■■■ 丁井亘○
　　　 ■■■■ 兄永莹○
　　　 ■■■■ 千典旦○
十 音 ■■■■ 元犬半○
三 声 ■■■■ 臣引艮○
　　　 ■■■■ 君允巽○
　　　 ■■■■ 刀早孝岳
十 音 ■■■■ 毛宝报霍
四 声 ■■■■ 牛斗奏六
　　　 ■■■■ ○○○玉
　　　 ■■■■ 妻子四日
十 音 ■■■■ 衰○帅骨
五 声 ■■■■ ○○○德
　　　 ■■■■ 龟水贵北
　　　 ■■■■ 宫孔众○
十 音 ■■■■ 龙甬用○
六 声 ■■■■ 鱼鼠去○
　　　 ■■■■ 乌虎兔○

　　　 ■■■■ 心审禁○
十 音 ■■■■ ○○○十
七 声 ■■■■ 男坎欠○
　　　 ■■■■ ○○○妾
　　　 ■■■■ ●●●●
十 音 ■■■■ ●●●●
八 声 ■■■■ ●●●●
　　　 ■■■■ ●●●●
　　　 ■■■■ ●●●●
十 音 ■■■■ ●●●●

八 声 草采七■ ●●●●
　　　 曹才全■ ●●●●
　　　 思三星■ ●●●●
九 音 寺□象■ ●●●●
八 声 □□□■ ●●●●
　　　 □□□■ ●●●●
　　　 ■山手■ ●●●●
十 音 ■土石■ ●●●●
八 声 ■□耳■ ●●●●
　　　 ■□二■ ●●●●
　　　 ■庄震■ ●●●●
十一音 ■乍□■ ●●●●
八 声 ■叉赤■ ●●●●
　　　 ■崇辰■ ●●●●
　　　 ■卓中■ ●●●●
十二音 ■宅直■ ●●●●
八 声 ■坼丑■ ●●●●
　　　 ■茶呈■ ●●●●

平声辟唱吕三之九

　　　 古甲九癸 ●●●●
一 音 □□近揆 ●●●●
九 声 坤巧丘弃 ●●●●
　　　 □□乾虬 ●●●●
　　　 黑花香血 ●●●●
二 音 黄华雄贤 ●●●●
九 声 五瓦仰□ ●●●●
　　　 吾牙月尧 ●●●●
　　　 安亚乙一 ●●●●
三 音 □爻王寅 ●●●●

九　声	■■■■	●●●●	
	■■■■	●●●●	
	■■■■	●●●●	
十　音	■■■■	●●●●	
十　声	■■■■	●●●●	
	■■■■	●●●●	

开音清和律三之十一

	■■■■	多可个舌
十一音	■■■■	禾火化八
一　声	■■■■	开宰爱〇
	■■■■	回每退〇
	■■■■	良两向〇
十一音	■■■■	光广况〇
二　声	■■■■	丁井亘〇
	■■■■	兄永莹〇
	■■■■	千典旦〇
十一音	■■■■	元犬半〇
三　声	■■■■	臣引艮〇
	■■■■	君允巽〇
	■■■■	刀早孝岳
十一音	■■■■	毛宝报霍
四　声	■■■■	牛斗奏六
	■■■■	〇〇〇玉
	■■■■	妻子四日
十一音	■■■■	衰〇帅骨
五　声	■■■■	〇〇〇德
	■■■■	龟水贵北

九　声	母马美米	●●●●
	目兒眉民	●●●●
	夫法□飞	●●●●
四　音	父凡□吠	●●●●
九　声	武晚□尾	●●●●
	文万□未	●●●●
	卜百丙必	●●●●
五　音	步白葡鼻	●●●●
九　声	普朴品匹	●●●●
	旁排平瓶	●●●●
	东丹帝■	●●●●
六　音	兑大弟■	●●●●
九　声	土贪天■	●●●●
	同覃田■	●●●●
	乃妳女■	●●●●
七　音	内南年■	●●●●
九　声	老冷吕■	●●●●
	鹿荤离■	●●●●
	走哉足■	●●●●
八　音	自在匠■	●●●●
九　声	草采七■	●●●●
	曹才全■	●●●●
	思三星■	●●●●
九　音	寺□象■	●●●●
九　声	□□□■	●●●●
	□□□■	●●●●

■■■■　宫孔众○
十一音　■■■■　龙甬用○
六　声　■■■■　鱼鼠去○
　　　　■■■■　乌虎兔○

　　　　■■■■　心审禁○
十一音　■■■■　○○○十
七　声　■■■■　男坎欠○
　　　　■■■■　○○○妾

　　　　■■■■　●●●●
十一音　■■■■　●●●●
八　声　■■■■　●●●●
　　　　■■■■　●●●●

　　　　■■■■　●●●●
十一音　■■■■　●●●●
九　声　■■■■　●●●●
　　　　■■■■　●●●●

　　　　■■■■　●●●●
十一音　■■■■　●●●●
十　声　■■■■　●●●●
　　　　■■■■　●●●●

开音清和律三之十二

　　　　■■■■　多可个舌
十二音　■■■■　禾火化八
一　声　■■■■　开宰爱○
　　　　■■■■　回每退○

　　　　■■■■　良两向○
十二音　■■■■　光广况○

　　　　■山手■　●●●●
十　音　■士石■　●●●●
九　声　■□耳■　●●●●
　　　　■□二■　●●●●

　　　　■庄震■　●●●●
十一音　■乍□■　●●●●
九　声　■叉赤■　●●●●
　　　　■崇辰■　●●●●

　　　　■卓中■　●●●●
十二音　■宅直■　●●●●
九　声　■圻丑■　●●●●
　　　　■茶呈■　●●●●

平声辟唱吕三之十

　　　　古甲九癸　●●●●
一　音　□□近揆　●●●●
十　声　坤巧丘弃　●●●●
　　　　□□乾虬　●●●●

　　　　黑花香血　●●●●
二　音　黄华雄贤　●●●●
十　声　五瓦仰□　●●●●
　　　　吾牙月尧　●●●●

　　　　安亚乙一　●●●●
三　音　□爻王寅　●●●●
十　声　母马美米　●●●●
　　　　目皃眉民　●●●●

　　　　夫法□飞　●●●●
四　音　父凡□吠　●●●●

二　声	■■■■	丁井亘〇
	■■■■	兄永莹〇
	■■■■	千典旦〇
十二音	■■■■	元犬半〇
三　声	■■■■	臣引艮〇
	■■■■	君允巽〇
	■■■■	刀早孝岳
十二音	■■■■	毛宝报霍
四　声	■■■■	牛斗奏六
	■■■■	〇〇〇玉
	■■■■	妻子四日
十二音	■■■■	衰〇帅骨
五　声	■■■■	〇〇〇德
	■■■■	龟水贵北
	■■■■	宫孔众〇
十二音	■■■■	龙甬用〇
六　声	■■■■	鱼鼠去〇
	■■■■	乌虎兔〇
	■■■■	心审禁〇
十二音	■■■■	〇〇〇十
七　声	■■■■	男坎欠〇
	■■■■	〇〇〇妾
	■■■■	●●●●
十二音	■■■■	●●●●
八　声	■■■■	●●●●
	■■■■	●●●●
十二音	■■■■	●●●●

十　声	武晚□尾	●●●●
	文万□未	●●●●
	卜百丙必	●●●●
五　音	步白葡鼻	●●●●
十　声	普朴品匹	●●●●
	旁排平瓶	●●●●
	东丹帝■	●●●●
六　音	兑大弟■	●●●●
十　声	土贪天■	●●●●
	同覃田■	●●●●
	乃妳女■	●●●●
七　音	内南年■	●●●●
十　声	老冷吕■	●●●●
	鹿荦离■	●●●●
	走哉足■	●●●●
八　音	自在匠■	●●●●
十　声	草采七■	●●●●
	曹才全■	●●●●
	思三星■	●●●●
九　音	寺□象■	●●●●
十　声	□□□■	●●●●
	□□□■	●●●●
	■山手■	●●●●
十　音	■士石■	●●●●
十　声	■□耳	●●●●
	■□二■	●●●●
	■庄震	●●●●
十一音	■乍□■	●●●●

九 声 ■■■■ ●●●● 　　十 声 ■叉赤■ ●●●●
　　　 ■■■■ ●●●● 　　　　 ■崇辰■ ●●○●
　　　 　 ■■■ ●●●● 　　　　 ■卓中■ ●●●●
十二音 ■■■■ ●●●● 　十二音 ■宅直■ ●●●●
十 声 ■■■■ ●●●● 　　十 声 ■坏丑■ ●●●●
　　　 ■■■■ ●●●● 　　　　 ■茶呈■ ●●●●

观物篇之三十八

日辰声平翕

回兄君○龟

乌●●●●

　日辰声七,下唱地之用音一百五十
二,是谓平声翕音。平声翕音一千
六十四。

日辰声平之四翕

开音浊和律四之一

	□□□□	多可个舌
一 音	□□□□	禾火化八
一 声	□□□□	开宰爱○
	□□□□	回每退○
	□□□□	良两向○
一 音	□□□□	光广况○
二 声	□□□□	丁井亘○
	□□□□	兄永莹○
	□□□□	千典旦○
一 音	□□□□	元犬半○
三 声	□□□□	臣引艮○
	□□□□	君允巽○

水石音开浊

□吾目文旁同

鹿曹□■■■

　水石音九,上和天之用声一百一十
二,是谓开音浊声。开音浊声一
千八。

水石音开之四浊

平声翕唱吕四之一

	古甲九癸	回回回回
一 音	□□近揆	回回回回
一 声	坤巧丘弃	回回回回
	□□乾虬	回回回回
	黑花香血	回回回回
二 音	黄华雄贤	回回回回
一 声	五瓦仰□	回回回回
	吾牙月尧	回回回回
	安亚乙一	回回回回
三 音	□爻王寅	回回回回
一 声	母马美米	回回回回
	目皃眉民	回回回回

一音 四声	□□□□	刀早孝岳	
	□□□□	毛宝报霍	
	□□□□	牛斗奏六	
	□□□□	○○○玉	
一音 五声	□□□□	妻子四日	
	□□□□	衰○帅骨	
	□□□□	○○○德	
	□□□□	龟水贵北	
一音 六声	□□□□	宫孔众○	
	□□□□	龙甬用○	
	□□□□	鱼鼠去○	
	□□□□	乌虎兔○	
一音 七声	□□□□	心审禁○	
	□□□□	○○○十	
	□□□□	男坎欠○	
	□□□□	○○○妾	
一音 八声	□□□□	●●●●	
	□□□□	●●●●	
	□□□□	●●●●	
	□□□□	●●●●	
一音 九声	□□□□	●●●●	
	□□□□	●●●●	
	□□□□	●●●●	
	□□□□	●●●●	
一音 十声	□□□□	●●●●	
	□□□□	●●●●	
	□□□□	●●●●	

四音 一声	夫法□飞	回回回回	
	父凡□吠	回回回回	
	武晚□尾	回回回回	
	文万□未	回回回回	
五音 一声	卜百丙必	回回回回	
	步白葡鼻	回回回回	
	普朴品匹	回回回回	
	旁排平瓶	回回回回	
六音 一声	东丹帝■	回回回回	
	兑大弟■	回回回回	
	土贪天■	回回回回	
	同覃田■	回回回回	
七音 一声	乃妳女■	回回回回	
	内南年■	回回回回	
	老冷吕■	回回回回	
	鹿荦离■	回回回回	
八音 一声	走哉足■	回回回回	
	自在匠■	回回回回	
	草采七■	回回回回	
	曹才全■	回回回回	
九音 一声	思三星■	回回回回	
	寺□象■	回回回回	
	□□□■	回回回回	
	□□□■	回回回回	
十音 一声	■山手■	回回回回	
	■士石■	回回回回	
	■□耳■	回回回回	
	■□二■	回回回回	

开音浊和律四之二

	吾吾吾吾	多可个舌	
二　音	吾吾吾吾	禾火化八	
一　声	吾吾吾吾	开宰爱○	
	吾吾吾吾	回每退○	
	吾吾吾吾	良两向○	
二　音	吾吾吾吾	光广况○	
二　声	吾吾吾吾	丁井亘○	
	吾吾吾吾	兄永莹○	
	吾吾吾吾	千典旦○	
二　音	吾吾吾吾	元犬半○	
三　声	吾吾吾吾	臣引艮○	
	吾吾吾吾	君允巽○	
	吾吾吾吾	刀早孝岳	
二　音	吾吾吾吾	毛宝报霍	
四　声	吾吾吾吾	牛斗奏六	
	吾吾吾吾	○○○玉	
	吾吾吾吾	妻子四日	
二　音	吾吾吾吾	衰○帅骨	
五　声	吾吾吾吾	○○○德	
	吾吾吾吾	龟水贵北	
	吾吾吾吾	宫孔众○	
二　音	吾吾吾吾	龙甬用○	
六　声	吾吾吾吾	鱼鼠去○	
	吾吾吾吾	乌虎兔○	
	吾吾吾吾	心审禁○	
二　音	吾吾吾吾	○○○十	

	■庄震■	回回回回	
十一音	■乍□■	回回回回	
一　声	■叉赤■	回回回回	
	■崇辰■	回回回回	
	■卓中■	回回回回	
十二音	■宅直■	回回回回	
一　声	■坼丑■	回回回回	
	■茶呈■	回回回回	

平声翕唱吕四之二

	古甲九癸	兄兄兄兄	
一　音	□□近揆	兄兄兄兄	
二　声	坤巧丘弃	兄兄兄兄	
	□□乾虬	兄兄兄兄	
	黑花香血	兄兄兄兄	
二　音	黄华雄贤	兄兄兄兄	
二　声	五瓦仰□	兄兄兄兄	
	吾牙月尧	兄兄兄兄	
	安亚乙一	兄兄兄兄	
三　音	□爻王寅	兄兄兄兄	
二　声	母马美米	兄兄兄兄	
	目兒眉民	兄兄兄兄	
	夫法□飞	兄兄兄兄	
四　音	父凡□吠	兄兄兄兄	
二　声	武晚□尾	兄兄兄兄	
	文万□未	兄兄兄兄	
	卜百丙必	兄兄兄兄	
五　音	步白葡鼻	兄兄兄兄	

七	声	吾吾吾吾	男坎欠〇
		吾吾吾吾	〇〇〇妾
		吾吾吾吾	●●●●
二	音	吾吾吾吾	●●●●
八	声	吾吾吾吾	●●●●
		吾吾吾吾	●●●●
		吾吾吾吾	●●●●
二	音	吾吾吾吾	●●●●
九	声	吾吾吾吾	●●●●
		吾吾吾吾	●●●●
		吾吾吾吾	●●●●
二	音	吾吾吾吾	●●●●
十	声	吾吾吾吾	●●●●
		吾吾吾吾	●●●●

开音浊和律四之三

三	音	目目目目	多可个舌
		目目目目	禾火化八
一	声	目目目目	开宰爱〇
		目目目目	回每退〇
		目目目目	良两向〇
三	音	目目目目	光广况〇
二	声	目目目目	丁井亘〇
		目目目目	兄永莹〇
		目目目目	千典旦〇
三	音	目目目目	元犬半〇
三	声	目目目目	臣引艮〇
		目目目目	君允巽〇

二	声	普朴品匹	兄兄兄兄
		旁排平瓶	兄兄兄兄
		东丹帝■	兄兄兄兄
六	音	兑大弟■	兄兄兄兄
二	声	土贪天■	兄兄兄兄
		同覃田■	兄兄兄兄
		乃妳女■	兄兄兄兄
七	音	内南年■	兄兄兄兄
二	声	老冷吕■	兄兄兄兄
		鹿荦离■	兄兄兄兄
		走哉足■	兄兄兄兄
八	音	自在匠■	兄兄兄兄
二	声	草采七■	兄兄兄兄
		曹才全■	兄兄兄兄
		思三星■	兄兄兄兄
九	音	寺□象■	兄兄兄兄
二	声	□□□■	兄兄兄兄
		□□□■	兄兄兄兄
		■山手■	兄兄兄兄
十	音	■士石■	兄兄兄兄
二	声	■□耳■	兄兄兄兄
		■□二■	兄兄兄兄
		■庄震■	兄兄兄兄
十一	音	■乍□■	兄兄兄兄
二	声	■叉赤■	兄兄兄兄
		■崇辰■	兄兄兄兄

		目目目目	刀早孝岳
三音		目目目目	毛宝报霍
四声		目目目目	牛斗奏六
		目目目目	○○○玉
		目目目目	妻子四日
三音		目目目目	衰○帅骨
五声		目目目目	○○○德
		目目目目	龟水贵北
		目目目目	宫孔众○
三音		目目目目	龙甬用○
六声		目目目目	鱼鼠去○
		目目目目	乌虎兔○
		目目目目	心审禁○
三音		目目目目	○○○十
七声		目目目目	男坎欠○
		目目目目	○○○妾
		目目目目	●●●●
三音		目目目目	●●●●
八声		目目目目	●●●●
		目目目目	●●●●
		目目目目	●●●●
三音		目目目目	●●●●
九声		目目目目	●●●●
		目目目目	●●●●
三音		目目目目	●●●●

		■卓中■	兄兄兄兄
十二音		■宅直■	兄兄兄兄
二声		■坼丑■	兄兄兄兄
		■茶呈■	兄兄兄兄

平声翕唱吕四之三

		古甲九癸	君君君君
一音		□□近揆	君君君君
三声		坤巧丘弃	君君君君
		□□乾虬	君君君君
		黑花香血	君君君君
二音		黄华雄贤	君君君君
三声		五瓦仲□	君君君君
		吾牙月尧	君君君君
		安亚乙一	君君君君
三音		□爻王寅	君君君君
三声		母马美米	君君君君
		目皃眉民	君君君君
		夫法□飞	君君君君
四音		父凡□吠	君君君君
三声		武晚□尾	君君君君
		文万□未	君君君君
		卜百丙必	君君君君
五音		步白菩鼻	君君君君
三声		普朴品匹	君君君君
		旁排平瓶	君君君君
		东丹帝■	君君君君
六音		兑大弟■	君君君君

十　声　目目目目　●●●●
　　　　目目目目　●●●●

开音浊和律四之四

四　音　文文文文　多可个舌
一　声　文文文文　禾火化八
　　　　文文文文　开宰爱〇
　　　　文文文文　回每退〇

四　音　文文文文　良两向〇
二　声　文文文文　光广况〇
　　　　文文文文　丁井亘〇
　　　　文文文文　兄永莹〇

四　音　文文文文　千典旦〇
三　声　文文文文　元犬半〇
　　　　文文文文　臣引艮〇
　　　　文文文文　君允巽〇

四　音　文文文文　刀早孝岳
四　声　文文文文　毛宝报霍
　　　　文文文文　牛斗奏六
　　　　文文文文　〇〇〇玉

四　音　文文文文　妻子四日
五　声　文文文文　衰〇帅骨
　　　　文文文文　〇〇〇德
　　　　文文文文　龟水贵北

四　音　文文文文　宫孔众〇
六　声　文文文文　龙甬用〇
　　　　文文文文　鱼鼠去〇
　　　　文文文文　乌虎兔〇

三　声　土贪天■　君君君君
　　　　同覃田■　君君君君

七　音　乃妳女■　君君君君
三　声　内南年■　君君君君
　　　　老冷吕■　君君君君
　　　　鹿犖离■　君君君君

八　音　走哉足■　君君君君
三　声　白在匠■　君君君君
　　　　草采七■　君君君君
　　　　曹才全■　君君君君

九　音　思三星■　君君君君
三　声　寺口象■　君君君君
　　　　□□□■　君君君君
　　　　□□□■　君君君君

十　音　■山手■　君君君君
三　声　■土石■　君君君君
　　　　■□耳■　君君君君
　　　　■□二■　君君君君

十一音　■庄震■　君君君君
三　声　■乍□■　君君君君
　　　　■叉赤■　君君君君
　　　　■崇辰■　君君君君

十二音　■卓中■　君君君君
三　声　■宅直■　君君君君
　　　　■坼丑■　君君君君
　　　　■茶呈■　君君君君

平声翕唱吕四之四

四音七声	文文文文	心审禁〇	
	文文文文	〇〇〇十	
	文文文文	男坎欠〇	
	文文文文	〇〇〇妾	
四音八声	文文文文	●●●●	
	文文文文	●●●●	
	文文文文	●●●●	
	文文文文	●●●●	
四音九声	文文文文	●●●●	
	文文文文	●●●●	
	文文文文	●●●●	
四音十声	文文文文	●●●●	
	文文文文	●●●●	
	文文文文	●●●●	

开音浊和律四之五

五音一声	旁旁旁旁	多可个舌	
	旁旁旁旁	禾火化八	
	旁旁旁旁	开宰爱〇	
	旁旁旁旁	回每退〇	
五音二声	旁旁旁旁	良两向〇	
	旁旁旁旁	光广况〇	
	旁旁旁旁	丁井亘〇	
	旁旁旁旁	兄永莹〇	
五音	旁旁旁旁	千典旦〇	
	旁旁旁旁	元犬半〇	

一音四声	古甲九癸	〇〇〇〇
	□□近揆	〇〇〇〇
	坤巧丘弃	〇〇〇〇
	□□乾虬	〇〇〇〇
二音四声	黑花香血	〇〇〇〇
	黄华雄贤	〇〇〇〇
	五瓦仰□	〇〇〇〇
	吾牙月尧	〇〇〇〇
三音四声	安亚乙一	〇〇〇〇
	□爻王寅	〇〇〇〇
	母马美米	〇〇〇〇
	目皃眉民	〇〇〇〇
四音四声	夫法□飞	〇〇〇〇
	父凡□吠	〇〇〇〇
	武晚□尾	〇〇〇〇
	文万□未	〇〇〇〇
五音四声	卜百丙必	〇〇〇〇
	步白葡鼻	〇〇〇〇
	普朴品匹	〇〇〇〇
	旁排平瓶	〇〇〇〇
六音四声	东丹帝■	〇〇〇〇
	兑大弟■	〇〇〇〇
	土贪天■	〇〇〇〇
	同覃田■	〇〇〇〇
七音	乃妳女■	〇〇〇〇
	内南年■	〇〇〇〇

三　声	旁旁旁旁	臣引艮〇
	旁旁旁旁	君允巽〇
	旁旁旁旁	刀早孝岳
五　音	旁旁旁旁	毛宝报霍
四　声	旁旁旁旁	牛斗奏六
	旁旁旁旁	〇〇〇玉
	旁旁旁旁	妻子四日
五　音	旁旁旁旁	衰〇帅骨
五　声	旁旁旁旁	〇〇〇德
	旁旁旁旁	龟水贵北
	旁旁旁旁	宫孔众〇
五　音	旁旁旁旁	龙甬用〇
六　声	旁旁旁旁	鱼鼠去〇
	旁旁旁旁	乌虎兔〇
	旁旁旁旁	心审禁〇
五　音	旁旁旁旁	〇〇〇十
七　声	旁旁旁旁	男坎欠〇
	旁旁旁旁	〇〇〇姜
	旁旁旁旁	●●●●
五　音	旁旁旁旁	●●●●
八　声	旁旁旁旁	●●●●
	旁旁旁旁	●●●●
	旁旁旁旁	●●●●
五　音	旁旁旁旁	●●●●
九　声	旁旁旁旁	●●●●
	旁旁旁旁	●●●●

四　声	老冷吕■	〇〇〇〇
	鹿荦离■	〇〇〇〇
	走哉足■	〇〇〇〇
八　音	自在匠■	〇〇〇〇
四　声	草采七■	〇〇〇〇
	曹才全■	〇〇〇〇
	思三星■	〇〇〇〇
九　音	寺□象■	〇〇〇〇
四　声	□□□■	〇〇〇〇
	□□□■	〇〇〇〇
	■山手■	〇〇〇〇
十　音	■士石■	〇〇〇〇
四　声	■□耳■	〇〇〇〇
	■□二■	〇〇〇〇
	■庄震■	〇〇〇〇
十一音	■乍□■	〇〇〇〇
四　声	■叉赤■	〇〇〇〇
	■崇辰■	〇〇〇〇
	■卓中■	〇〇〇〇
十二音	■宅直■	〇〇〇〇
四　声	■坼丑■	〇〇〇〇
	■茶呈■	〇〇〇〇

平声翕唱吕四之五

	古甲九癸	龟龟龟龟
一　音	□□近揆	龟龟龟龟
五　声	坤巧丘弃	龟龟龟龟
	□□乾虬	龟龟龟龟

五十声	音声	旁旁旁旁 ●●●●	
		旁旁旁旁 ●●●●	
		旁旁旁旁 ●●●●	
		旁旁旁旁 ●●●●	

开音浊和律四之六

六一	音声	同同同同 多可个舌
		同同同同 禾火化八
		同同同同 开宰爱〇
		同同同同 回每退〇

六二	音声	同同同同 良两向〇
		同同同同 光广况〇
		同同同同 丁井旦〇
		同同同同 兄永莹〇

六三	音声	同同同同 千典旦〇
		同同同同 元犬半〇
		同同同同 臣引艮〇
		同同同同 君允巽〇

六四	音声	同同同同 刀早孝岳
		同同同同 毛宝报霍
		同同同同 牛斗奏六
		同同同同 〇〇〇玉

六五	音声	同同同同 妻子四日
		同同同同 衰〇帅骨
		同同同同 〇〇〇德
		同同同同 龟水贵北

六六	音声	同同同同 宫孔众〇
		同同同同 龙甬用〇
		同同同同 鱼鼠去〇
		同同同同 乌虎兔〇

二五	音声	黑花香血 龟龟龟龟
		黄华雄贤 龟龟龟龟
		五瓦仰□ 龟龟龟龟
		吾牙月尧 龟龟龟龟

三五	音声	安亚乙一 龟龟龟龟
		□爻王寅 龟龟龟龟
		母马美米 龟龟龟龟
		目兑眉民 龟龟龟龟

四五	音声	夫法□飞 龟龟龟龟
		父凡□吠 龟龟龟龟
		武晚□尾 龟龟龟龟
		文万□未 龟龟龟龟

五五	音声	卜百丙必 龟龟龟龟
		步白葡鼻 龟龟龟龟
		普朴品匹 龟龟龟龟
		旁排平瓶 龟龟龟龟

六五	音声	东丹帝■ 龟龟龟龟
		兑大弟■ 龟龟龟龟
		土贪天■ 龟龟龟龟
		同覃田■ 龟龟龟龟

七五	音声	乃妳女■ 龟龟龟龟
		内南年■ 龟龟龟龟
		老冷吕■ 龟龟龟龟
		鹿荦离■ 龟龟龟龟

八五	音声	走哉足■ 龟龟龟龟
		自在匠■ 龟龟龟龟
		草采七■ 龟龟龟龟
		曹才全■ 龟龟龟龟

	同同同同	心审禁○		九音	思三星■	龟龟龟龟
六音	同同同同	○○○十		五声	寺□象■	龟龟龟龟
七声	同同同同	男坎欠○			□□□■	龟龟龟龟
	同同同同	○○○妾			□□□■	龟龟龟龟
	同同同同	●●●●		十音	■山手■	龟龟龟龟
六音	同同同同	●●●●		五声	■士石■	龟龟龟龟
八声	同同同同	●●●●			■□耳■	龟龟龟龟
	同同同同	●●●●			■□二■	龟龟龟龟
	同同同同	●●●●		十一音	■庄震■	龟龟龟龟
六音	同同同同	●●●●		五声	■乍□■	龟龟龟龟
九声	同同同同	●●●●			■叉赤■	龟龟龟龟
	同同同同	●●●●			■崇辰■	龟龟龟龟
	同同同同	●●●●		十二音	■卓中■	龟龟龟龟
六音	同同同同	●●●●		五声	■宅直■	龟龟龟龟
十声	同同同同	●●●●			■坼丑■	龟龟龟龟
	同同同同	●●●●			■茶呈■	龟龟龟龟

开音浊和律四之七　　　平声翕唱吕四之六

	鹿鹿鹿鹿	多可个舌		一音	古甲九癸	乌乌乌乌
七音	鹿鹿鹿鹿	禾火化八		六声	□□近揆	乌乌乌乌
一声	鹿鹿鹿鹿	开宰爱○			坤巧丘弃	乌乌乌乌
	鹿鹿鹿鹿	回每退○			□□乾虬	乌乌乌乌
	鹿鹿鹿鹿	良两向○		二音	黑花香血	乌乌乌乌
七音	鹿鹿鹿鹿	光广况○		六声	黄华雄贤	乌乌乌乌
二声	鹿鹿鹿鹿	丁井旦○			五瓦仰□	乌乌乌乌
	鹿鹿鹿鹿	兄永莹○			吾牙月尧	乌乌乌乌
	鹿鹿鹿鹿	千典旦○		三音	安亚乙一	乌乌乌乌
七音	鹿鹿鹿鹿	元犬半○			□爻王寅	乌乌乌乌

三	声	鹿鹿鹿鹿	臣引艮○	六	声	母马美米	乌乌乌乌
		鹿鹿鹿鹿	君允巽○			目皃眉民	乌乌乌乌
		鹿鹿鹿鹿	刀早孝岳			夫法□飞	乌乌乌乌
七	音	鹿鹿鹿鹿	毛宝报霍	四	音	父凡□吠	乌乌乌乌
四	声	鹿鹿鹿鹿	牛斗奏六	六	声	武晚□尾	乌乌乌乌
		鹿鹿鹿鹿	○○○玉			文万□未	乌乌乌乌
		鹿鹿鹿鹿	妻子四日			卜百丙必	乌乌乌乌
七	音	鹿鹿鹿鹿	衰○帅骨	五	音	步白葡鼻	乌乌乌乌
五	声	鹿鹿鹿鹿	○○○德	六	声	普朴品匹	乌乌乌乌
		鹿鹿鹿鹿	龟水贵北			旁排平瓶	乌乌乌乌
		鹿鹿鹿鹿	宫孔众○			东丹帝■	乌乌乌乌
七	音	鹿鹿鹿鹿	龙甬用○	六	音	兑大弟■	乌乌乌乌
六	声	鹿鹿鹿鹿	鱼鼠去○	六	声	土贪天■	乌乌乌乌
		鹿鹿鹿鹿	乌虎兔○			同覃田■	乌乌乌乌
		鹿鹿鹿鹿	心审禁○			乃妳女■	乌乌乌乌
七	音	鹿鹿鹿鹿	○○○十	七	音	内南年■	乌乌乌乌
七	声	鹿鹿鹿鹿	男坎欠○	六	声	老冷吕■	乌乌乌乌
		鹿鹿鹿鹿	○○○妾			鹿荦离■	乌乌乌乌
		鹿鹿鹿鹿	●●●●			走哉足■	乌乌乌乌
七	音	鹿鹿鹿鹿	●●●●	八	音	自在匠■	乌乌乌乌
八	声	鹿鹿鹿鹿	●●●●	六	声	草采七■	乌乌乌乌
		鹿鹿鹿鹿	●●●●			曹才全■	乌乌乌乌
		鹿鹿鹿鹿	●●●●			思三星■	乌乌乌乌
七	音	鹿鹿鹿鹿	●●●●	九	音	寺□象■	乌乌乌乌
九	声	鹿鹿鹿鹿	●●●●	六	声	□□□■	乌乌乌乌
		鹿鹿鹿鹿	●●●●			□□□■	乌乌乌乌
		鹿鹿鹿鹿	●●●●			■山手■	乌乌乌乌
七	音	鹿鹿鹿鹿	●●●●	十	音	■士石■	乌乌乌乌

十 声	鹿鹿鹿鹿	●●●●	
	鹿鹿鹿鹿	●●●●	

开音浊和律四之八

	曹曹曹曹	多可个舌	
八 音	曹曹曹曹	禾火化八	
一 声	曹曹曹曹	开宰爱〇	
	曹曹曹曹	回每退〇	
	曹曹曹曹	良两向〇	
八 音	曹曹曹曹	光广况〇	
二 声	曹曹曹曹	丁井亘〇	
	曹曹曹曹	兄永莹〇	
	曹曹曹曹	千典旦〇	
八 音	曹曹曹曹	元犬半〇	
三 声	曹曹曹曹	臣引艮〇	
	曹曹曹曹	君允巽〇	
	曹曹曹曹	刀早孝岳	
八 音	曹曹曹曹	毛宝报霍	
四 声	曹曹曹曹	牛斗奏六	
	曹曹曹曹	〇〇〇玉	
	曹曹曹曹	妻子四日	
八 音	曹曹曹曹	衰〇帅骨	
五 声	曹曹曹曹	〇〇〇德	
	曹曹曹曹	龟水贵北	
	曹曹曹曹	宫孔众〇	
八 音	曹曹曹曹	龙甬用〇	
六 声	曹曹曹曹	鱼鼠去〇	
	曹曹曹曹	乌虎兔〇	

六 声	■□耳■	乌乌乌乌	
	■□二■	乌乌乌乌	
十一音	■庄震■	乌乌乌乌	
六 声	■乍□■	乌乌乌乌	
	■叉赤■	乌乌乌乌	
	■崇辰■	乌乌乌乌	
	■卓中■	乌乌乌乌	
十二音	■宅直■	乌乌乌乌	
六 声	■坼丑■	乌乌乌乌	
	■茶呈■	乌乌乌乌	

平声翕唱吕四之七

	古甲九癸	〇〇〇〇	
一 音	□□近揆	〇〇〇〇	
七 声	坤巧丘弃	〇〇〇〇	
	□□乾虬	〇〇〇〇	
	黑花香血	〇〇〇〇	
二 音	黄华雄贤	〇〇〇〇	
七 声	五瓦仰□	〇〇〇〇	
	吾牙月尧	〇〇〇〇	
	安亚乙一	〇〇〇〇	
三 音	□爻王寅	〇〇〇〇	
七 声	母马美米	〇〇〇〇	
	目皃眉民	〇〇〇〇	
	夫法□飞	〇〇〇〇	
四 音	父凡□吠	〇〇〇〇	
七 声	武晚□尾	〇〇〇〇	
	文万□未	〇〇〇〇	

八音	曹曹曹曹	心审禁〇		
七声	曹曹曹曹	〇〇〇十		
	曹曹曹曹	男坎欠〇		
	曹曹曹曹	〇〇〇妾		

五音	卜百丙必	〇〇〇〇
七声	步白葡鼻	〇〇〇〇
	普朴品匹	〇〇〇〇
	旁排平瓶	〇〇〇〇

八音 八声
曹曹曹曹 ●●●●
曹曹曹曹 ●●●●
曹曹曹曹 ●●●●
曹曹曹曹 ●●●●

六音 七声
东丹帝■ 〇〇〇〇
兑大弟■ 〇〇〇〇
土贪天■ 〇〇〇〇
同覃田■ 〇〇〇〇

八音 九声
曹曹曹曹 ●●●●
曹曹曹曹 ●●●●
曹曹曹曹 ●●●●
曹曹曹曹 ●●●●

七音 七声
乃妳女■ 〇〇〇〇
内南年■ 〇〇〇〇
老冷吕■ 〇〇〇〇
鹿荦离■ 〇〇〇〇

八音 十声
曹曹曹曹 ●●●●
曹曹曹曹 ●●●●
曹曹曹曹 ●●●●

八音 七声
走哉足■ 〇〇〇〇
自在匠■ 〇〇〇〇
草采七■ 〇〇〇〇
曹才全■ 〇〇〇〇

开音浊和律四之九

九音 一声
□□□□ 多可个舌
□□□□ 禾火化八
□□□□ 开宰爱〇
□□□□ 回每退〇

九音 七声
思三星■ 〇〇〇〇
寺□象■ 〇〇〇〇
□□□■ 〇〇〇〇
□□□■ 〇〇〇〇

九音 二声
□□□□ 良丙向〇
□□□□ 光广况〇
□□□□ 丁井亘〇
□□□□ 兄永莹〇

十音 七声
■山手■ 〇〇〇〇
■士石■ 〇〇〇〇
■□耳■ 〇〇〇〇
■□二■ 〇〇〇〇

九音 三声
□□□□ 千典旦〇
□□□□ 元犬半〇
□□□□ 臣引艮〇
□□□□ 君允巽〇

十一音 七声
■庄震■ 〇〇〇〇
■乍□■ 〇〇〇〇
■叉赤■ 〇〇〇〇
■崇辰■ 〇〇〇〇

		□□□□	刀早孝岳
九	音	□□□□	毛宝报霍
四	声	□□□□	牛斗奏六
		□□□□	○○○玉
		□□□□	妻子四日
九	音	□□□□	衰○帅骨
五	声	□□□□	○○○德
		□□□□	龟水贵北
		□□□□	宫孔众○
九	音	□□□□	龙甬用○
六	声	□□□□	鱼鼠去○
		□□□□	乌虎兔○
		□□□□	心审禁○
九	音	□□□□	○○○十
七	声	□□□□	男坎欠○
		□□□□	○○○妾
		□□□□	●●●●
九	音	□□□□	●●●●
八	声	□□□□	●●●●
		□□□□	●●●●
		□□□□	●●●●
九	音	□□□□	●●●●
九	声	□□□□	●●●●
		□□□□	●●●●
		□□□□	●●●●
九	音	□□□□	●●●●
十	声	□□□□	●●●●
		□□□□	●●●●

		■卓中■	○○○○
十二音		■宅直■	○○○○
七	声	■坼丑■	○○○○
		■茶呈■	○○○○

平声翕唱吕四之八

		古甲九癸	●●●●
一	音	□□近揆	●●●●
八	声	坤巧丘弃	●●●●
		□□乾虬	●●●●
		黑花香血	●●●●
二	音	黄华雄贤	●●●●
八	声	五瓦仰□	●●●●
		吾牙月尧	●●●●
		安亚乙一	●●●●
三	音	□爻王寅	●●●●
八	声	母马美米	●●●●
		目皃眉民	●●●●
		夫法□飞	●●●●
四	音	父凡□吠	●●●●
八	声	武晚□尾	●●●●
		文万□未	●●●●
		卜百丙必	●●●●
五	音	步白葡鼻	●●●●
八	声	普朴品匹	●●●●
		旁排平瓶	●●●●
		东丹帝■	●●●●
六	音	兑大弟■	●●●●
八	声	土贪天■	●●●●
		同覃田■	●●●●

开音浊和律四之十

	■■■■ 多可个舌	七音	乃妳女■ ●●●●
十音	■■■■ 禾火化八		内南年■ ●●●●
十一声	■■■■ 开宰爱○	八声	老冷吕■ ●●●●
	■■■■ 四每退○		鹿荦离■ ●●●●
	■■■■ 良两向○		走哉足■ ●●●●
十音	■■■■ 光广况○	八音	自在匠■ ●●●●
十二声	■■■■ 丁井亘○	八声	草采七■ ●●●●
	■■■■ 兄永莹○		曹才全■ ●●●●
	■■■■ 千典旦○		思三星■ ●●●●
十音	■■■■ 元犬半○	九音	寺□象■ ●●●●
十三声	■■■■ 臣引艮○	八声	□□□■ ●●●●
	■■■■ 君允巽○		□□□■ ●●●●
	■■■■ 刀早孝岳		■山手■ ●●●●
十音	■■■■ 毛宝报霍	十音	■士石■ ●●●●
十四声	■■■■ 牛斗奏六	八声	■□耳■ ●●●●
	■■■■ ○○○玉		■□二■ ●●●●
	■■■■ 妻子四日		■庄震■ ●●●●
十音	■■■■ 衰○帅骨	十一音	■乍□■ ●●●●
十五声	■■■■ ○○○德	八声	■叉赤■ ●●●●
	■■■■ 龟水贵北		■崇辰■ ●●●●
	■■■■ 宫孔众○		■卓中■ ●●●●
十音	■■■■ 龙甬用○	十二音	■宅直■ ●●●●
十六声	■■■■ 鱼鼠去○	八声	■坼丑■ ●●●●
	■■■■ 乌虎兔○		■茶呈■ ●●●●

平声翕唱吕四之九

	■■■■ 心审禁○		古甲九癸 ●●●●
十音	■■■■ ○○○十	一音	□□近揆 ●●●●

七　声	■■■■	男坎欠○
	■■■■	○○○妾
	■■■■	●●●●
十　音	■■■■	●●●●
八　声	■■■■	●●●●
	■■■■	●●●●
	■■■■	●●●●
十　音	■■■■	●●●●
九　声	■■■■	●●●●
	■■■■	●●●●
	■■■■	●●●●
十　音	■■■■	●●●●
十　声	■■■■	●●●●
	■■■■	●●●●

开音浊和律四之十一

	■■■■	多可个舌
十一音	■■■■	禾火化八
一　声	■■■■	开宰爱○
	■■■■	回每退○
	■■■■	良两向○
十一音	■■■■	光广况○
二　声	■■■■	丁井亘○
	■■■■	兄永莹○
	■■■■	千典旦○
十一音	■■■■	元犬半○
三　声	■■■■	臣引艮○
	■■■■	君允巽○
	■■■■	刀早孝岳
十一音	■■■■	毛宝报霍

九　声	坤巧丘弃	●●●●
	□□乾虬	●●●●
	黑花香血	●●●●
二　音	黄华雄贤	●●●●
九　声	五瓦仰□	●●●●
	吾牙月尧	●●●●
	安亚乙一	●●●●
三　音	□爻王寅	●●●●
九　声	母马美米	●●●●
	目皃眉民	●●●●
	夫法□飞	●●●●
四　音	父凡□吠	●●●●
九　声	武晚□尾	●●●●
	文万□未	●●●●
	卜百丙必	●●●●
五　音	步白葡鼻	●●●●
九　声	普朴品匹	●●●●
	旁排平瓶	●●●●
	东丹帝■	●●●●
六　音	兑大弟■	●●●●
九　声	土贪天■	●●●●
	同覃田■	●●●●
	乃妳女■	●●●●
七　音	内南年■	●●●●
九　声	老冷吕■	●●●●
	鹿荦离■	●●●●
	走哉足■	●●●●
八　音	自在匠■	●●●●

四　声　■■■■　牛斗奏六
　　　　■■■■　○○○玉
　　　　■■■■　妻子四日
十一音　■■■■　衰○帅骨
五　声　■■■■　○○○德
　　　　■■■■　龟水贵北
　　　　■■■■　宫孔众○
十一音　■■■■　龙甬用○
六　声　■■■■　鱼鼠去○
　　　　■■■■　乌虎兔○
　　　　■■■■　心审禁○
十一音　■■■■　○○○十
七　声　■■■■　男坎欠○
　　　　■■■■　○○○妾
　　　　■■■■　●●●●
十一音　■■■■　●●●●
八　声　■■■■　●●●●
　　　　■■■■　●●●●
　　　　■■■■　●●●●
十一音　■■■■　●●●●
九　声　■■■■　●●●●
　　　　■■■■　●●●●
　　　　■■■■　●●●●
十一音　■■■■　●●●●
十　声　■■■■　●●●●
　　　　■■■■　●●●●

九　声　草采七■　●●●●
　　　　曹才全■　●●●●
　　　　思三星■　●●●●
九　音　寺□象■　●●●●
九　声　□□□■　●●●●
　　　　□□□■　●●●●
　　　　■山手■　●●●●
十　音　■土石■　●●●●
九　声　■□耳■　●●●●
　　　　■□二■　●●●●
　　　　■庄震■　●●●●
十一音　■乍□■　●●●●
九　声　■叉赤■　●●●●
　　　　■崇辰■　●●●●
　　　　■卓中■　●●●●
十二音　■宅直■　●●●●
九　声　■坼丑■　●●●●
　　　　■茶呈■　●●●●

平声翕唱吕四之十

　　　　古甲九癸　●●●●
一　音　□□近揆　●●●●
十　声　坤巧丘弃　●●●●
　　　　□□乾虬　●●●●
　　　　黑花香血　●●●●
二　音　黄华雄贤　●●●●
十　声　五瓦仰□　●●●●
　　　　吾牙月尧　●●●●

开音浊和律四之十二

<table>
<tr><td>十二音
一　声</td><td>■■■■ 多可个舌
■■■■ 禾火化八
■■■■ 开宰爱○
　　　 回每退○
　　　 良两向○</td><td>三　音
十　声</td><td>安亚乙一 ●●●●
□爻王寅 ●●●●
母马美米 ●●●●
目皃眉民 ●●●●</td></tr>
<tr><td>十二音
二　声</td><td>■■■■ 光广况○
■■■■ 丁井亘○
■■■■ 兄永莹○</td><td>四　音
十　声</td><td>夫法□飞 ●●●●
父凡□吠 ●●●●
武晚□尾 ●●●●
文万□未 ●●●●</td></tr>
<tr><td>十二音
三　声</td><td>■■■■ 千典旦○
■■■■ 元犬半○
■■■■ 臣引艮○
　　　 君允巽○</td><td>五　音
十　声</td><td>卜百丙必 ●●●●
步白葡鼻 ●●●●
普朴品匹 ●●●●
旁排平瓶 ●●●●</td></tr>
<tr><td>十二音
四　声</td><td>■■■■ 刀早孝岳
■■■■ 毛宝报霍
■■■■ 牛斗奏六
　　　 ○○○玉</td><td>六　音
十　声</td><td>东丹帝■ ●●●
兑大弟■ ●●●
土贪天■ ●●●
同覃田■ ●●●</td></tr>
<tr><td>十二音
五　声</td><td>■■■■ 妻子四日
■■■■ 衰○帅骨
■■■■ ○○○德
　　　 龟水贵北</td><td>七　音
十　声</td><td>乃妳女■ ●●●
内南年■ ●●●
老冷吕■ ●●●
鹿荦离■ ●●●</td></tr>
<tr><td>十二音
六　声</td><td>■■■■ 宫孔众○
■■■■ 龙甬用○
■■■■ 鱼鼠去○
　　　 乌虎兔○</td><td>八　音
十　声</td><td>走哉足■ ●●●
自在匠■ ●●●
草采七■ ●●●
曹才全■ ●●●</td></tr>
<tr><td>十二音
七　声</td><td>■■■■ 心审禁○
■■■■ ○○○十
■■■■ 男坎欠○
　　　 ○○○妾</td><td>九　音
十　声</td><td>思三星■ ●●●
寺□象■ ●●●
□□□ ●●●●
□□□ ●●●●</td></tr>
</table>

	■■■■ ●●●●			■山手■ ●●●●	
十二音	■■■■ ●●●●		十　音	■士石■ ●●●●	
八　声	■■■■ ●●●●		十　声	■□耳■ ●●●●	
	■■■■ ●●●●			■□二■ ●●●●	
	■■■■ ●●●●			■庄震■ ●●●●	
十二音	■■■■ ●●●●		十一音	■乍□■ ●●●●	
九　声	■■■■ ●●●●		十　声	■叉赤■ ●●●●	
	■■■■ ●●●●			■崇辰■ ●●●●	
	■■■■ ●●●●			■卓中■ ●●●●	
十二音	■■■■ ●●●●		十二音	■宅直■ ●●●●	
十　声	■■■■ ●●●●		十　声	■坼丑■ ●●●●	
	■■■■ ●●●●			■茶呈■ ●●●●	

皇极经世卷第八

观物篇之三十九

月日声上辟
可两典早子
孔审●●●
> 月日声七,下唱地之用音一百五十二,是谓上声辟音。上声辟音一千六十四。

月日声上之一辟
发音清和律一之一

		甲甲甲甲	多可个舌
一	音	甲甲甲甲	禾火化八
一	声	甲甲甲甲	开宰爱○
		甲甲甲甲	回每退○
		甲甲甲甲	良两向○
一	音	甲甲甲甲	光广况○
二	声	甲甲甲甲	丁井旦○
		甲甲甲甲	兄永莹○
		甲甲甲甲	千典旦○
一	音	甲甲甲甲	元犬半○
三	声	甲甲甲甲	臣引艮○
		甲甲甲甲	君允巽○
		甲甲甲甲	刀早孝岳
一	音	甲甲甲甲	毛宝报霍

火水音发清
甲花亚法百丹
如哉三山庄卓
> 火水音十二,上和天之用声一百一十二,是谓发音清声。发音清声一千三百四十四。

火水音发之一清
上声辟唱吕一之一

		古甲九癸	可可可可
一	音	□□近揆	可可可可
一	声	坤巧丘弃	可可可可
		□□乾虬	可可可可
		黑花香血	可可可可
二	音	黄华雄贤	可可可可
一	声	五瓦仰□	可可可可
		吾牙月尧	可可可可
		安亚乙一	可可可可
三	音	□爻王寅	可可可可
一	声	母马美米	可可可可
		目皃眉民	可可可可
		夫法□飞	可可可可
四	音	父凡□吠	可可可可

四 声	甲甲甲甲	牛斗奏六	
	甲甲甲甲	○○○玉	
一 音	甲甲甲甲	妻子四日	
五 声	甲甲甲甲	衰○帅骨	
	甲甲甲甲	○○○德	
	甲甲甲甲	龟水贵北	
一 音	甲甲甲甲	宫孔众○	
六 声	甲甲甲甲	龙甬用○	
	甲甲甲甲	鱼鼠去○	
	甲甲甲甲	乌虎兔○	
一 音	甲甲甲甲	心审禁○	
七 声	甲甲甲甲	○○○十	
	甲甲甲甲	男坎欠○	
	甲甲甲甲	○○○妾	
一 音	甲甲甲甲	●●●●	
八 声	甲甲甲甲	●●●●	
	甲甲甲甲	●●●●	
一 音	甲甲甲甲	●●●●	
九 声	甲甲甲甲	●●●●	
	甲甲甲甲	●●●●	
一 音	甲甲甲甲	●●●●	
十 声	甲甲甲甲	●●●●	
	甲甲甲甲	●●●●	

发音清和律一之二

	花花花花	多可个舌	
二 音	花花花花	禾火化八	

一 声	武晚□尾	可可可可	
	文万□未	可可可可	
	卜百丙必	可可可可	
五 音	步白葡鼻	可可可可	
一 声	普朴品匹	可可可可	
	旁排平瓶	可可可可	
	东丹帝■	可可可可	
六 音	兑大弟■	可可可可	
一 声	土贪天■	可可可可	
	同覃田■	可可可可	
	乃妳女■	可可可可	
七 音	内南年■	可可可可	
一 声	老冷吕■	可可可可	
	鹿荦离■	可可可可	
	走哉足■	可可可可	
八 音	自在匠■	可可可可	
一 声	草采七■	可可可可	
	曹才全■	可可可可	
	思三星■	可可可可	
九 音	寺□象■	可可可可	
一 声	□□□■	可可可可	
	□□□■	可可可可	
	■山手■	可可可可	
十 音	■士石■	可可可可	
一 声	■□耳■	可可可可	
	■□二■	可可可可	
	■庄震■	可可可可	
十一音	■乍□■	可可可可	

一　声　花花花花　开宰爱○

　　　　花花花花　回每退○

　　　　花花花花　良两向○

二　音　花花花花　光广况○

二　声　花花花花　丁井亘○

　　　　花花花花　兄永莹○

　　　　花花花花　千典旦○

二　音　花花花花　元犬半○

三　声　花花花花　臣引艮○

　　　　花花花花　君允巽○

　　　　花花花花　刀早孝岳

二　音　花花花花　毛宝报霍

四　声　花花花花　牛斗奏六

　　　　花花花花　○○○玉

　　　　花花花花　妻子四日

二　音　花花花花　衰○帅骨

五　声　花花花花　○○○德

　　　　花花花花　龟水贵北

　　　　花花花花　宫孔众○

二　音　花花花花　龙甬用○

六　声　花花花花　鱼鼠去○

　　　　花花花花　乌虎兔○

　　　　花花花花　心审禁○

二　音　花花花花　○○○十

七　声　花花花花　男坎欠○

　　　　花花花花　○○○姜

一　声　■叉赤■　可可可可

　　　　■崇辰■　可可可可

　　　　■卓中■　可可可可

十二音　■宅直■　可可可可

一　声　■坼丑■　可可可可

　　　　■茶呈■　可可可可

上声辟唱吕一之二

　　　　古甲九癸　两两两两

一　音　□□近揆　两两两两

二　声　坤巧丘弃　两两两两

　　　　□□乾虬　两两两两

　　　　黑花香血　两两两两

二　音　黄华雄贤　两两两两

二　声　五瓦仰□　两两两两

　　　　吾牙月尧　两两两两

　　　　安亚乙一　两两两两

三　音　□爻王寅　两两两两

二　声　母马美米　两两两两

　　　　目皃眉民　两两两两

　　　　夫法□飞　两两两两

四　音　父凡□吠　两两两两

二　声　武晚□尾　两两两两

　　　　文万□未　两两两两

　　　　卜百丙必　两两两两

五　音　步白葡鼻　两两两两

二　声　普朴品匹　两两两两

　　　　旁排平瓶　两两两两

		花花花花	●●●●	六 音	东丹帝■	两两两两
二 音		花花花花	●●●●		兑大弟■	两两两两
八 声		花花花花	●●●●	二 声	土贪天■	两两两两
		花花花花	●●●●		同覃田■	两两两两
		花花花花	●●●●		乃妳女■	两两两两
二 音		花花花花	●●●●	七 音	内南年■	两两两两
九 声		花花花花	●●●●	二 声	老冷吕■	两两两两
		花花花花	●●●●		鹿荤离■	两两两两
		花花花花	●●●●		走哉足■	两两两两
二 音		花花花花	●●●●	八 音	自在匠■	两两两两
十 声		花花花花	●●●●	二 声	草采七■	两两两两
		花花花花	●●●●		曹才全■	两两两两

发音清和律一之三

		亚亚亚亚	多可个舌		思三星■	两两两两
三 音		亚亚亚亚	禾火化八	九 音	寺□象■	两两两两
一 声		亚亚亚亚	开宰爱○	二 声	□□□■	两两两两
		亚亚亚亚	回每退○		□□□■	两两两两
		亚亚亚亚	良两向○		■山手■	两两两两
三 音		亚亚亚亚	光广况○	十 音	■士石■	两两两两
二 声		亚亚亚亚	丁井亘○	二 声	■□耳■	两两两两
		亚亚亚亚	兄永莹○		■□二■	两两两两
		亚亚亚亚	千典旦○		■庄震■	两两两两
三 音		亚亚亚亚	元犬半○	十一音	■乍□■	两两两两
三 声		亚亚亚亚	臣引艮○	二 声	■叉赤■	两两两两
		亚亚亚亚	君允巽○		■崇辰■	两两两两
		亚亚亚亚	刀早孝岳		■卓中■	两两两两
三 音		亚亚亚亚	毛宝报霍	十二音	■宅直■	两两两两

| 四　声 | 亚亚亚亚 | 牛斗奏六 |
| | 亚亚亚亚 | ○○○玉 |

| 二　声 | ■坼丑■ | 两两两两 |
| | ■茶呈■ | 两两两两 |

上声辟唱吕一之二

			古甲九癸	典典典典
三 音	亚亚亚亚	妻子四日		
五 声	亚亚亚亚	衰○帅骨	一 音	□□近揆	典典典典
	亚亚亚亚	○○○德	三 声	坤巧丘弃	典典典典
	亚亚亚亚	龟水贵北		□□乾虬	典典典典

	亚亚亚亚	宫孔众○		黑花香血	典典典典
三 音	亚亚亚亚	龙甬用○	二 音	黄华雄贤	典典典典
六 声	亚亚亚亚	鱼鼠去○	三 声	五瓦仰□	典典典典
	亚亚亚亚	乌虎兔○		吾牙月尧	典典典典

	亚亚亚亚	心审禁○		安亚乙一	典典典典
三 音	亚亚亚亚	○○○十	三 音	□爻王寅	典典典典
七 声	亚亚亚亚	男坎欠○	三 声	母马美米	典典典典
	亚亚亚亚	○○○妾		目凫眉民	典典典典

	亚亚亚亚	●●●●		夫法□飞	典典典典
三 音	亚亚亚亚	●●●●	四 音	父凡□吠	典典典典
八 声	亚亚亚亚	●●●●	三 声	武晚□尾	典典典典
	亚亚亚亚	●●●●		文万□未	典典典典

	亚亚亚亚	●●●●		卜百丙必	典典典典
三 音	亚亚亚亚	●●●●	五 音	步白葡鼻	典典典典
九 声	亚亚亚亚	●●●●	三 声	普朴品匹	典典典典
	亚亚亚亚	●●●●		旁排平瓶	典典典典

	亚亚亚亚	●●●●		东丹帝■	典典典典
三 音	亚亚亚亚	●●●●	六 音	兑大弟■	典典典典
十 声	亚亚亚亚	●●●●	三 声	土贪天■	典典典典
	亚亚亚亚	●●●●		同覃田■	典典典典

发音清和律一之四

		法法法法	多可个舌			乃妳女■	典典典典
四	音	法法法法	禾火化八	七	音	内南年■	典典典典
一	声	法法法法	开宰爱○	三	声	老冷吕■	典典典典
		法法法法	回每退○			鹿荦离■	典典典典
		法法法法	良两向○			走哉足■	典典典典
四	音	法法法法	光广况○	八	音	自在匠■	典典典典
二	声	法法法法	丁井亘○	三	声	草采七■	典典典典
		法法法法	兄永莹○			曹才全■	典典典典
		法法法法	千典旦○			思三星■	典典典典
四	音	法法法法	元犬半○	九	音	寺□象■	典典典典
三	声	法法法法	臣引艮○	三	声	□□□■	典典典典
		法法法法	君允巽○			□□□■	典典典典
		法法法法	刀早孝岳			■山手■	典典典典
四	音	法法法法	毛宝报霍	十	音	■士石■	典典典典
四	声	法法法法	牛斗奏六	三	声	■□耳■	典典典典
		法法法法	○○○玉			■□二■	典典典典
		法法法法	妻子四日			■庄震■	典典典典
四	音	法法法法	衰○帅骨	十一音		■乍□■	典典典典
五	声	法法法法	○○○德	三	声	■叉赤■	典典典典
		法法法法	龟水贵北			■崇辰■	典典典典
		法法法法	宫孔众○			■卓中■	典典典典
四	音	法法法法	龙甬用○	十二音		■宅直■	典典典典
六	声	法法法法	鱼鼠去○	三	声	■坼丑■	典典典典
		法法法法	乌虎兔○			■茶呈■	典典典典

上声辟唱吕一之四

		法法法法	心审禁○			古甲九癸	早早早早
四	音	法法法法	○○○十	一	音	□□近揆	早早早早

七 声	法法法法	男坎欠〇		四 声	坤巧丘弃	早早早早
	法法法法	〇〇〇妾			□□乾虬	早早早早
	法法法法	●●●●			黑花香血	早早早早
四 音	法法法法	●●●●		二 音	黄华雄贤	早早早早
八 声	法法法法	●●●●		四 声	五瓦仰□	早早早早
	法法法法	●●●●			吾牙月尧	早早早早
	法法法法	●●●●			安亚乙一	早早早早
四 音	法法法法	●●●●		三 音	□爻王寅	早早早早
九 声	法法法法	●●●●		四 声	母马美米	早早早早
	法法法法	●●●●			目皃眉民	早早早早
	法法法法	●●●●			夫法□飞	早早早早
四 音	法法法法	●●●●		四 音	父凡□吠	早早早早
十 声	法法法法	●●●●		四 声	武晚□尾	早早早早
	法法法法	●●●●			文万□未	早早早早

发音清和律一之五

	百百百百	多可个舌			卜百丙必	早早早早
五 音	百百百百	禾火化八		五 音	步白葡鼻	早早早早
一 声	百百百百	开宰爱〇		四 声	普朴品匹	早早早早
	百百百百	回每退〇			旁排平瓶	早早早早
	百百百百	良两向〇			东丹帝■	早早早早
五 音	百百百百	光广况〇		六 音	兑大弟■	早早早早
二 声	百百百百	丁井旦〇		四 声	土贪天■	早早早早
	百百百百	兄永莹〇			同覃田■	早早早早
	百百百百	千典旦〇			乃妳女■	早早早早
五 音	百百百百	元犬半〇		七 音	内南年■	早早早早
三 声	百百百百	臣引艮〇		四 声	老冷吕■	早早早早
	百百百百	君允巽〇			鹿犖离■	早早早早

		百百百百	刀早孝岳				走哉足■	早早早早
五	音	百百百百	毛宝报霍	八	音	自在匠■	早早早早
四	声	百百百百	牛斗奏六	四	声	草采七■	早早早早
		百百百百	〇〇〇玉			曹才全■	早早早早

		百百百百	妻子四日			思三星■	早早早早
五	音	百百百百	衰〇帅骨	九	音	寺口象■	早早早早
五	声	百百百百	〇〇〇德	四	声	口口口■	早早早早
		百百百百	龟水贵北			口口口■	早早早早

		百百百百	宫孔众〇			■山手■	早早早早
五	音	百百百百	龙甬用〇	十	音	■士石■	早早早早
六	声	百百百百	鱼鼠去〇	四	声	■口耳■	早早早早
		百百百百	乌虎兔〇			■口二■	早早早早

		百百百百	心审禁〇			■庄震■	早早早早
五	音	百百百百	〇〇〇十	十一音		■乍口■	早早早早
七	声	百百百百	男坎欠〇	四	声	■叉赤■	早早早早
		百百百百	〇〇〇妾			■崇辰■	早早早早

		百百百百	●●●●			■卓中■	早早早早
五	音	百百百百	●●●●	十二音		■宅直■	早早早早
八	声	百百百百	●●●●	四	声	■坼丑■	早早早早
		百百百百	●●●●			■茶呈■	早早早早

上声辟唱吕一之五

		百百百百	●●●●			古甲九癸	子子子子
五	音	百百百百	●●●●	一	音	口口近揆	子子子子
九	声	百百百百	●●●●	五	声	坤巧丘弃	子子子子
		百百百百	●●●●			口口乾虬	子子子子

		百百百百	●●●●			黑花香血	子子子子
五	音	百百百百	●●●●	二	音	黄华雄贤	子子子子

十 声	百百百百	●●●●	
	百百百百	●●●●	

发音清和律一之六

	丹丹丹丹	多可个舌	
六 音	丹丹丹丹	禾火化八	
一 声	丹丹丹丹	开宰爱○	
	丹丹丹丹	回每退○	
	丹丹丹丹	良两向○	
六 音	丹丹丹丹	光广况○	
二 声	丹丹丹丹	丁井亘○	
	丹丹丹丹	兄永莹○	
	丹丹丹丹	千典旦○	
六 音	丹丹丹丹	元犬半○	
三 声	丹丹丹丹	臣引艮○	
	丹丹丹丹	君允巽○	
	丹丹丹丹	刀早孝岳	
六 音	丹丹丹丹	毛宝报霍	
四 声	丹丹丹丹	牛斗奏六	
	丹丹丹丹	○○○玉	
	丹丹丹丹	妻子四日	
六 音	丹丹丹丹	衰○帅骨	
五 声	丹丹丹丹	○○○德	
	丹丹丹丹	龟水贵北	
	丹丹丹丹	宫孔众○	
六 音	丹丹丹丹	龙甬用○	
六 声	丹丹丹丹	鱼鼠去○	
	丹丹丹丹	乌虎兔○	

五 声	五丸仰□	子子子子	
	吾牙月尧	子子子子	
	安亚乙一	子子子子	
三 音	□爻王寅	子子子子	
五 声	母马美米	子子子子	
	目皃眉民	子子子子	
	夫法□飞	子子子子	
四 音	父凡□吠	子子子子	
五 声	武晚□尾	子子子子	
	文万□未	子子子子	
	卜百丙必	子子子子	
五 音	步白蒲鼻	子子子子	
五 声	普朴品匹	子子子子	
	旁排平瓶	子子子子	
	东丹帝■	子子子子	
六 音	兑大弟■	子子子子	
五 声	土贪天■	子子子子	
	同覃田■	子子子子	
	乃妳女■	子子子子	
七 音	内南年■	子子子子	
五 声	老冷吕■	子子子子	
	鹿荦离■	子子子子	
	走哉足■	子子子子	
八 音	自在匠■	子子子子	
五 声	草采七■	子子子子	
	曹才全■	子子子子	

丹丹丹丹 心审禁○
六音 七声 丹丹丹丹 ○○○十
丹丹丹丹 男坎欠○
丹丹丹丹 ○○○姜

丹丹丹丹 ●●●●
六音 八声 丹丹丹丹 ●●●●
丹丹丹丹 ●●●●

丹丹丹丹 ●●●●
六音 九声 丹丹丹丹 ●●●●
丹丹丹丹 ●●●●

丹丹丹丹 ●●●●
六音 十声 丹丹丹丹 ●●●●
丹丹丹丹 ●●●●

发音清和律一之七

妳妳妳妳 多可个舌
七音 一声 妳妳妳妳 禾火化八
妳妳妳妳 开宰爱○
妳妳妳妳 回每退○

妳妳妳妳 良两向○
七音 二声 妳妳妳妳 光广况○
妳妳妳妳 丁井亘○
妳妳妳妳 兄永莹○

妳妳妳妳 千典旦○
七音 妳妳妳妳 元犬半○

思三星■ 子子子子
九音 五声 寺□象■ 子子子子
□□□■ 子子子子
□□□■ 子子子子

■山手■ 子子子子
十音 五声 ■士石■ 子子子子
■□耳■ 子子子子
■□二■ 子子子子

■庄震■ 子子子子
十一音 五声 ■乍□■ 子子子子
■叉赤■ 子子子子
■崇辰■ 子子子子

■卓中■ 子子子子
十二音 五声 ■宅直■ 子子子子
■坼丑■ 子子子子
■茶呈■ 子子子子

上声辟唱吕一之六

古甲九癸 孔孔孔孔
一音 六声 □□近揆 孔孔孔孔
坤巧丘弃 孔孔孔孔
□□乾虬 孔孔孔孔

黑花香血 孔孔孔孔
二音 六声 黄华雄贤 孔孔孔孔
五瓦仰□ 孔孔孔孔
吾牙月尧 孔孔孔孔

安亚乙一 孔孔孔孔
三音 □爻王寅 孔孔孔孔

三	声	妳妳妳妳	臣引艮○	六	声	母马美米	孔孔孔孔
		妳妳妳妳	君允巽○			目皃眉民	孔孔孔孔
		妳妳妳妳	刀早孝岳			夫法□飞	孔孔孔孔
七	音	妳妳妳妳	毛宝报霍	四	音	父凡□吠	孔孔孔孔
四	声	妳妳妳妳	牛斗奏六	六	声	武晚□尾	孔孔孔孔
		妳妳妳妳	○○○玉			文万□未	孔孔孔孔
		妳妳妳妳	妻子四日			卜百丙必	孔孔孔孔
七	音	妳妳妳妳	衰○帅骨	五	音	步白葡鼻	孔孔孔孔
五	声	妳妳妳妳	○○○德	六	声	普朴品匹	孔孔孔孔
		妳妳妳妳	龟水贵北			旁排平瓶	孔孔孔孔
		妳妳妳妳	宫孔众○			东丹帝■	孔孔孔孔
七	音	妳妳妳妳	龙甬用○	六	音	兑大弟■	孔孔孔孔
六	声	妳妳妳妳	鱼鼠去○	六	声	土贪天■	孔孔孔孔
		妳妳妳妳	乌虎兔○			同覃田■	孔孔孔孔
		妳妳妳妳	心审禁○			乃妳女■	孔孔孔孔
七	音	妳妳妳妳	○○○十	七	音	内南年■	孔孔孔孔
七	声	妳妳妳妳	男坎欠○	六	声	老冷吕■	孔孔孔孔
		妳妳妳妳	○○○妾			鹿荤离■	孔孔孔孔
		妳妳妳妳	●●●●			走哉足■	孔孔孔孔
七	音	妳妳妳妳	●●●●	八	音	自在匠■	孔孔孔孔
八	声	妳妳妳妳	●●●●	六	声	草采七■	孔孔孔孔
		妳妳妳妳	●●●●			曹才全■	孔孔孔孔
		妳妳妳妳	●●●●			思三星■	孔孔孔孔
七	音	妳妳妳妳	●●●●	九	音	寺□象■	孔孔孔孔
九	声	妳妳妳妳	●●●●	六	声	□□□■	孔孔孔孔
		妳妳妳妳	●●●●			□□□■	孔孔孔孔
		妳妳妳妳	●●●●			■山手■	孔孔孔孔
七	音	妳妳妳妳	●●●●	十	音	■士石■	孔孔孔孔

十　声　妳妳妳妳　●●●●
　　　　妳妳妳妳　●●●●

发音清和律一之八

八　音　哉哉哉哉　多可个舌
一　声　哉哉哉哉　禾火化八
　　　　哉哉哉哉　开宰爱○
　　　　哉哉哉哉　回每退○

　　　　哉哉哉哉　良两向○
八　音　哉哉哉哉　光广况○
二　声　哉哉哉哉　丁井亘○
　　　　哉哉哉哉　兄永莹○

　　　　哉哉哉哉　千典旦○
八　音　哉哉哉哉　元犬半○
三　声　哉哉哉哉　臣引艮○
　　　　哉哉哉哉　君允巽○

　　　　哉哉哉哉　刀早孝岳
八　音　哉哉哉哉　毛宝报霍
四　声　哉哉哉哉　牛斗奏六
　　　　哉哉哉哉　○○○玉

　　　　哉哉哉哉　妻子四日
八　音　哉哉哉哉　衰○帅骨
五　声　哉哉哉哉　○○○德
　　　　哉哉哉哉　龟水贵北

　　　　哉哉哉哉　宫孔众○
八　音　哉哉哉哉　龙甬用○
六　声　哉哉哉哉　鱼鼠去○
　　　　哉哉哉哉　乌虎兔○

六　声　■□耳■　孔孔孔孔
　　　　■□二■　孔孔孔孔

　　　　■庄震■　孔孔孔孔
十一音　■乍□■　孔孔孔孔
六　声　■叉赤■　孔孔孔孔
　　　　■崇辰■　孔孔孔孔

　　　　■卓中■　孔孔孔孔
十二音　■宅直■　孔孔孔孔
六　声　■坼丑■　孔孔孔孔
　　　　■茶呈■　孔孔孔孔

上声辟唱吕一之七

　　　　古甲九癸　审审审审
一　音　□□近揆　审审审审
七　声　坤巧丘弃　审审审审
　　　　□□乾虬　审审审审

　　　　黑花香血　审审审审
二　音　黄华雄贤　审审审审
七　声　五瓦仰□　审审审审
　　　　吾牙月尧　审审审审

　　　　安亚乙一　审审审审
三　音　□爻王寅　审审审审
七　声　母马美米　审审审审
　　　　目兒眉民　审审审审

　　　　夫法□飞　审审审审
四　音　父凡□吠　审审审审
七　声　武晚□尾　审审审审
　　　　文万□未　审审审审

哉哉哉哉　心审禁〇　　　　卜百丙必　审审审审

八音　哉哉哉哉　〇〇〇十　　　五音　步白葡鼻　审审审审

七声　哉哉哉哉　男坎欠〇　　　七声　普朴品匹　审审审审

　　　哉哉哉哉　〇〇〇妾　　　　旁排平瓶　审审审审

　　　哉哉哉哉　●●●●　　　　东丹帝■　审审审审

八音　哉哉哉哉　●●●●　　　六音　兑大弟■　审审审审

八声　哉哉哉哉　●●●●　　　七声　土贪天■　审审审审

　　　哉哉哉哉　●●●●　　　　同覃田■　审审审审

　　　哉哉哉哉　●●●●　　　　乃妳女■　审审审审

八音　哉哉哉哉　●●●●　　　七音　内南年■　审审审审

九声　哉哉哉哉　●●●●　　　七声　老冷吕■　审审审审

　　　哉哉哉哉　●●●●　　　　鹿荤离■　审审审审

　　　哉哉哉哉　●●●●　　　　走哉足■　审审审审

八音　哉哉哉哉　●●●●　　　八音　自在匠■　审审审审

十声　哉哉哉哉　●●●●　　　七声　草采七■　审审审审

　　　哉哉哉哉　●●●●　　　　曹才全■　审审审审

发音清和律一之九

　　　三三三三　多可个舌　　　　思三星■　审审审审

九音　三三三三　禾火化八　　　九音　寺□象■　审审审审

一声　三三三三　开宰爱〇　　　七声　□□□■　审审审审

　　　三三三三　回每退〇　　　　□□□■　审审审审

　　　三三三三　良两向〇　　　　■山手■　审审审审

九音　三三三三　光广况〇　　　十音　■士石■　审审审审

二声　三三三三　丁井亘〇　　　七声　■□耳■　审审审审

　　　三三三三　兄永莹〇　　　　■□二■　审审审审

　　　三三三三　千典旦〇　　　　■庄震■　审审审审

九音　三三三三　元犬半〇　　　十一音　■乍□■　审审审审

三 声	☰☰☰☰	臣引艮○
	☰☰☰☰	君允巽○
	☰☰☰☰	刀早孝岳
九 音	☰☰☰☰	毛宝报霍
四 声	☰☰☰☰	牛斗奏六
	☰☰☰☰	○○○玉
	☰☰☰☰	妻子四日
九 音	☰☰☰☰	衰○帅骨
五 声	☰☰☰☰	○○○德
	☰☰☰☰	龟水贵北
	☰☰☰☰	宫孔众○
九 音	☰☰☰☰	龙甬用○
六 声	☰☰☰☰	鱼鼠去○
	☰☰☰☰	乌虎兔○
	☰☰☰☰	心审禁○
九 音	☰☰☰☰	○○○十
七 声	☰☰☰☰	男坎欠○
	☰☰☰☰	○○○妾
	☰☰☰☰	●●●●
九 音	☰☰☰☰	●●●●
八 声	☰☰☰☰	●●●●
	☰☰☰☰	●●●●
	☰☰☰☰	●●●●
九 音	☰☰☰☰	●●●●
九 声	☰☰☰☰	●●●●
	☰☰☰☰	●●●●

七 声	■叉赤■	审审审审
	■崇辰■	审审审审
	■卓中■	审审审审
十二音	■宅直■	审审审审
七 声	■坼丑■	审审审审
	■茶呈■	审审审审

上声辟唱吕一之八

	古甲九癸	●●●●
一 音	□□近揆	●●●●
八 声	坤巧丘弃	●●●●
	□□乾虬	●●●●
	黑花香血	●●●●
二 音	黄华雄贤	●●●●
八 声	五瓦仰□	●●●●
	吾牙月尧	●●●●
	安亚乙一	●●●●
三 音	□爻王寅	●●●●
八 声	母马美米	●●●●
	目皃眉民	●●●●
	夫法□飞	●●●●
四 音	父凡□吠	●●●●
八 声	武晚□尾	○●●●
	文万□未	●●●●
	卜百丙必	●●●●
五 音	步白葡鼻	●●●●
八 声	普朴品匹	●●●●
	旁排平瓶	●●●●

九音 十声	三三三三 ●●●●	六音 八声	东丹帝■ ●●●●	
	三三三三 ●●●●		兑大弟■ ●●●●	
	三三三三 ●●●●		土贪天■ ●●●●	
	三三三三 ●●●●		同覃田■ ●●●●	

发音清和律一之十

十音 一声　山山山山　多可个舌		七音 八声　乃妳女■ ●●●●	
山山山山　禾火化八		内南年■ ●●●●	
山山山山　开宰爱〇		老冷吕■ ●●●●	
山山山山　回每退〇		鹿荦离■ ●●●●	
十音 二声　山山山山　良两向〇		八音 八声　走哉足■ ●●●●	
山山山山　光广况〇		自在匠■ ●●●●	
山山山山　丁井亘〇		革采七■ ●●●●	
山山山山　兄永莹〇		曹才全■ ●●●●	
十音 三声　山山山山　千典旦〇		九音 八声　思三星■ ●●●●	
山山山山　元犬半〇		寺〇象■ ●●●●	
山山山山　臣引艮〇		□□□ ●	
山山山山　君允巽〇		□□□ ●	
十音 四声　山山山山　刀早孝岳		十音 八声　■山手■ ●●●●	
山山山山　毛宝报霍		■士石■ ●●●●	
山山山山　牛斗奏六		■□耳■ ●●●●	
山山山山　〇〇〇玉		■□二■ ●●●●	
十音 五声　山山山山　妻子四日		十一音 八声　■庄震■ ●●●●	
山山山山　衰〇帅骨		■乍□■ ●●●●	
山山山山　〇〇〇德		■叉赤■ ●●●●	
山山山山　龟水贵北		■崇辰■ ●●●●	
十音 六声　山山山山　宫孔众〇		十二音 八声　■卓中■ ●●●●	
山山山山　龙甬用〇		■宅直■ ●●●●	
山山山山　鱼鼠去〇		■坼丑■ ●●●●	
山山山山　乌虎兔〇		■茶呈■ ●●●●	

	山山山山	心审禁○	

十音	山山山山	○○○十
七声	山山山山	男坎欠○
	山山山山	○○○妾

十音	山山山山	●●●●
八声	山山山山	●●●●
	山山山山	●●●●

十音	山山山山	●●●●
九声	山山山山	●●●●
	山山山山	●●●●

十音	山山山山	●●●●
十声	山山山山	●●●●
	山山山山	●●●●

发音清和律一之十一

十一音	庄庄庄庄	多可个舌
一声	庄庄庄庄	禾火化八
	庄庄庄庄	开宰爱○
	庄庄庄庄	回每退○

十一音	庄庄庄庄	良两向○
二声	庄庄庄庄	光广况○
	庄庄庄庄	丁井亘○
	庄庄庄庄	兄永莹○
	庄庄庄庄	千典旦○

十一音	庄庄庄庄	元犬半○

一音	古甲九癸	●●●●
九声	□□近揆	●●●●
	坤巧丘弃	●●●●
	□□乾虬	●●●●

二音	黑花香血	●●●●
九声	黄华雄贤	●●●●
	五瓦仰□	●●●●
	吾牙月尧	●●●●

三音	安亚乙一	●●●●
九声	□爻王寅	●●●●
	母马美米	●●●●
	目皃眉民	●●●●

四音	夫法□飞	●●●●
九声	父凡□吠	●●●●
	武晚□尾	●●●●
	文万□未	●●●●

五音	卜百丙必	●●●●
九声	步白葡鼻	●●●●
	普朴品匹	●●●●
	旁排平瓶	●●●●

六音	东丹帝	■●●●
九声	兑大弟	■●●●
	土贪天	■●●●
	同覃田	■●●●

七音	乃妳女	■●●●
	内南年	■●●●

三　声	庄庄庄庄	臣引艮〇
	庄庄庄庄	君允巽〇
	庄庄庄庄	刀早孝岳
十一音	庄庄庄庄	毛宝报霍
四　声	庄庄庄庄	牛斗奏六
	庄庄庄庄	〇〇〇玉
	庄庄庄庄	妻子四日
十一音	庄庄庄庄	衰〇帅骨
五　声	庄庄庄庄	〇〇〇德
	庄庄庄庄	龟水贵北
	庄庄庄庄	宫孔众〇
十一音	庄庄庄庄	龙甬用〇
六　声	庄庄庄庄	鱼鼠去〇
	庄庄庄庄	乌虎兔〇
	庄庄庄庄	心审禁〇
十一音	庄庄庄庄	〇〇〇十
七　声	庄庄庄庄	男坎欠〇
	庄庄庄庄	〇〇〇妾
	庄庄庄庄	●●●●
十一音	庄庄庄庄	●●●●
八　声	庄庄庄庄	●●●●
	庄庄庄庄	●●●●
	庄庄庄庄	●●●●
十一音	庄庄庄庄	●●●●
九　声	庄庄庄庄	●●●●
	庄庄庄庄	●●●●

九　声	老冷吕■	●●●●
	鹿荦离■	●●●●
	走哉足■	●●●●
八　音	自在匠■	●●●●
九　声	草采七■	●●●●
	曹才全■	●●●●
	思三星■	●●●●
九　音	寺□象■	●●●●
九　声	□□□■	●●●●
	□□□■	●●●●
	■山手■	●●●●
十　音	■士石■	●●●●
九　声	■□耳■	●●●●
	■□二■	●●●●
	■庄震	●●●●
十一音	■乍□■	●●●●
九　声	■叉赤■	●●●●
	■崇辰■	●●●●
	■卓中■	●●●●
十二音	■宅直■	●●●●
九　声	■圻丑■	●●●●
	■茶呈■	●●●●

上声辟唱吕一之十

	古甲九癸	●●●●
一　音	□□近揆	●●●●
十　声	坤巧丘弃	●●●●
	□□乾虬	●●●●

	庄庄庄庄	●●●●			黑花香血	●●●●
十一音	庄庄庄庄	●●●●	二　音	黄华雄贤	●●●●
十　声	庄庄庄庄	●●●●	十　声	五瓦仰□	●●●●
	庄庄庄庄	●●●●		吾牙月尧	●●●●

发音清和律一之十二

	卓卓卓卓	多可个舌			安亚乙一	●●●●
十二音	卓卓卓卓	禾火化八	三　音	□爻王寅	●●●●
一　声	卓卓卓卓	开宰爱○	十　声	母马美米	●●●●
	卓卓卓卓	回每退○		目皃眉民	●●●●
	卓卓卓卓	良两向○		夫法□飞	●●●●
十二音	卓卓卓卓	光广况○	四　音	父凡□吠	●●●●
二　声	卓卓卓卓	丁井亘○	十　声	武晚□尾	●●●●
	卓卓卓卓	兄永莹○		文万□未	●●●●
	卓卓卓卓	千典旦○		卜百丙必	●●●●
十二音	卓卓卓卓	元犬半○	五　音	步白葡鼻	●●●●
三　声	卓卓卓卓	臣引艮○	十　声	普朴品匹	●●●●
	卓卓卓卓	君允巽○		旁排平瓶	●●●●
	卓卓卓卓	刀早孝岳		东丹帝■	●●●
十二音	卓卓卓卓	毛宝报霍	六　音	兑大弟■	●●●
四　声	卓卓卓卓	牛斗奏六	十　声	土贪天■	●●●
	卓卓卓卓	○○○玉		同覃田■	●●●
	卓卓卓卓	妻子四日		乃妳女■	●●●●
十二音	卓卓卓卓	衰○帅骨	七　音	内南年■	●●●●
五　声	卓卓卓卓	○○○德	十　声	老冷吕■	●●●●
	卓卓卓卓	龟水贵北		鹿荤离■	●●●●
	卓卓卓卓	宫孔众○		走哉足■	●●●●
十二音	卓卓卓卓	龙甬用○	八　音	自在匠■	●●●●

六　声	卓卓卓卓	鱼鼠去〇
	卓卓卓卓	乌虎兔〇
	卓卓卓卓	心审禁〇
十二音	卓卓卓卓	〇〇〇十
七　声	卓卓卓卓	男坎欠〇
	卓卓卓卓	〇〇〇妾
	卓卓卓卓	●●●●
十二音	卓卓卓卓	●●●●
八　声	卓卓卓卓	●●●●
	卓卓卓卓	●●●●
	卓卓卓卓	●●●●
十二音	卓卓卓卓	●●●●
九　声	卓卓卓卓	●●●●
	卓卓卓卓	●●●●
	卓卓卓卓	●●●●
十二音	卓卓卓卓	●●●●
十　声	卓卓卓卓	●●●●
	卓卓卓卓	●●●●

十　声	草采七■	●●●●
	曹才全■	●●●●
	思三星■	●●●●
九　音	寺□象■	●●●●
十　声	□□□□■	●●●●
	□□□□■	●●●●
	■山手■	●●●●
十　音	■士石■	●●●●
十　声	■□耳■	●●●●
	■□二■	●●●●
	■庄震■	●●●●
十一音	■乍□■	●●●●
十　声	■叉赤■	●●●●
	■崇辰■	●●●●
	■卓中■	●●●●
十二音	■宅直■	●●●●
十　声	■坼丑■	●●●●
	■茶呈■	●●●●

观物篇之四十

月月声上翕

　火广犬宝〇

　甬〇●●●

月月声七，下唱地之用音一百五十二，是谓上声翕音。上声翕音一千六十四。

月月声上之二翕

发音浊和律二之一

火火音发浊

　□华爻凡白大

　南在□士乍宅

火火音十二，上和天之用声一百一十二，是谓发音浊声。发音浊声一千三百四十四。

火火音发之二浊

上声翕唱吕二之一

	□□□□	多可个舌	
一音	□□□□	禾火化八	
一声	□□□□	开宰爱○	
	□□□□	回每退○	
	□□□□	良两向○	
一音	□□□□	光广况○	
二声	□□□□	丁井亘□	
	□□□□	况永莹○	
	□□□□	千典旦○	
一音	□□□□	元犬半○	
三声	□□□□	臣引艮○	
	□□□□	君允巽○	
	□□□□	刀早孝岳	
一音	□□□□	毛宝报霍	
四声	□□□□	牛斗奏六	
	□□□□	○○○玉	
	□□□□	妻子四日	
一音	□□□□	衰○帅骨	
五声	□□□□	○○○德	
	□□□□	龟水贵北	
	□□□□	宫孔众○	
一音	□□□□	龙甬用○	
六声	□□□□	鱼鼠去○	
	□□□□	乌虎兔○	
	□□□□	心审禁○	
一音	□□□□	○○○十	
七声	□□□□	男坎欠○	
	□□□□	○○○妾	

		古甲九癸	火火火火
一音		□□近揆	火火火火
一声		坤巧丘弃	火火火火
		□□乾虬	火火火火
		黑花香血	火火火火
二音		黄华雄贤	火火火火
一声		五瓦仰□	火火火火
		吾牙月尧	火火火火
		安亚乙一	火火火火
三音		□爻王寅	火火火火
一声		母马美米	火火火火
		目皃眉民	火火火火
		夫法□飞	火火火火
四音		父凡□吠	火火火火
一声		武晚□尾	火火火火
		文万□未	火火火火
		卜百丙必	火火火火
五音		步白葡鼻	火火火火
一声		普朴品匹	火火火火
		旁排平瓶	火火火火
		东丹帝■	火火火火
六音		兑大弟■	火火火火
一声		土贪天■	火火火火
		同覃田■	火火火火
		乃妳女■	火火火火
七音		内南年■	火火火火
一声		老冷吕■	火火火火
		鹿荦离■	火火火火

一音
八声
□□□□　●●●●
□□□□　●●●●
□□□□　●●●●
□□□□　●●●●

一音
九声
□□□□　●●●●
□□□□　●●●●
□□□□　●●●●

一音
十声
□□□□　●●●●
□□□□　●●●●
□□□□　●●●●

发音浊和律二之二

二音
一声
华华华华　多可个舌
华华华华　禾火化八
华华华华　开宰爱○
华华华华　回每退○

二音
二声
华华华华　良两向○
华华华华　光广况○
华华华华　丁井亘○
华华华华　兄永莹○

二音
三声
华华华华　千典旦○
华华华华　元犬半○
华华华华　臣引艮○
华华华华　君允巽○

二音
华华华华　刀早孝岳
华华华华　毛宝报霍

八音
一声
走哉足■　火火火火
自在匠■　火火火火
草采七■　火火火火
曹才全■　火火火火

九音
一声
思三星■　火火火火
寺□象■　火火火火
□□□■　火火火火
□□□■　火火火火

十音
一声
■山手■　火火火火
■士石■　火火火火
■□耳■　火火火火
■□二■　火火火火

十一音
一声
■庄震■　火火火火
■乍□■　火火火火
■叉赤■　火火火火
■崇辰■　火火火火

十二音
一声
■卓中■　火火火火
■宅直■　火火火火
■坼丑■　火火火火
■茶呈■　火火火火

上声翕唱吕二之二

一音
二声
古甲九癸　广广广广
□□近揆　广广广广
坤巧丘弃　广广广广
□□乾虬　广广广广

二音
黑花香血　广广广广
黄华雄贤　广广广广

四 声	华华华华	牛斗奏六	
	华华华华	○○○玉	
	华华华华	妻子四日	
二 音	华华华华	衰○帅骨	
五 声	华华华华	○○○德	
	华华华华	龟水贵北	
	华华华华	宫孔众○	
二 音	华华华华	龙甫用○	
六 声	华华华华	鱼鼠去○	
	华华华华	乌虎兔○	
	华华华华	心审禁○	
二 音	华华华华	○○○十	
七 声	华华华华	男坎欠○	
	华华华华	○○○妾	
	华华华华	●●●●	
二 音	华华华华	●●●●	
八 声	华华华华	●●●●	
	华华华华	●●●●	
	华华华华	●●●●	
二 音	华华华华	●●●●	
九 声	华华华华	●●●●	
	华华华华	●●●●	
	华华华华	●●●●	
二 音	华华华华	●●●●	
十 声	华华华华	●●●●	
	华华华华	●●●●	

发音浊和律二之三

	爻爻爻爻	多可个舌	
三 音	爻爻爻爻	禾火化八	

二 声	五瓦仰□	广广广广	
	吾牙月尧	广广广广	
	安亚乙一	广广广广	
三 音	□爻王寅	广广广广	
二 声	母马美米	广广广广	
	目皃眉民	广广广广	
	夫法□飞	广广广广	
四 音	父凡□吠	广广广广	
二 声	武晚□尾	广广广广	
	文万□未	广广广广	
	卜百丙必	广广广广	
五 音	步白葡鼻	广广广广	
二 声	普朴品匹	广广广广	
	旁排平瓶	广广广广	
	东丹帝■	广广广广	
六 音	兑大弟■	广广广广	
二 声	土贪天■	广广广广	
	同覃田■	广广广广	
	乃妳女■	广广广广	
七 音	内南年■	广广广广	
二 声	老冷吕■	广广广广	
	鹿荦离■	广广广广	
	走哉足■	广广广广	
八 音	自在匠■	广广广广	
二 声	草采七■	广广广广	
	曹才全■	广广广广	
	思三星■	广广广广	
九 音	寺□象■	广广广广	

一　声	爻爻爻爻	开宰爱〇
	爻爻爻爻	回每退〇
	爻爻爻爻	良两向〇
三　音	爻爻爻爻	光广况〇
二　声	爻爻爻爻	丁井亘〇
	爻爻爻爻	兄永莹〇
	爻爻爻爻	千典旦〇
三　音	爻爻爻爻	元犬半〇
三　声	爻爻爻爻	臣引艮〇
	爻爻爻爻	君允巽〇
	爻爻爻爻	刀早孝岳
三　音	爻爻爻爻	毛宝报霍
四　声	爻爻爻爻	牛斗奏六
	爻爻爻爻	〇〇〇玉
	爻爻爻爻	妻子四日
三　音	爻爻爻爻	衰〇师骨
五　声	爻爻爻爻	〇〇〇德
	爻爻爻爻	龟水贵北
	爻爻爻爻	宫孔众〇
三　音	爻爻爻爻	龙甬用〇
六　声	爻爻爻爻	鱼鼠去〇
	爻爻爻爻	乌虎兔〇
	爻爻爻爻	心审禁〇
三　音	爻爻爻爻	〇〇〇十
七　声	爻爻爻爻	男坎欠〇
	爻爻爻爻	〇〇〇妾

二　声	□□□■	广广广广
	□□□■	广广广广
	■山手■	广广广广
十　音	■士石■	广广广广
二　声	■□耳■	广广广广
	■□二■	广广广广
	■庄震■	广广广广
十一音	■乍□■	广广广广
二　声	■叉赤■	广广广广
	■崇辰■	广广广广
	■卓中■	广广广广
十二音	■宅直■	广广广广
二　声	■坼丑■	广广广广
	■茶呈■	广广广广

上声翕唱吕二之三

	古甲九癸	犬犬犬犬
一　音	□□近揆	犬犬犬犬
三　声	坤巧丘弃	犬犬犬犬
	□□乾虬	犬犬犬犬
	黑花香血	犬犬犬犬
二　音	黄华雄贤	犬犬犬犬
三　声	五瓦仰□	犬犬犬犬
	吾牙月尧	犬犬犬犬
	安亚乙一	犬犬犬犬
三　音	□爻王寅	犬犬犬犬
三　声	母马美米	犬犬犬犬
	目兄眉民	犬犬犬犬

三八	音声	爻爻爻爻 ●●●●	四三	音声	夫法□飞	犬犬犬犬
		爻爻爻爻 ●●●●			父凡□吠	犬犬犬犬
		爻爻爻爻 ●●●●			武晚□尾	犬犬犬犬
		爻爻爻爻 ●●●●			文万□未	犬犬犬犬
三九	音声	爻爻爻爻 ●●●●	五三	音声	卜百丙必	犬犬犬犬
		爻爻爻爻 ●●●●			步白葡鼻	犬犬犬犬
		爻爻爻爻 ●●●●			普朴品匹	犬犬犬犬
		爻爻爻爻 ●●●●			旁排平瓶	犬犬犬犬
三十	音声	爻爻爻爻 ●●●●	六三	音声	东丹帝■	犬犬犬犬
		爻爻爻爻 ●●●●			兑大弟■	犬犬犬犬
		爻爻爻爻 ●●●●			土贪天■	犬犬犬犬
		爻爻爻爻 ●●●●			同覃田■	犬犬犬犬

发音浊和律二之四

四一	音声	凡凡凡凡 多可个舌	七三	音声	乃妳女■	犬犬犬犬
		凡凡凡凡 禾火化八			内南年■	犬犬犬犬
		凡凡凡凡 开宰爱○			老冷吕■	犬犬犬犬
		凡凡凡凡 回每退○			鹿荦离■	犬犬犬犬
四二	音声	凡凡凡凡 良两向○	八三	音声	走哉足■	犬犬犬犬
		凡凡凡凡 光广况○			自在匠■	犬犬犬犬
		凡凡凡凡 丁井亘○			草采七■	犬犬犬犬
		凡凡凡凡 兄永莹○			曹才全■	犬犬犬犬
四三	音声	凡凡凡凡 千典旦○	九三	音声	思三星■	犬犬犬犬
		凡凡凡凡 元犬半○			寺□象■	犬犬犬犬
		凡凡凡凡 臣引艮○			□□□■	犬犬犬犬
		凡凡凡凡 君允巽○			□□□■	犬犬犬犬
四四	音声	凡凡凡凡 刀早孝岳	十三	音声	■山手■	犬犬犬犬
		凡凡凡凡 毛宝报霍			■士石■	犬犬犬犬
		凡凡凡凡 牛斗奏六			■□耳■	犬犬犬犬
		凡凡凡凡 ○○○玉			■□二■	犬犬犬犬

		凡凡凡凡	妻子四日
四 音		凡凡凡凡	衰○帅骨
五 声		凡凡凡凡	○○○德
		凡凡凡凡	龟水贵北
		凡凡凡凡	宫孔众○
四 音		凡凡凡凡	龙甬用○
六 声		凡凡凡凡	鱼鼠去○
		凡凡凡凡	乌虎兔○
		凡凡凡凡	心审禁○
四 音		凡凡凡凡	○○○十
七 声		凡凡凡凡	男坎欠○
		凡凡凡凡	○○○妾
四 音		凡凡凡凡	●●●●
八 声		凡凡凡凡	●●●●
		凡凡凡凡	●●●●
四 音		凡凡凡凡	●●●●
九 声		凡凡凡凡	●●●●
		凡凡凡凡	●●●●
四 音		凡凡凡凡	●●●●
十 声		凡凡凡凡	●●●●
		凡凡凡凡	●●●●

发音浊和律二之五

		白白白白	多可个舌
五 音		白白白白	禾火化八

十一音 三 声	■庄震■	犬犬犬犬
	■乍□■	犬犬犬犬
	■又赤■	犬犬犬犬
	■崇辰■	犬犬犬犬
十二音 三 声	■卓中■	犬犬犬犬
	■宅直■	犬犬犬犬
	■坼丑■	犬犬犬犬
	■茶呈■	犬犬犬犬

上声翕唱吕二之四

一 音 四 声	古甲九癸	宝宝宝宝
	□□近撵	宝宝宝宝
	坤巧丘弃	宝宝宝宝
	□□乾虬	宝宝宝宝
二 音 四 声	黑花香血	宝宝宝宝
	黄华雄贤	宝宝宝宝
	五瓦仰□	宝宝宝宝
	吾牙月尧	宝宝宝宝
三 音 四 声	安亚乙一	宝宝宝宝
	□爻王寅	宝宝宝宝
	母马美米	宝宝宝宝
	目皃眉民	宝宝宝宝
四 音 四 声	夫法□飞	宝宝宝宝
	父凡□吠	宝宝宝宝
	武晚□尾	宝宝宝宝
	文万□未	宝宝宝宝
五 音	卜百丙必	宝宝宝宝
	步白葡鼻	宝宝宝宝

一　声　白白白白　开宰爱○
　　　　白白白白　回每退○
　　　　白白白白　良两向○
五　音　白白白白　光广况○
二　声　白白白白　丁井亘○
　　　　白白白白　兄永莹○
　　　　白白白白　千典旦○
五　音　白白白白　元犬半○
三　声　白白白白　臣引艮○
　　　　白白白白　君允巽○
　　　　白白白白　刀早孝岳
五　音　白白白白　毛宝报霍
四　声　白白白白　牛斗奏六
　　　　白白白白　○○○玉
　　　　白白白白　妻子四日
五　音　白白白白　衰○帅骨
五　声　白白白白　○○○德
　　　　白白白白　龟水贵北
　　　　白白白白　宫孔众○
五　音　白白白白　龙甬用○
六　声　白白白白　鱼鼠去○
　　　　白白白白　乌虎兔○
　　　　白白白白　心审禁○
五　音　白白白白　○○○十
七　声　白白白白　男坎欠○
　　　　白白白白　○○○妾
　　　　白白白白　●●●●
五　音　白白白白　●●●●

四　声　普朴品匹　宝宝宝宝
　　　　旁排平瓶　宝宝宝宝
　　　　东丹帝■　宝宝宝宝
六　音　兑大弟■　宝宝宝宝
四　声　土贪天■　宝宝宝宝
　　　　同覃田■　宝宝宝宝
　　　　乃妳女■　宝宝宝宝
七　音　内南年■　宝宝宝宝
四　声　老冷吕■　宝宝宝宝
　　　　鹿荦离■　宝宝宝宝
　　　　走哉足■　宝宝宝宝
八　音　自在匠■　宝宝宝宝
四　声　草采七■　宝宝宝宝
　　　　曹才全■　宝宝宝宝
　　　　思三星■　宝宝宝宝
九　音　寺□象■　宝宝宝宝
四　声　□□□■　宝宝宝宝
　　　　□□□■　宝宝宝宝
　　　　■山手■　宝宝宝宝
十　音　■士石■　宝宝宝宝
四　声　■□耳■　宝宝宝宝
　　　　■□二■　宝宝宝宝
　　　　■庄震■　宝宝宝宝
十一音　■乍□■　宝宝宝宝
四　声　■叉赤■　宝宝宝宝
　　　　■崇辰■　宝宝宝宝
　　　　■卓中■　宝宝宝宝
十二音　■宅直■　宝宝宝宝

八　声　白白白白　●●●●
　　　　白白白白　●●●●

　　　　白白白白　●●●●
五　音　白白白白　●●●●
九　声　白白白白　●●●●
　　　　白白白白　●●●●

　　　　白白白白　●●●●
五　音　白白白白　●●●●
十　声　白白白白　●●●●
　　　　白白白白　●●●●

发音浊和律二之六

　　　　大大大大　多可个舌
六　音　大大大大　禾火化八
一　声　大大大大　开宰爱○
　　　　大大大大　回每退○

　　　　大大大大　良两向○
六　音　大大大大　光广况○
二　声　大大大大　丁井亘○
　　　　大大大大　兄永莹○

　　　　大大大大　千典旦○
六　音　大大大大　元犬半○
三　声　大大大大　臣引良○
　　　　大大大大　君允巽○

　　　　大大大大　刀早孝岳
六　音　大大大大　毛宝报霍
四　声　大大大大　牛斗奏六
　　　　大大大大　○○○玉

四　声　■坏丑■　宝宝宝宝
　　　　■茶呈■　宝宝宝宝

上声翕唱吕二之五

　　　　古甲九癸　○○○○
一　音　□□近揆　○○○○
五　声　坤巧丘弃　○○○○
　　　　□□乾虬　○○○○

　　　　黑花香血　○○○○
二　音　黄华雄贤　○○○○
五　声　五瓦仰□　○○○○
　　　　吾牙月尧　○○○○

　　　　安亚乙一　○○○○
三　音　门爻王寅　○○○○
五　声　母马美米　○○○○
　　　　目兒眉民　○○○○

　　　　夫法□飞　○○○○
四　音　父凡□吠　○○○○
五　声　武晚□尾　○○○○
　　　　文万□未　○○○○

　　　　卜百丙必　○○○○
五　音　步白葡鼻　○○○○
五　声　普朴品匹　○○○○
　　　　旁排平瓶　○○○○

　　　　东丹帝■
六　音　兑大弟■　○○○○
五　声　土贪天■　○○○○
　　　　同覃田■　○○○○

六音
五声

大大大大　妻子四日
大大大大　衰○帅骨
大大大大　○○○德
大大大大　龟水贵北

六音
六声

大大大大　宫孔众○
大大大大　龙甬用○
大大大大　鱼鼠去○
大大大大　乌虎兔○

六音
七声

大大大大　心审禁○
大大大大　○○○十
大大大大　男坎欠○
大大大大　○○○妾

六音
八声

大大大大　●●●●
大大大大　●●●●
大大大大　●●●●

六音
九声

大大大大　●●●●
大大大大　●●●●
大大大大　●●●●

六音
十声

大大大大　●●●●
大大大大　●●●●
大大大大　●●●●

发音浊和律二之七

七音

南南南南　多可个舌
南南南南　禾火化八

七音
五声

乃妳女■　○○○○
内南年■　○○○○
老冷吕■　○○○○
鹿荤离■　○○○○

八音
五声

走哉足■　○○○○
自在匠■　○○○○
草采七■　○○○○
曹才全■　○○○○

九音
五声

思三星■　○○○○
寺□象■　○○○○
□□□■　○○○○
□□□■　○○○○

十音
五声

■山手■　○○○○
■士石■　○○○○
■□耳■　○○○○
■□二■　○○○○

十一音
五声

■庄震■　○○○○
■乍□■　○○○○
■叉赤■　○○○○
■崇辰■　○○○○

十二音
五声

■卓中■　○○○○
■宅直■　○○○○
■圻丑■　○○○○
■茶呈■　○○○○

上声翕唱吕二之六

一音

古甲九癸　甬甬甬甬
□□近揆　甬甬甬甬

一 声	南南南南	开宰爱○	
	南南南南	回每退○	
	南南南南	良两向○	
七 音	南南南南	光广况○	
二 声	南南南南	丁井旦○	
	南南南南	兄永莹○	
	南南南南	千典旦○	
七 音	南南南南	元犬半○	
三 声	南南南南	臣引艮○	
	南南南南	君允巽○	
	南南南南	刀早孝岳	
七 音	南南南南	毛宝报霍	
四 声	南南南南	牛斗奏六	
	南南南南	○○○玉	
	南南南南	妻子四日	
七 音	南南南南	衰○帅骨	
五 声	南南南南	○○○德	
	南南南南	龟水贵北	
	南南南南	宫孔众○	
七 音	南南南南	龙甬用○	
六 声	南南南南	鱼鼠去○	
	南南南南	乌虎兔○	
	南南南南	心审禁○	
七 音	南南南南	○○○十	
七 声	南南南南	男坎欠○	
	南南南南	○○○妾	
	南南南南	●●●●	
七 音	南南南南	●●●●	
六 声	坤巧丘弃	甬甬甬甬	
	□□乾虬	甬甬甬甬	
	黑花香血	甬甬甬甬	
二 音	黄华雄贤	甬甬甬甬	
六 声	五瓦仰□	甬甬甬甬	
	吾牙月尧	甬甬甬甬	
	安亚乙一	甬甬甬甬	
三 音	□爻王寅	甬甬甬甬	
六 声	母马美米	甬甬甬甬	
	目皃眉民	甬甬甬甬	
	夫法□飞	甬甬甬甬	
四 音	父凡□吠	甬甬甬甬	
六 声	武晚□尾	甬甬甬甬	
	文万□未	甬甬甬甬	
	卜百丙必	甬甬甬甬	
五 音	步白葡鼻	甬甬甬甬	
六 声	普朴品匹	甬甬甬甬	
	旁排平瓶	甬甬甬甬	
	东丹帝■	甬甬甬甬	
六 音	兑大弟■	甬甬甬甬	
六 声	土贪天■	甬甬甬甬	
	同覃田■	甬甬甬甬	
	乃妳女■	甬甬甬甬	
七 音	内南年■	甬甬甬甬	
六 声	老冷吕■	甬甬甬甬	
	鹿荦离■	甬甬甬甬	
	走哉足■	甬甬甬甬	
八 音	自在匠■	甬甬甬甬	

八声	南南南南	●●●●
	南南南南	●○●●
	南南南南	●●●●
七音	南南南南	●●●●
九声	南南南南	●●●●
	南南南南	●●●●
	南南南南	●●●●
七音	南南南南	●●●●
十声	南南南南	●●●●
	南南南南	●●●●

发音浊和律二之八

	在在在在	多可个舌
八音	在在在在	禾火化八
一声	在在在在	开宰爱○
	在在在在	回每退○
	在在在在	良两向○
八音	在在在在	光广况○
二声	在在在在	丁井亘○
	在在在在	兄永莹○
	在在在在	千典旦○
八音	在在在在	元犬半○
三声	在在在在	臣引艮○
	在在在在	君允巽○
	在在在在	刀早孝岳
八音	在在在在	毛宝报霍
四声	在在在在	牛斗奏六
	在在在在	○○○玉

六声	草采七■	甬甬甬甬
	曹才全■	甬甬甬甬
	思三星■	甬甬甬甬
九音	寺□象■	甬甬甬甬
六声	□□□■	甬甬甬甬
	□□□■	甬甬甬甬
	■山手■	甬甬甬甬
十音	■士石■	甬甬甬甬
六声	■□耳■	甬甬甬甬
	■□二■	甬甬甬甬
	■庄震■	甬甬甬甬
十一音	■乍□■	甬甬甬甬
六声	■叉赤■	甬甬甬甬
	■崇辰■	甬甬甬甬
	■卓中■	甬甬甬甬
十二音	■宅直■	甬甬甬甬
六声	■坼丑■	甬甬甬甬
	■茶呈■	甬甬甬甬

上声翁唱吕二之七

	古甲九癸	○○○○
一音	□□近揆	○○○○
七声	坤巧丘弃	○○○○
	□□乾虬	○○○○
	黑花香血	○○○○
二音	黄华雄贤	○○○○
七声	五瓦仰□	○○○○
	吾牙月尧	○○○○

八音
五声

在在在在　妻子四日
在在在在　衰○帅骨
在在在在　○○○德
在在在在　龟水贵北

八音
六声

在在在在　宫孔众○
在在在在　龙甬用○
在在在在　鱼鼠去○
在在在在　乌虎兔○

八音
七声

在在在在　心审禁○
在在在在　○○○十
在在在在　男坎欠○
在在在在　○○○妾

八音
八声

在在在在　●●●●
在在在在　●●●●
在在在在　●●●●
在在在在　●●●●

八音
九声

在在在在　●●●●
在在在在　●●●●
在在在在　●●●●
在在在在　●●●●

八音
十声

在在在在　●●●●
在在在在　●●●●
在在在在　●●●●
在在在在　●●●●

发音浊和律二之九

九音
一声

□□□□　多可个舌
□□□□　禾火化八
□□□□　开宰爱○
□□□□　回每退○

三音
七声

安亚乙一　○○○○
□爻王寅　○○○○
母马美米　○○○○
目皃眉民　○○○○

四音
七声

夫法□飞　○○○○
父凡□吠　○○○○
武晚□尾　○○○○
文万□未　○○○○

五音
七声

卜百丙必　○○○○
步白葡鼻　○○○○
普朴品匹　○○○○
旁排平瓶　○○○○

六音
七声

东丹帝■　○○○○
兑大弟■　○○○○
土贪天■　○○○○
同覃田■　○○○○

七音
七声

乃妳女■　○○○○
内南年■　○○○○
老冷吕■　○○○○
鹿荦离■　○○○○

八音
七声

走哉足■　○○○○
自在匠■　○○○○
草采七■　○○○○
曹才全■　○○○○

九音
七声

思三星■　○○○○
寺□象■　○○○○
□□□■　○○○○
□□□■　○○○○

	□□□□	良两向〇	
九音	□□□□	光广况〇	
二声	□□□□	丁井亘〇	
	□□□□	兄永莹〇	
	□□□□	千典旦〇	
九音	□□□□	元犬半〇	
三声	□□□□	臣引艮〇	
	□□□□	君允巽〇	
	□□□□	刀早孝岳	
九音	□□□□	毛宝报霍	
四声	□□□□	牛斗奏六	
	□□□□	〇〇〇玉	
	□□□□	妻子四日	
九音	□□□□	衰〇帅骨	
五声	□□□□	〇〇〇德	
	□□□□	龟水贵北	
	□□□□	宫孔众〇	
九音	□□□□	龙甬用〇	
六声	□□□□	鱼鼠去〇	
	□□□□	乌虎兔〇	
	□□□□	心审禁〇	
九音	□□□□	〇〇〇十	
七声	□□□□	男坎欠〇	
	□□□□	〇〇〇妾	
	□□□□	●●●●	
九音	□□□□	●●●●	
八声	□□□□	●●●●	

	■山手■	〇〇〇〇	
十音	■士石■	〇〇〇〇	
七声	■□耳■	〇〇〇〇	
	■□二■	〇〇〇〇	
	■庄震■	〇〇〇〇	
十一音	■乍□■	〇〇〇〇	
七声	■叉赤■	〇〇〇〇	
	■崇辰■	〇〇〇〇	
	■卓中■	〇〇〇〇	
十二音	■宅直■	〇〇〇〇	
七声	■坼丑■	〇〇〇〇	
	■茶呈■	〇〇〇〇	

上声翕唱吕二之八

	古甲九癸	●●●●	
一音	□□近揆	●●●●	
八声	坤巧丘弃	●●●●	
	□□乾虬	●●●●	
	黑花香血	●●●●	
二音	黄华雄贤	●●●●	
八声	五瓦仰□	●●●●	
	吾牙月尧	●●●●	
	安亚乙一	●●●●	
三音	□爻王寅	●●●●	
八声	母马美米	●●●●	
	目皃眉民	●●●●	
	夫法□飞	●●●●	
四音	父凡□吠	●●●●	
八声	武晚□尾	●●●●	
	文万□未	●●●●	

	□□□□ ●●●●			卜百丙必 ●●●●	
九 音	□□□□ ●●●●		五 音	步白葡鼻 ●●●●	
九 声	□□□□ ●●●●		八 声	普朴品匹 ●●●●	
	□□□□ ●●●●			旁排平瓶 ●●●●	

□□□□ ●●●●　　　　东丹帝■ ●●●●
九 音　□□□□ ●●●●　六 音　兑大弟■ ●●●●
十 声　□□□□ ●●●●　八 声　土贪天■ ●●●●
　　　□□□□ ●●●●　　　　同覃田■ ●●●●

发音浊和律二之十

士士士士 多可个舌　　　乃妳女■ ●●●●
十 音　士士士士 禾火化八　七 音　内南年■ ●●●●
一 声　士士士士 开宰爱○　八 声　老冷吕■ ●●●●
　　　士士士士 回每退○　　　　鹿荦离■ ●●●●

士士士士 良两向○　　　走哉足■ ●●●●
十 音　士士士士 光广况○　八 音　自在匠■ ●●●●
二 声　士士士士 丁井亘○　八 声　草采七■ ●●●●
　　　士士士士 兄永莹○　　　　曹才全■ ●●●●

士士士士 千典旦○　　　思三星■ ●●●●
十 音　士士士士 元犬半○　九 音　寺□象■ ●●●●
三 声　士士士士 臣引艮○　八 声　□□□■ ●●●●
　　　士士士士 君允巽○　　　　□□□■ ●●●●

士士士士 刀早孝岳　　　■山手■ ●●●●
十 音　士士士士 毛宝报霍　十 音　■士石■ ●●●●
四 声　士士士士 牛斗奏六　八 声　■□耳■ ●●●●
　　　士士士士 ○○○玉　　　　■□二■ ●●●●

士士士士 妻子四日　　　■庄震■ ●●●●
十 音　士士士士 衰○帅骨　十一音　■乍□■ ●●●●
五 声　士士士士 ○○○德　八 声　■叉赤■ ●●●●
　　　士士士士 龟水贵北　　　　■崇辰■ ●●●●

	士士士士	宫孔众〇	
十音	士士士士	龙甬用〇	
六声	士士士士	鱼鼠去〇	
	士士士士	乌虎兔〇	

	士士士士	心审禁〇	
十音	士士士士	〇〇〇十	
七声	士士士士	男坎欠〇	
	士士士士	〇〇〇妾	

	士士士士	●●●●
十音	士士士士	●●●●
八声	士士士士	●●●●
	士士士士	●●●●

	士士士士	●●●●
十音	士士士士	●●●●
九声	士士士士	●●●●
	士士士士	●●●●

	士士士士	●●●●
十音	士士士士	●●●●
十声	士士士士	●●●●
	士士士士	●●●●

发音浊和律二之十一

	乆乆乆乆	多可个舌
十一音	乆乆乆乆	禾火化八
一声	乆乆乆乆	开宰爱〇
	乆乆乆乆	回每退〇
	乆乆乆乆	良两向〇
十一音	乆乆乆乆	光广况〇

十二音	■卓中■	●●●●
八声	■宅直■	●●●●
	■坼丑■	●●●●
	■茶呈■	●●●●

上声翕唱吕二之九

	古甲九癸	●●●●
一音	□□近揆	●●●●
九声	坤巧丘弃	●●●●
	□□乾虬	●●●●
	黑花香血	●●●●
二音	黄华雄贤	●●●●
九声	五瓦仰□	●●●●
	吾牙月尧	●●●●
	安亚乙一	●●●●
三音	□爻王寅	●●●●
九声	母马美米	●●●●
	目皃眉民	●●●●
	夫法□飞	●●●●
四音	父凡□吠	●●●●
九声	武晚□尾	●●●●
	文万□未	●●●●
	卜百丙必	●●●●
五音	步白蒲鼻	●●●●
九声	普朴品匹	●●●●
	旁排平瓶	●●●●
	东丹帝■	●●●●
六音	兑大弟■	●●●●

二　声	乍乍乍乍	丁井亘○	
	乍乍乍乍	兄永莹○	
	乍乍乍乍	千典旦○	
十一音	乍乍乍乍	元犬半○	
三　声	乍乍乍乍	臣引艮○	
	乍乍乍乍	君允巽○	
	乍乍乍乍	刀早孝岳	
十一音	乍乍乍乍	毛宝报霍	
四　声	乍乍乍乍	牛斗奏六	
	乍乍乍乍	○○○玉	
	乍乍乍乍	妻子四日	
十一音	乍乍乍乍	衰○帅骨	
五　声	乍乍乍乍	○○○德	
	乍乍乍乍	龟水贵北	
	乍乍乍乍	宫孔众○	
十一音	乍乍乍乍	龙甬用○	
六　声	乍乍乍乍	鱼鼠去○	
	乍乍乍乍	乌虎兔○	
	乍乍乍乍	心审禁○	
十一音	乍乍乍乍	○○○十	
七　声	乍乍乍乍	男坎欠○	
	乍乍乍乍	○○○妾	
	乍乍乍乍	●●●●	
十一音	乍乍乍乍	●●●●	
八　声	乍乍乍乍	●●●●	
	乍乍乍乍	●●●●	
	乍乍乍乍	●●●●	
十一音	乍乍乍乍	●●●●	

九　声	土贪天■	●●●●
	同覃田■	●●●●
	乃妳女■	●●●●
七　音	内南年■	●●●●
九　声	老冷吕■	●●●●
	鹿荦离■	●●●●
	走哉足■	●●●●
八　音	自在匠■	●●●●
九　声	草采七■	●●●●
	曹才全■	●●●●
	思三星■	●●●●
九　音	寺□象■	●●●●
九　声	□□□■	●●●●
	□□□■	●●●●
	■山手■	●●●●
十　音	■士石■	●●●●
九　声	■□耳■	●●●●
	■□二■	●●●●
	■庄震■	●●●●
十一音	■乍□■	●●●●
九　声	■又赤■	●●●●
	■崇辰■	●●●●
	■卓中■	●●●●
十二音	■宅直■	●●●●
九　声	■坼丑■	●●●●
	■茶呈■	●●●●

上声翕唱吕二之十

	古甲九癸	●●●●
一　音	□□近揆	●●●●

九 声	乍乍乍乍	●●●●		十 声	坤巧丘弃	●●●●
	乍乍乍乍	●●●●			□□乾虬	●●●●
	乍乍乍乍	●●●●			黑花香血	●●●●
十一音	乍乍乍乍	●●●●		二 音	黄华雄贤	●●●●
十 声	乍乍乍乍	●●●●		十 声	五瓦仰□	●●●●
	乍乍乍乍	●●●●			吾牙月尧	●●●●

发音浊和律二之十二

	宅宅宅宅	多可个舌			安亚乙一	●●●●
十二音	宅宅宅宅	禾火化八		三 音	□爻王寅	●●●●
一 声	宅宅宅宅	开宰爱○		十 声	母马美米	●●●●
	宅宅宅宅	回每退○			目皃眉民	●●●●
	宅宅宅宅	良两向○			夫法□飞	●●●●
十二音	宅宅宅宅	光广况○		四 音	父凡□吠	●●●●
二 声	宅宅宅宅	丁井旦○		十 声	武晚□尾	●●●●
	宅宅宅宅	兄永莹○			文万□未	●●●●
	宅宅宅宅	千典旦○			卜百丙必	●●●●
十二音	宅宅宅宅	元犬半○		五 音	步白葡鼻	●●●●
三 声	宅宅宅宅	臣引艮○		十 声	普朴品匹	●●●●
	宅宅宅宅	君允巽○			旁排平瓶	●●●●
	宅宅宅宅	刀早孝岳			东丹帝■	●●●●
十二音	宅宅宅宅	毛宝报霍		六 音	兑大弟■	●●●●
四 声	宅宅宅宅	牛斗奏六		十 声	土贪天■	●●●●
	宅宅宅宅	○○○玉			同覃田■	●●●●
	宅宅宅宅	妻子四日			乃妳女■	●●●●
十二音	宅宅宅宅	衰○帅骨		七 音	内南年■	●●●●
五 声	宅宅宅宅	○○○德		十 声	老冷吕■	●●●●
	宅宅宅宅	龟水贵北			鹿荦离■	●●●●

十二音六声	宅宅宅宅	宫孔众○
	宅宅宅宅	龙甬用○
	宅宅宅宅	鱼鼠去○
	宅宅宅宅	乌虎兔○
十二音七声	宅宅宅宅	心审禁○
	宅宅宅宅	○○○十
	宅宅宅宅	男坎欠○
	宅宅宅宅	○○○妾
十二音八声	宅宅宅宅	●●●●
	宅宅宅宅	●●●●
	宅宅宅宅	●●●●
	宅宅宅宅	●●●●
十二音九声	宅宅宅宅	●●●●
	宅宅宅宅	●●●●
	宅宅宅宅	●●●●
	宅宅宅宅	●●●●
十二音十声	宅宅宅宅	●●●●
	宅宅宅宅	●●●●
	宅宅宅宅	●●●●

八音十声	走哉足■	●●●●
	自在匠■	●●●●
	草采七■	●●●●
	曹才全■	●●●●
九音十声	思三星■	●●●●
	寺□象■	●●●●
	□□□■	●●●●
	□□□■	●●●●
十音十声	■山手■	●●●●
	■土石■	●●●●
	■□耳■	●●●●
	■□二■	●●●●
十一音十声	■庄震■	●●●●
	■乍□■	●●●●
	■又赤■	●●●●
	■崇辰■	●●●●
十二音十声	■卓中■	●●●●
	■宅直■	●●●●
	■坼丑■	●●●●
	■茶呈■	●●●●

观物篇之四十一

月星声上辟

宰井引斗●

鼠坎●●●

月星声七,下唱地之用音一百五十二,是谓上声辟音。上声辟音一千六十四。

火土音发清

巧瓦马晚朴贪

冷采□□叉坼

火土音十二,上和天之用声一百一十二,是谓发音清声。发音清声一千三百四十四。

月星声上之三辟
发音清和律三之一

		巧巧巧巧	多可个舌
一	音	巧巧巧巧	禾火化八
一	声	巧巧巧巧	开宰爱○
		巧巧巧巧	回每退○
		巧巧巧巧	良两向○
一	音	巧巧巧巧	光广况○
二	声	巧巧巧巧	丁井亘○
		巧巧巧巧	兄永莹○
		巧巧巧巧	千典旦○
一	音	巧巧巧巧	元犬半○
三	声	巧巧巧巧	臣引艮○
		巧巧巧巧	君允巽○
		巧巧巧巧	刀早孝岳
一	音	巧巧巧巧	毛宝报霍
四	声	巧巧巧巧	牛斗奏六
		巧巧巧巧	○○○玉
		巧巧巧巧	妻子四日
一	音	巧巧巧巧	衰○帅骨
五	声	巧巧巧巧	○○○德
		巧巧巧巧	龟水贵北
		巧巧巧巧	宫孔众○
一	音	巧巧巧巧	龙甬用○
六	声	巧巧巧巧	鱼鼠去○
		巧巧巧巧	乌虎兔○
		巧巧巧巧	心审禁○
一	音	巧巧巧巧	○○○十

火土音发之三清
上声辟唱吕三之一

		古甲九癸	宰宰宰宰
一	音	□□近揆	宰宰宰宰
一	声	坤巧丘弃	宰宰宰宰
		□□乾虬	宰宰宰宰
		黑花香血	宰宰宰宰
二	音	黄华雄贤	宰宰宰宰
一	声	五瓦仰□	宰宰宰宰
		吾牙月尧	宰宰宰宰
		安亚乙一	宰宰宰宰
三	音	□爻王寅	宰宰宰宰
一	声	母马美米	宰宰宰宰
		目兒眉民	宰宰宰宰
		夫法□飞	宰宰宰宰
四	音	父凡□吠	宰宰宰宰
一	声	武晚□尾	宰宰宰宰
		文万□未	宰宰宰宰
		卜百丙必	宰宰宰宰
五	音	步白葡鼻	宰宰宰宰
一	声	普朴品匹	宰宰宰宰
		旁排平瓶	宰宰宰宰
		东丹帝■	宰宰宰宰
六	音	兑大弟■	宰宰宰宰
一	声	土贪天■	宰宰宰宰
		同覃田■	宰宰宰宰
		乃妳女■	宰宰宰宰
七	音	内南年■	宰宰宰宰

七　声　巧巧巧巧　男坎欠○
　　　　巧巧巧巧　○○○妾
　　　　巧巧巧巧　●●●●
一　音　巧巧巧巧　●●●●
八　声　巧巧巧巧　●●●●
　　　　巧巧巧巧　●●●●
一　音　巧巧巧巧　●●●●
九　声　巧巧巧巧　●●●●
　　　　巧巧巧巧　●●●●
　　　　巧巧巧巧　●●●●
一　音　巧巧巧巧　●●●●
十　声　巧巧巧巧　●●●●
　　　　巧巧巧巧　●●●●

发音清和律三之二

　　　　瓦瓦瓦瓦　多可个舌
二　音　瓦瓦瓦瓦　禾火化八
一　声　瓦瓦瓦瓦　开宰爱○
　　　　瓦瓦瓦瓦　回每退○
　　　　瓦瓦瓦瓦　良两向○
二　音　瓦瓦瓦瓦　光广况○
二　声　瓦瓦瓦瓦　丁井旦○
　　　　瓦瓦瓦瓦　兄永莹○

　　　　瓦瓦瓦瓦　千典旦○
二　音　瓦瓦瓦瓦　元犬半○
三　声　瓦瓦瓦瓦　臣引艮○
　　　　瓦瓦瓦瓦　君允巽○

一　声　老冷吕■　宰宰宰宰
　　　　鹿荦离■　宰宰宰宰
　　　　走哉足■　宰宰宰宰
八　音　自在匠■　宰宰宰宰
一　声　草采七■　宰宰宰宰
　　　　曹才全■　宰宰宰宰
　　　　思三星■　宰宰宰宰
九　音　寺□象■　宰宰宰宰
一　声　□□□■　宰宰宰宰
　　　　□□□■　宰宰宰宰
　　　　■山手■　宰宰宰宰
十　音　■士石■　宰宰宰宰
一　声　■□耳■　宰宰宰宰
　　　　■□二■　宰宰宰宰
　　　　■庄震■　宰宰宰宰
十一音　■乍□■　宰宰宰宰
一　声　■叉赤■　宰宰宰宰
　　　　■崇辰■　宰宰宰宰
　　　　■卓中■　宰宰宰宰
十二音　■宅直■　宰宰宰宰
一　声　■坼丑■　宰宰宰宰
　　　　■茶呈■　宰宰宰宰

上声辟唱吕三之二

　　　　古甲九癸　井井井井
一　音　□□近揆　井井井井
二　声　坤巧丘弃　井井井井
　　　　□□乾虬　井井井井

		瓦瓦瓦瓦 刀早孝岳	
二	音	瓦瓦瓦瓦 毛宝报霍	
四	声	瓦瓦瓦瓦 牛斗奏六	
		瓦瓦瓦瓦 ○○○玉	
		瓦瓦瓦瓦 妻子四日	
二	音	瓦瓦瓦瓦 衰○帅骨	
五	声	瓦瓦瓦瓦 ○○○德	
		瓦瓦瓦瓦 龟水贵北	
		瓦瓦瓦瓦 宫孔众○	
二	音	瓦瓦瓦瓦 龙甬用○	
六	声	瓦瓦瓦瓦 鱼鼠去○	
		瓦瓦瓦瓦 乌虎兔○	
		瓦瓦瓦瓦 心审禁○	
二	音	瓦瓦瓦瓦 ○○○十	
七	声	瓦瓦瓦瓦 男坎欠○	
		瓦瓦瓦瓦 ○○○妾	
		瓦瓦瓦瓦 ●●●●	
二	音	瓦瓦瓦瓦 ●●●●	
八	声	瓦瓦瓦瓦 ●●●●	
		瓦瓦瓦瓦 ●●●●	
二	音	瓦瓦瓦瓦 ●●●●	
九	声	瓦瓦瓦瓦 ●●●●	
		瓦瓦瓦瓦 ●●●●	
二	音	瓦瓦瓦瓦 ●●●●	
十	声	瓦瓦瓦瓦 ●●●●	
		瓦瓦瓦瓦 ●●●●	

		黑花香血	井井井井
二	音	黄华雄贤	井井井井
二	声	五瓦仰□	井井井井
		吾牙月尧	井井井井
		安亚乙一	井井井井
三	音	□爻王寅	井井井井
二	声	母马美米	井井井井
		目兑眉民	井井井井
		夫法□飞	井井井井
四	音	父凡□吠	井井井井
二	声	武晚□尾	井井井井
		文万□未	井井井井
		卜百丙必	井井井井
五	音	步白葡鼻	井井井井
二	声	普朴品匹	井井井井
		旁排平瓶	井井井井
		东丹帝■	井井井井
六	音	兑大弟■	井井井井
二	声	土贪天■	井井井井
		同覃田■	井井井井
		乃妳女■	井井井井
七	音	内南年■	井井井井
二	声	老冷吕■	井井井井
		鹿荦离■	井井井井
		走哉足■	井井井井
八	音	自在匠■	井井井井
二	声	草采七■	井井井井
		曹才全■	井井井井

发音清和律三之三

	马马马马	多可个舌		思三星■	井井井井
三音	马马马马	禾火化八	九音	寺口象■	井井井井
一声	马马马马	开宰爱〇	二声	口口口■	井井井井
	马马马马	回每退〇		口口口■	井井井井
	马马马马	良两向〇		■山手■	井井井井
三音	马马马马	光广况〇	十音	■土石■	井井井井
二声	马马马马	丁井旦〇	二声	■口耳■	井井井井
	马马马马	兄永莹〇		■口二■	井井井井
	马马马马	千典旦〇		■庄震■	井井井井
三音	马马马马	元犬半〇	十一音	■乍口■	井井井井
三声	马马马马	臣引艮〇	二声	■叉赤■	井井井井
	马马马马	君允巽〇		■崇辰■	井井井井
	马马马马	刀早孝岳		■卓中■	井井井井
三音	马马马马	毛宝报霍	十二音	■宅直■	井井井井
四声	马马马马	牛斗奏六	二声	■坼丑■	井井井井
	马马马马	〇〇〇玉		■茶呈■	井井井井

上声辟唱吕三之三

	马马马马	妻子四日		古甲九癸	引引引引
三音	马马马马	衰〇帅骨	一音	口口近揆	引引引引
五声	马马马马	〇〇〇德	三声	坤巧丘弃	引引引引
	马马马马	龟水贵北		口口乾虬	引引引引
	马马马马	宫孔众〇		黑花香血	引引引引
三音	马马马马	龙甬用〇	二音	黄华雄贤	引引引引
六声	马马马马	鱼鼠去〇	三声	五瓦仰口	引引引引
	马马马马	乌虎兔〇		吾牙月尧	引引引引
	马马马马	心审禁〇		安亚乙一	引引引引
三音	马马马马	〇〇〇十	三音	口爻王寅	引引引引

七声	马马马马	男坎欠○	
	马马马马	○○○姜	
	马马马马	●●●●	
三音	马马马马	●●●●	
八声	马马马马	●●●●	
	马马马马	●●●●	
	马马马马	●●●●	
三音	马马马马	●●●●	
九声	马马马马	●●●●	
	马马马马	●●●●	
	马马马马	●●●●	
三音	马马马马	●●●●	
十声	马马马马	●●●●	
	马马马马	●●●●	

发音清和律三之四

	晚晚晚晚	多可个舌	
四音	晚晚晚晚	禾火化八	
一声	晚晚晚晚	开宰爱○	
	晚晚晚晚	回每退○	
	晚晚晚晚	良两向○	
四音	晚晚晚晚	光广况○	
二声	晚晚晚晚	丁井亘○	
	晚晚晚晚	兄永莹○	
	晚晚晚晚	千典旦○	
四音	晚晚晚晚	元犬半○	
三声	晚晚晚晚	臣引艮○	
	晚晚晚晚	君允巽○	
	晚晚晚晚	刀早孝岳	
四音	晚晚晚晚	毛宝报霍	

三声	母马美米	引引引引	
	目皃眉民	引引引引	
	夫法□飞	引引引引	
四音	父凡□吠	引引引引	
三声	武晚□尾	引引引引	
	文万□未	引引引引	
	卜百丙必	引引引引	
五音	步白蒲鼻	引引引引	
三声	普朴品匹	引引引引	
	旁排平瓶	引引引引	
	东丹帝■	引引引引	
六音	兑大弟■	引引引引	
三声	土贪天■	引引引引	
	同覃田■	引引引引	
	乃妳女■	引引引引	
七音	内南年■	引引引引	
三声	老冷吕■	引引引引	
	鹿荦离■	引引引引	
	走哉足■	引引引引	
八音	自在匠■	引引引引	
三声	草采七■	引引引引	
	曹才全■	引引引引	
	思三星■	引引引引	
九音	寺□象■	引引引引	
三声	□□□■	引引引引	
	□□□■	引引引引	
	■山手■	引引引引	
十音	■士石■	引引引引	

四声	晚晚晚晚	牛斗奏六	
	晚晚晚晚	○○○玉	
	晚晚晚晚	妻子四日	
四音	晚晚晚晚	衰○帅骨	
五声	晚晚晚晚	○○○德	
	晚晚晚晚	龟水贵北	
	晚晚晚晚	宫孔众○	
四音	晚晚晚晚	龙甬用○	
六声	晚晚晚晚	鱼鼠去○	
	晚晚晚晚	乌虎兔○	
	晚晚晚晚	心审禁○	
四音	晚晚晚晚	○○○十	
七声	晚晚晚晚	男坎欠○	
	晚晚晚晚	○○○妾	
	晚晚晚晚	●●●●	
四音	晚晚晚晚	●●●●	
八声	晚晚晚晚	●●●●	
	晚晚晚晚	●●●●	
	晚晚晚晚	●●●●	
四音	晚晚晚晚	●●●●	
九声	晚晚晚晚	●●●●	
	晚晚晚晚	●●●●	
	晚晚晚晚	●●●●	
四音	晚晚晚晚	●●●●	
十声	晚晚晚晚	●●●●	
	晚晚晚晚	●●●●	

三声	■□耳■	引引引引	
	■□二■	引引引引	
	■庄震■	引引引引	
十一音	■乍□■	引引引引	
三声	■叉赤■	引引引引	
	■崇辰■	引引引引	
	■卓中■	引引引引	
十二音	■宅直■	引引引引	
三声	■坼丑■	引引引引	
	■茶呈■	引引引引	

上声辟唱吕三之四

	古甲九癸	斗斗斗斗	
一音	□□近揆	斗斗斗斗	
四声	坤巧丘弃	斗斗斗斗	
	□□乾虬	斗斗斗斗	
	黑花香血	斗斗斗斗	
二音	黄华雄贤	斗斗斗斗	
四声	五瓦仰□	斗斗斗斗	
	吾牙月尧	斗斗斗斗	
	安亚乙一	斗斗斗斗	
三音	□爻王寅	斗斗斗斗	
四声	母马美米	斗斗斗斗	
	目皃眉民	斗斗斗斗	
	夫法□飞	斗斗斗斗	
四音	父凡□吠	斗斗斗斗	
四声	武晚□尾	斗斗斗斗	
	文万□未	斗斗斗斗	

发音清和律三之五

		朴朴朴朴	多可个舌			卜百丙必	斗斗斗斗
五	音	朴朴朴朴	禾火化八	五	音	步白葡鼻	斗斗斗斗
一	声	朴朴朴朴	开宰爱〇	四	声	普朴品匹	斗斗斗斗
		朴朴朴朴	回每退〇			旁排平瓶	斗斗斗斗
		朴朴朴朴	良两向〇			东丹帝■	斗斗斗斗
五	音	朴朴朴朴	光广况〇	六	音	兑大弟■	斗斗斗斗
二	声	朴朴朴朴	丁井亘〇	四	声	土贪天■	斗斗斗斗
		朴朴朴朴	兄永莹〇			同覃田■	斗斗斗斗
		朴朴朴朴	千典旦〇			乃妳女■	斗斗斗斗
五	音	朴朴朴朴	元犬半〇	七	音	内南年■	斗斗斗斗
三	声	朴朴朴朴	臣引艮〇	四	声	老冷吕■	斗斗斗斗
		朴朴朴朴	君允巽〇			鹿荦离■	斗斗斗斗
		朴朴朴朴	刀早孝岳			走哉足■	斗斗斗斗
五	音	朴朴朴朴	毛宝报霍	八	音	自在匠■	斗斗斗斗
四	声	朴朴朴朴	牛斗奏六	四	声	草采七■	斗斗斗斗
		朴朴朴朴	〇〇〇玉			曹才全■	斗斗斗斗
		朴朴朴朴	妻子四日			思三星■	斗斗斗斗
五	音	朴朴朴朴	衰〇帅骨	九	音	寺口象■	斗斗斗斗
五	声	朴朴朴朴	〇〇〇德	四	声	〇〇〇■	斗斗斗斗
		朴朴朴朴	龟水贵北			〇〇〇■	斗斗斗斗
		朴朴朴朴	宫孔众〇			■山手■	斗斗斗斗
五	音	朴朴朴朴	龙甬用〇	十	音	■土石■	斗斗斗斗
六	声	朴朴朴朴	鱼鼠去〇	四	声	■口耳■	斗斗斗斗
		朴朴朴朴	乌虎兔〇			■口二■	斗斗斗斗
		朴朴朴朴	心审禁〇			■庄震■	斗斗斗斗
五	音	朴朴朴朴	〇〇〇十	十一	音	■乍口■	斗斗斗斗
七	声	朴朴朴朴	男坎欠〇	四	声	■叉赤■	斗斗斗斗
		朴朴朴朴	〇〇〇妾			■崇辰■	斗斗斗斗

朴朴朴朴　●●●● 　　　　■卓中■　斗斗斗斗
五　音　朴朴朴朴　●●●● 　十二音　■宅直■　斗斗斗斗
八　声　朴朴朴朴　●●●● 　四　声　■坼丑■　斗斗斗斗
　　　　朴朴朴朴　●●●● 　　　　■茶呈■　斗斗斗斗

　　　　　　　　　　　　　　## 上声辟唱吕三之五

　　　　朴朴朴朴　●●●● 　　　　古甲九癸　○○○○
五　音　朴朴朴朴　●●●● 　一　音　□□近揆　○○○○
九　声　朴朴朴朴　●●●● 　五　声　坤巧丘弃　○○○○
　　　　朴朴朴朴　●●●● 　　　　□□乾虬　○○○○

　　　　朴朴朴朴　●●●● 　　　　黑花香血　○○○○
五　音　朴朴朴朴　●●●● 　二　音　黄华雄贤　○○○○
十　声　朴朴朴朴　●●●● 　五　声　五瓦仰□　○○○○
　　　　朴朴朴朴　●●●● 　　　　吾牙月尧　○○○○

发音清和律三之六

　　　　贪贪贪贪　多可个舌 　　　　安亚乙一　○○○○
六　音　贪贪贪贪　禾火化八 　三　音　□爻王寅　○○○○
一　声　贪贪贪贪　开宰爱○ 　五　声　母马美米　○○○○
　　　　贪贪贪贪　回每退○ 　　　　目兒眉民　○○○○

　　　　贪贪贪贪　良两向○ 　　　　夫法□飞　○○○○
六　音　贪贪贪贪　光广况○ 　四　音　父凡□吠　○○○○
二　声　贪贪贪贪　丁井旦○ 　五　声　武晚□尾　○○○○
　　　　贪贪贪贪　兄永莹○ 　　　　文万□未　○○○○

　　　　贪贪贪贪　千典旦○ 　　　　卜百丙必　○○○○
六　音　贪贪贪贪　元犬半○ 　五　音　步白葡鼻　○○○○
三　声　贪贪贪贪　臣引艮○ 　五　声　普朴品匹　○○○○
　　　　贪贪贪贪　君允巽○ 　　　　旁排平瓶　○○○○

　　　　贪贪贪贪　刀早孝岳 　　　　东丹帝■　○○○○
六　音　贪贪贪贪　毛宝报霍 　六　音　兑大弟■　○○○○

四 声	贪贪贪贪	牛斗奏六
	贪贪贪贪	○○○玉
	贪贪贪贪	妻子四日
六 音	贪贪贪贪	衰○帅骨
五 声	贪贪贪贪	○○○德
	贪贪贪贪	龟水贵北
	贪贪贪贪	宫孔众○
六 音	贪贪贪贪	龙甬用○
六 声	贪贪贪贪	鱼鼠去○
	贪贪贪贪	乌虎兔○
	贪贪贪贪	心审禁○
六 音	贪贪贪贪	○○○十
七 声	贪贪贪贪	男坎欠○
	贪贪贪贪	○○○妾
	贪贪贪贪	●●●●
六 音	贪贪贪贪	●●●●
八 声	贪贪贪贪	●●●●
	贪贪贪贪	●●●●
六 音	贪贪贪贪	●●●●
九 声	贪贪贪贪	●●●●
	贪贪贪贪	●●●●
六 音	贪贪贪贪	●●●●
十 声	贪贪贪贪	●●●●
	贪贪贪贪	●●●●

发音清和律三之七

| | 冷冷冷冷 | 多可个舌 |
| 七 音 | 冷冷冷冷 | 禾火化八 |

五 声	土贪天■	○○○○
	同覃田■	○○○○
	乃妳女■	○○○○
七 音	内南年■	○○○○
五 声	老冷吕■	○○○○
	鹿荦离■	○○○○
	走哉足■	○○○○
八 音	自在匠■	○○○○
五 声	草采七■	○○○○
	曹才全■	○○○○
	思三星■	○○○○
九 音	寺□象■	○○○○
五 声	□□□■	○○○○
	□□□■	○○○○
	■山手■	○○○○
十 音	■士石■	○○○○
五 声	■□耳■	○○○○
	■□二■	○○○○
	■庄震■	○○○○
十一音	■乍□■	○○○○
五 声	■又赤■	○○○○
	■崇辰■	○○○○
	■卓中■	○○○○
十二音	■宅直■	○○○○
五 声	■坏丑■	○○○○
	■茶呈■	○○○○

上声辟唱吕三之六

| | 古甲九癸 | 鼠鼠鼠鼠 |
| 一 音 | □□近揆 | 鼠鼠鼠鼠 |

一 声	冷冷冷冷	开宰爱○		六 声	坤巧丘弃	鼠鼠鼠鼠
	冷冷冷冷	回每退○			□□乾虬	鼠鼠鼠鼠
	冷冷冷冷	良两向○			黑花香血	鼠鼠鼠鼠
七 音	冷冷冷冷	光广况○		二 音	黄华雄贤	鼠鼠鼠鼠
二 声	冷冷冷冷	丁井亘○		六 声	五瓦仰□	鼠鼠鼠鼠
	冷冷冷冷	兄永莹○			吾牙月尧	鼠鼠鼠鼠
	冷冷冷冷	千典旦○			安亚乙一	鼠鼠鼠鼠
七 音	冷冷冷冷	元犬半○		三 音	□爻王寅	鼠鼠鼠鼠
三 声	冷冷冷冷	臣引艮○		六 声	母马美米	鼠鼠鼠鼠
	冷冷冷冷	君允巽○			目兒眉民	鼠鼠鼠鼠
	冷冷冷冷	刀早孝岳			夫法□飞	鼠鼠鼠鼠
七 音	冷冷冷冷	毛宝报霍		四 音	父凡□吠	鼠鼠鼠鼠
四 声	冷冷冷冷	牛斗奏六		六 声	武晚□尾	鼠鼠鼠鼠
	冷冷冷冷	○○○玉			文万□未	鼠鼠鼠鼠
	冷冷冷冷	妻子四日			卜百丙必	鼠鼠鼠鼠
七 音	冷冷冷冷	衰○帅骨		五 音	步白葡鼻	鼠鼠鼠鼠
五 声	冷冷冷冷	○○○德		六 声	普朴品匹	鼠鼠鼠鼠
	冷冷冷冷	龟水贵北			旁排平瓶	鼠鼠鼠鼠
	冷冷冷冷	宫孔众○			东丹帝■	鼠鼠鼠鼠
七 音	冷冷冷冷	龙甬用○		六 音	兑大弟■	鼠鼠鼠鼠
六 声	冷冷冷冷	鱼鼠去○		六 声	土贪天■	鼠鼠鼠鼠
	冷冷冷冷	乌虎兔○			同覃田■	鼠鼠鼠鼠
	冷冷冷冷	心审禁○			乃妳女■	鼠鼠鼠鼠
七 音	冷冷冷冷	○○○十		七 音	内南年■	鼠鼠鼠鼠
七 声	冷冷冷冷	男坎欠○		六 声	老冷吕■	鼠鼠鼠鼠
	冷冷冷冷	○○○姜			鹿荦离■	鼠鼠鼠鼠
	冷冷冷冷	●●●●			走哉足■	鼠鼠鼠鼠
七 音	冷冷冷冷	●●●●		八 音	自在匠■	鼠鼠鼠鼠

八声　冷冷冷冷　●●●●
　　　冷冷冷冷　●●●●
　　　冷冷冷冷　●●●●
七音　冷冷冷冷　●●●●
九声　冷冷冷冷　●●●●
　　　冷冷冷冷　●●●●
　　　冷冷冷冷　●●●●
七音　冷冷冷冷　●●●●
十声　冷冷冷冷　●●●●
　　　冷冷冷冷　●●●●

发音清和律三之八

　　　采采采采　多可个舌
八音　采采采采　禾火化八
一声　采采采采　开宰爱○
　　　采采采采　回每退○
　　　采采采采　良两向○
八音　采采采采　光广况○
二声　采采采采　丁井亘○
　　　采采采采　兄永莹○

　　　采采采采　千典旦○
八音　采采采采　元犬半○
三声　采采采采　臣引艮○
　　　采采采采　君允巽○
　　　采采采采　刀早孝岳
八音　采采采采　毛宝报霍
四声　采采采采　牛斗奏六
　　　采采采采　○○○玉

六声　草采七■　鼠鼠鼠鼠
　　　曹才全■　鼠鼠鼠鼠
　　　思三星■　鼠鼠鼠鼠
九音　寺□象■　鼠鼠鼠鼠
六声　□□□■　鼠鼠鼠鼠
　　　□□□■　鼠鼠鼠鼠
　　　■山手　鼠鼠鼠鼠
十音　■士石　鼠鼠鼠鼠
六声　■□耳　鼠鼠鼠鼠
　　　■□二　鼠鼠鼠鼠

　　　■庄震■　鼠鼠鼠鼠
十一音　■乍□■　鼠鼠鼠鼠
六声　■叉赤　鼠鼠鼠鼠
　　　■崇辰　鼠鼠鼠鼠
　　　■卓中　鼠鼠鼠鼠
十二音　■宅直　鼠鼠鼠鼠
六声　■坼丑　鼠鼠鼠鼠
　　　■茶呈■　鼠鼠鼠鼠

上声辟唱吕三之七

　　　古甲九癸　坎坎坎坎
一音　□□近揆　坎坎坎坎
七声　坤巧丘弃　坎坎坎坎
　　　□□乾虬　坎坎坎坎
　　　黑花香血　坎坎坎坎
二音　黄华雄贤　坎坎坎坎
七声　五瓦仰□　坎坎坎坎
　　　吾牙月尧　坎坎坎坎

八音
五声　采采采采　妻子四日
　　　采采采采　衰○帅骨
　　　采采采采　○○○德
　　　采采采采　龟水贵北

八音
六声　采采采采　宫孔众○
　　　采采采采　龙甬用○
　　　采采采采　鱼鼠去○
　　　采采采采　乌虎兔○

八音
七声　采采采采　心审禁○
　　　采采采采　○○○十
　　　采采采采　男坎欠○
　　　采采采采　○○○妾

八音
八声　采采采采　●●●●
　　　采采采采　●●●●
　　　采采采采　●●●●

八音
九声　采采采采　●●●●
　　　采采采采　●●●●
　　　采采采采　●●●●

八音
十声　采采采采　●●●●
　　　采采采采　●●●●
　　　采采采采　●●●●

发音清和律三之九

九音
一声　□□□□　多可个舌
　　　□□□□　禾火化八
　　　□□□□　开宰爱○
　　　□□□□　回每退○

三音
七声　安亚乙一　坎坎坎坎
　　　□爻王寅　坎坎坎坎
　　　母马美米　坎坎坎坎
　　　目兑眉民　坎坎坎坎

四音
七声　夫法□飞　坎坎坎坎
　　　父凡□吠　坎坎坎坎
　　　武晚□尾　坎坎坎坎
　　　文万□未　坎坎坎坎

五音
七声　卜百丙必　坎坎坎坎
　　　步白葡鼻　坎坎坎坎
　　　普朴品匹　坎坎坎坎
　　　旁排平瓶　坎坎坎坎

六音
七声　东丹帝■　坎坎坎坎
　　　兑大弟■　坎坎坎坎
　　　土贪天■　坎坎坎坎
　　　同覃田■　坎坎坎坎

七音
七声　乃妳女■　坎坎坎坎
　　　内南年■　坎坎坎坎
　　　老冷吕■　坎坎坎坎
　　　鹿荦离■　坎坎坎坎

八音
七声　走哉足■　坎坎坎坎
　　　自在匠■　坎坎坎坎
　　　草采七■　坎坎坎坎
　　　曹才全■　坎坎坎坎

九音
七声　思三星■　坎坎坎坎
　　　寺□象■　坎坎坎坎
　　　□□乙■　坎坎坎坎
　　　□□■　坎坎坎坎

	□□□□	良两向○
九音	□□□□	光广况○
二声	□□□□	丁井亘○
	□□□□	兄永莹○
	□□□□	千典亘○
九音	□□□□	元犬半○
三声	□□□□	臣引艮○
	□□□□	君允巽○
	□□□□	刀早孝岳
九音	□□□□	毛宝报霍
四声	□□□□	牛斗奏六
	□□□□	○○○玉
	□□□□	妻子四日
九音	□□□□	衰○帅骨
五声	□□□□	○○○德
	□□□□	龟水贵北
	□□□□	宫孔众○
九音	□□□□	龙甬用○
六声	□□□□	鱼鼠去○
	□□□□	乌虎兔○
	□□□□	心审禁○
九音	□□□□	○○○十
七声	□□□□	男坎欠○
	□□□□	○○○妾
	□□□□	●●●●
九音	□□□□	●●●●
八声	□□□□	●●●●
	□□□□	●●●●

	■山手■	坎坎坎坎
十音	■士石■	坎坎坎坎
七声	■□耳■	坎坎坎坎
	■□二■	坎坎坎坎
	■庄震■	坎坎坎坎
十一音	■乍□■	坎坎坎坎
七声	■叉赤■	坎坎坎坎
	■崇辰■	坎坎坎坎
	■卓中■	坎坎坎坎
十二音	■宅直■	坎坎坎坎
七声	■坼丑■	坎坎坎坎
	■茶呈■	坎坎坎坎

上声辟唱吕三之八

	古甲九癸	●●●●
一音	□□近揆	●●●●
八声	坤巧丘弃	●●●●
	□□乾虬	●●●●
	黑花香血	●●●●
二音	黄华雄贤	●●●●
八声	五瓦仰□	●●●●
	吾牙月尧	●●●●
	安亚乙一	●●●●
三音	□爻王寅	●●●●
八声	母马美米	●●●●
	目皃眉民	●●●●
	夫法□飞	●●●●
四音	父凡□吠	●●●●
八声	武晚□尾	●●●●
	文万□未	●●●●

		□□□□	●●●●			卜百丙必	●●●●
九	音	□□□□	●●●●	五	音	步白葡鼻	●●●●
九	声	□□□□	●●●	八	声	普朴品匹	●●●●
		□□□□	●●●			旁排平瓶	●●●●
		□□□□	●●●●			东丹帝■	●●●●
九	音	□□□□	●●●●	六	音	兑大弟■	●●●●
十	声	□□□□	●●●	八	声	土贪天■	●●●●
		□□□□	●●●			同覃田■	●●●●

发音清和律三之十

		□□□□	多可个舌			乃妳女■	●●●●
十	音	□□□□	禾火化八	七	音	内南年■	●●●●
一	声	□□□□	开宰爱○	八	声	老冷吕■	●●●●
		□□□□	回每退○			鹿荦离■	●●●●
		□□□□	良两向○			走哉足■	●●●●
十	音	□□□□	光广况○	八	音	自在匠■	●●●●
二	声	□□□□	丁井亘○	八	声	草采七■	●●●●
		□□□□	兄永莹○			曹才全■	●●●●
		□□□□	千典旦○			思三星■	●●●●
十	音	□□□□	元犬半○	九	音	寺□象■	●●●●
三	声	□□□□	臣引艮○	八	声	□□□	●●●●
		□□□□	君允巽○			□□□	●●●●
		□□□□	刀早孝岳			■山手■	●●●●
十	音	□□□□	毛宝报霍	十	音	■土石■	●●●●
四	声	□□□□	牛斗奏六	八	声	■□耳■	●●●●
		□□□□	○○○玉			■□二■	●●●●
		□□□□	妻子四日			■庄震■	●●●●
十	音	□□□□	衰○帅骨	十一	音	■乍□■	●●●●
五	声	□□□□	○○○德	八	声	■叉赤■	●●●●
		□□□□	龟水贵北			■崇辰■	●●●●

	□□□□	宫孔众○
十音	□□□□	龙甬用○
六声	□□□□	鱼鼠去○
	□□□□	乌虎兔○

	□□□□	心审禁○
十音	□□□□	○○○十
七声	□□□□	男坎欠○
	□□□□	○○○姜

	□□□□	●●●●
十音	□□□□	●●●●
八声	□□□□	●●●●

	□□□□	●●●●
十音	□□□□	●●●●
九声	□□□□	●●●●

	□□□□	●●●●
十音	□□□□	●●●●
十声	□□□□	●●●●

发音清和律三之十一

	乂乂乂乂	多可个舌
十一音	乂乂乂乂	禾火化八
一声	乂乂乂乂	开宰爱○
	乂乂乂乂	回每退○

	乂乂乂乂	良两向○
十一音	乂乂乂乂	光广况○

	■卓中■	●●●●
十二音	■宅直■	●●●●
八声	■坼丑■	●●●●
	■茶呈■	●●●●

上声辟唱吕三之九

	古甲九癸	●●●●
一音	□□近揆	●●●●
九声	坤巧丘弃	●●●●
	□□乾虬	●●●●

	黑花香血	●●●●
二音	黄华雄贤	●●●●
九声	五瓦仰□	●●●●
	吾牙月尧	●●●●

	安亚乙一	●●●●
三音	□爻王寅	●●●●
九声	母马美米	●●●●
	目皃眉民	●●●●

	夫法□飞	●●●●
四音	父凡□吠	●●●●
九声	武晚□尾	●●●●
	文万□未	●●●●

	卜百丙必	●●●●
五音	步白葡鼻	●●●●
九声	普朴品匹	●●●●
	旁排平瓶	●●●●

	东丹帝■	●●●●
六音	兑大弟■	●●●●

二　声	义义义义	丁井亘〇
	义义义义	兄永莹〇
	义义义义	千典旦〇
十一音	义义义义	元犬半〇
三　声	义义义义	臣引艮〇
	义义义义	君允巽〇
	义义义义	刀早孝岳
十一音	义义义义	毛宝报霍
四　声	义义义义	牛斗奏六
	义义义义	〇〇〇玉
	义义义义	妻子四日
十一音	义义义义	衰〇帅骨
五　声	义义义义	〇〇〇德
	义义义义	龟水贵北
	义义义义	宫孔众〇
十一音	义义义义	龙甫用〇
六　声	义义义义	鱼鼠去〇
	义义义义	乌虎兔〇
	义义义义	心审禁〇
十一音	义义义义	〇〇〇十
七　声	义义义义	男坎欠〇
	义义义义	〇〇〇妾
	义义义义	●●●●
十一音	义义义义	●●●●
八　声	义义义义	●●●●
	义义义义	●●●●
	义义义义	●●●●
十一音	义义义义	●●●●

九　声	土贪天■	●●●●
	同覃田■	●●●●
	乃妳女■	●●●●
七　音	内南年■	●●●●
九　声	老冷吕■	●●●●
	鹿荤离■	●●●●
	走哉足■	●●●●
八　音	自在匠■	●●●●
九　声	草采七■	●●●●
	曹才全■	●●●●
	思三星■	●●●●
九　音	寺□象■	●●●●
九　声	□□□■	●●●●
	□□□■	●●●●
	■山手■	●●●●
十　音	■士石■	●●●●
九　声	■□耳■	●●●●
	■□二■	●●●●
	■庄震■	●●●●
十一音	■乍□■	●●●●
九　声	■叉赤■	●●●●
	■崇辰■	●●●●
	■卓中■	●●●●
十二音	■宅直■	●●●●
九　声	■坼丑■	●●●●
	■茶呈■	●●●●

上声辟唱吕三之十

	古甲九癸	●●●●
一　音	□□近揆	●●●●

九　声　义义义义　●●●●
　　　　义义义义　●●●●
　　　　义义义义　●●●●
十一音　义义义义　●●●●
十　声　义义义义　●●●●
　　　　义义义义　●●●●

发音清和律三之十二

　　　　坼坼坼坼　多可个舌
十二音　坼坼坼坼　禾火化八
一　声　坼坼坼坼　开宰爱○
　　　　坼坼坼坼　回每退○
　　　　坼坼坼坼　良两向○
十二音　坼坼坼坼　光广况○
二　声　坼坼坼坼　丁井亘○
　　　　坼坼坼坼　兄永莹○
　　　　坼坼坼坼　千典旦○
十二音　坼坼坼坼　元犬半○
三　声　坼坼坼坼　臣引良○
　　　　坼坼坼坼　君允巽○
　　　　坼坼坼坼　刀早孝岳
十二音　坼坼坼坼　毛宝报霍
四　声　坼坼坼坼　牛斗奏六
　　　　坼坼坼坼　○○○玉
　　　　坼坼坼坼　妻子四日
十二音　坼坼坼坼　衰○帅骨
五　声　坼坼坼坼　○○○德
　　　　坼坼坼坼　龟水贵北
　　　　坼坼坼坼　宫孔众○
十二音　坼坼坼坼　龙甬用○

十　声　坤巧丘弃　●●●●
　　　　□□乾虬　●●●●
　　　　黑花香血　●●●●
二　音　黄华雄贤　●●●●
十　声　五瓦仰□　●●●●
　　　　吾牙月尧　●●●●

　　　　安亚乙一　●●●●
三　音　□爻王寅　●●●●
十　声　母马美米　●●●●
　　　　目皃眉民　●●●●
　　　　夫法□飞　●●●●
四　音　父凡□吠　●●●●
十　声　武晚□尾　●●●●
　　　　文万□未　●●●●
　　　　卜百丙必　●●●●
五　音　步白葡鼻　●●●●
十　声　普朴品匹　●●●●
　　　　旁排平瓶　●●●●
　　　　东丹帝■　●●●■
六　音　兑大弟■　●●●■
十　声　土贪天■　●●●■
　　　　同覃田■　●●●■
　　　　乃妳女■　●●●■
七　音　内南年■　●●●■
十　声　老冷吕■　●●●■
　　　　鹿荤离■　●●●■
　　　　走哉足■　●●●■
八　音　自在匠■　●●●●

六　声　坼坼坼坼　鱼鼠去〇
　　　　　坼坼坼坼　乌虎兔〇

　　　　　坼坼坼坼　心审禁〇
十二音　坼坼坼坼　〇〇〇十
七　声　坼坼坼坼　男坎欠〇
　　　　　坼坼坼坼　〇〇〇妾

　　　　　坼坼坼坼　●●●●
十二音　坼坼坼坼　●●●●
八　声　坼坼坼坼　●●●●
　　　　　坼坼坼坼　●●●●

　　　　　坼坼坼坼　●●●●
十二音　坼坼坼坼　●●●●
九　声　坼坼坼坼　●●●●
　　　　　坼坼坼坼　●●●●

　　　　　坼坼坼坼　●●●●
十二音　坼坼坼坼　●●●●
十　声　坼坼坼坼　●●●●
　　　　　坼坼坼坼　●●●●

十　声　草采七■　●●●●
　　　　　曹才全■　●●●●

　　　　　思三星■　●●●●
九　音　寺□象■　●●●●
十　声　□□□■　●●●●
　　　　　□□□■　●●●●

　　　　　■山手■　●●●●
十　音　■土石■　●●●●
十　声　■□耳■　●●●●
　　　　　■□二■　●●●●

　　　　　■庄震■　●●●●
十一音　■乍□■　●●●●
十　声　■又赤■　●●●●
　　　　　■崇辰■　●●●●

　　　　　■卓中■　●●●●
十二音　■宅直■　●●●●
十　声　■坼丑■　●●●●
　　　　　■茶呈■　●●●●

观物篇之四十二

月辰声上翕
　每永允〇水
　虎〇●●●

月辰声七,下唱地之用音一百五十二,是谓上声翕音。上声翕音一千六百四。

月辰声上之四翕

火石音发浊
　□牙兒万排罩
　莘才□□崇茶

火石音十二,上和天之用声一百一十二,是谓发音浊声。发音浊声一千三百四十四。

火石音发之四浊

发音浊和律四之一

一 音	□□□□	多可个舌
一 声	□□□□	禾火化八
	□□□□	开宰爱○
	□□□□	回每退○
一 音	□□□□	良两向○
二 声	□□□□	光广况○
	□□□□	丁井亘○
	□□□□	兄永莹○
一 音	□□□□	千典旦○
三 声	□□□□	元犬半○
	□□□□	臣引艮○
	□□□□	君允巽○
一 音	□□□□	刀早孝岳
四 声	□□□□	毛宝报霍
	□□□□	牛斗奏六
	□□□□	○○○玉
一 音	□□□□	妻子四日
五 声	□□□□	衰○帅骨
	□□□□	○○○德
	□□□□	龟水贵北
一 音	□□□□	宫孔众○
六 声	□□□□	龙甬用○
	□□□□	鱼鼠去○
	□□□□	乌虎兔○
一 音	□□□□	心审禁○
七 声	□□□□	○○○十
	□□□□	男坎欠○
	□□□□	○○○妾

上声翕唱吕四之一

一 音	古甲九癸	每每每每
一 声	□□近揆	每每每每
	坤巧丘弃	每每每每
	□□乾虬	每每每每
二 音	黑花香血	每每每每
一 声	黄华雄贤	每每每每
	五瓦仰□	每每每每
	吾牙月尧	每每每每
三 音	安亚乙一	每每每每
一 声	□爻王寅	每每每每
	母马美米	每每每每
	目皃眉民	每每每每
四 音	夫法□飞	每每每每
一 声	父凡□吠	每每每每
	武晚□尾	每每每每
	文万□未	每每每每
五 音	卜百丙必	每每每每
一 声	步白葡鼻	每每每每
	普朴品匹	每每每每
	旁排平瓶	每每每每
六 音	东丹帝■	每每每每
一 声	兑大弟■	每每每每
	土贪天■	每每每每
	同覃田■	每每每每
七 音	乃妳女■	每每每每
一 声	内南年■	每每每每
	老冷吕■	每每每每
	鹿荦离■	每每每每

皇极经世卷第八　555

	□□□□	●●●●	
一 音	□□□□	●●●●	
八 声	□□□□	●●●●	
	□□□□	●●●●	
	□□□□	●●●●	
一 音	□□□□	●●●●	
九 声	□□□□	●●●●	
	□□□□	●●●●	
	□□□□	●●●●	
一 音	□□□□	●●●●	
十 声	□□□□	●●●●	
	□□□□	●●●●	

发音浊和律四之二

	牙牙牙牙	多可个舌
二 音	牙牙牙牙	禾火化八
一 声	牙牙牙牙	开宰爱○
	牙牙牙牙	回每退○
	牙牙牙牙	良两向○
二 音	牙牙牙牙	光广况○
二 声	牙牙牙牙	丁井亘○
	牙牙牙牙	兄永莹○
	牙牙牙牙	千典旦○
二 音	牙牙牙牙	元犬半○
三 声	牙牙牙牙	臣引艮○
	牙牙牙牙	君允巽○
	牙牙牙牙	刀早孝岳
二 音	牙牙牙牙	毛宝报霍

	走哉足■	每每每每
八 音	自在匠■	每每每每
一 声	草采七■	每每每每
	曹才全■	每每每每
	思三星■	每每每每
九 音	寺□象■	每每每每
一 声	□□□■	每每每每
	□□□■	每每每每
	■山手■	每每每每
十 音	■士石■	每每每每
一 声	■□耳■	每每每每
	■□二■	每每每每
	■庄震■	每每每每
十一音	■乍□■	每每每每
一 声	■叉赤■	每每每每
	■崇辰■	每每每每
	■卓中■	每每每每
十二音	■宅直■	每每每每
一 声	■坼丑■	每每每每
	■茶呈■	每每每每

上声翕唱吕四之二

	古甲九癸	永永永永
一 音	□□近揆	永永永永
二 声	坤巧丘弃	永永永永
	□□乾虬	永永永永
	黑花香血	永永永永
二 音	黄华雄贤	永永永永

四 声	牙牙牙牙	牛斗奏六		二 声	五瓦仰□	永永永永
	牙牙牙牙	○○○玉			吾牙月尧	永永永永
	牙牙牙牙	妻子四日			安亚乙一	永永永永
二 音	牙牙牙牙	衰○帅骨		三 音	□爻王寅	永永永永
五 声	牙牙牙牙	○○○德		二 声	母马美米	永永永永
	牙牙牙牙	龟水贵北			目皃眉民	永永永永
	牙牙牙牙	宫孔众○			夫法□飞	永永永永
二 音	牙牙牙牙	龙甬用○		四 音	父凡□吠	永永永永
六 声	牙牙牙牙	鱼鼠去○		二 声	武晚□尾	永永永永
	牙牙牙牙	乌虎兔○			文万□未	永永永永
	牙牙牙牙	心审禁○			卜百丙必	永永永永
二 音	牙牙牙牙	○○○十		五 音	步白葡鼻	永永永永
七 声	牙牙牙牙	男坎欠○		二 声	普朴品匹	永永永永
	牙牙牙牙	○○○妾			旁排平瓶	永永永永
	牙牙牙牙	●●●●			东丹帝■	永永永永
二 音	牙牙牙牙	●●●●		六 音	兑大弟■	永永永永
八 声	牙牙牙牙	●●●●		二 声	土贪天■	永永永永
	牙牙牙牙	●●●●			同覃田■	永永永永
二 音	牙牙牙牙	●●●●			乃妳女■	永永永永
九 声	牙牙牙牙	●●●●		七 音	内南年■	永永永永
	牙牙牙牙	●●●●		二 声	老冷吕■	永永永永
二 音	牙牙牙牙	●●●●			鹿荤离■	永永永永
十 声	牙牙牙牙	●●●●			走哉足■	永永永永
	牙牙牙牙	●●●●		八 音	自在匠■	永永永永
				二 声	草采七■	永永永永
					曹才全■	永永永永

发音浊和律四之三

				二 声	思三星■	永永永永
	兑兑兑兑	多可个舌				
三 音	兑兑兑兑	禾火化八		九 音	寺□象■	永永永永

一 声	兕兕兕兕	开宰爱〇	
	兕兕兕兕	回每退〇	
	兕兕兕兕	良两向〇	
三 音	兕兕兕兕	光广况〇	
二 声	兕兕兕兕	丁井亘〇	
	兕兕兕兕	兄永莹〇	
	兕兕兕兕	千典旦〇	
三 音	兕兕兕兕	元犬半〇	
三 声	兕兕兕兕	臣引艮〇	
	兕兕兕兕	君允巽〇	
	兕兕兕兕	刀早孝岳	
三 音	兕兕兕兕	毛宝报霍	
四 声	兕兕兕兕	牛斗奏六	
	兕兕兕兕	〇〇〇玉	
	兕兕兕兕	妻子四日	
三 音	兕兕兕兕	衰〇帅骨	
五 声	兕兕兕兕	〇〇〇德	
	兕兕兕兕	龟水贵北	
	兕兕兕兕	宫孔众〇	
三 音	兕兕兕兕	龙甬用〇	
六 声	兕兕兕兕	鱼鼠去〇	
	兕兕兕兕	乌虎兔〇	
	兕兕兕兕	心审禁〇	
三 音	兕兕兕兕	〇〇〇十	
七 声	兕兕兕兕	男坎欠〇	
	兕兕兕兕	〇〇〇妾	
	兕兕兕兕	●●●●	
三 音	兕兕兕兕	●●●●	

二 声	□□□■	永永永永	
	□□□■	永永永永	
	■山手■	永永永永	
十 音	■士石■	永永永永	
二 声	■□耳■	永永永永	
	■□二■	永永永永	
	■庄震■	永永永永	
十一音	■乍□■	永永永永	
二 声	■叉赤■	永永永永	
	■崇辰■	永永永永	
	■卓中■	永永永永	
十二音	■宅直■	永永永永	
二 声	■坼丑■	永永永永	
	■茶呈■	永永永永	

上声翕唱吕四之三

	古甲九癸	允允允允
一 音	□□近揆	允允允允
三 声	坤巧丘弃	允允允允
	□□乾虬	允允允允
	黑花香血	允允允允
二 音	黄华雄贤	允允允允
三 声	五瓦仰□	允允允允
	吾牙月尧	允允允允
	安亚乙一	允允允允
三 音	□爻王寅	允允允允
三 声	母马美米	允允允允
	目兕眉民	允允允允
	夫法□飞	允允允允
四 音	父凡□吠	允允允允

八	声	兒兒兒兒	●●●●
		兒兒兒兒	●●●●
		兒兒兒兒	●●●●
三	音	兒兒兒兒	●●●●
九	声	兒兒兒兒	●●●●
		兒兒兒兒	●●●●
		兒兒兒兒	●●●●
三	音	兒兒兒兒	●●●●
十	声	兒兒兒兒	●●●●
		兒兒兒兒	●●●●

发音浊和律四之四

四	音	万万万万	多可个舌
		万万万万	禾火化八
一	声	万万万万	开宰爱〇
		万万万万	回每退〇
		万万万万	良两向〇
四	音	万万万万	光广况〇
二	声	万万万万	丁井亘〇
		万万万万	兄永莹〇
		万万万万	千典旦〇
四	音	万万万万	元犬半〇
三	声	万万万万	臣引艮〇
		万万万万	君允巽〇
		万万万万	刀早孝岳
四	音	万万万万	毛宝报霍
四	声	万万万万	牛斗奏六
		万万万万	〇〇〇玉
		万万万万	妻子四日
四	音	万万万万	衰〇帅骨

三	声	武晚□尾	允允允允
		文万□未	允允允允
		卜百丙必	允允允允
五	音	步白葡鼻	允允允允
三	声	普朴品匹	允允允允
		旁排平瓶	允允允允
		东丹帝■	允允允允
六	音	兑大弟■	允允允允
三	声	土贪天■	允允允允
		同覃田■	允允允允
		乃妳女■	允允允允
七	音	内南年■	允允允允
三	声	老冷吕■	允允允允
		鹿荤离■	允允允允
		走哉足■	允允允允
八	音	自在匠■	允允允允
三	声	草采七■	允允允允
		曹才全■	允允允允
		思三星■	允允允允
九	音	寺□象■	允允允允
三	声	□□□■	允允允允
		□□□■	允允允允
		■山手■	允允允允
十	音	■士石■	允允允允
三	声	■□耳■	允允允允
		■□二■	允允允允
		■庄震■	允允允允
十一音		■乍□■	允允允允

五 声　万万万万　○○○德
　　　　万万万万　龟水贵北
　　　　万万万万　宫孔众○
四 音　万万万万　龙甬用○
六 声　万万万万　鱼鼠去○
　　　　万万万万　乌虎兔○

　　　　万万万万　心审禁○
四 音　万万万万　○○○十
七 声　万万万万　男坎欠○
　　　　万万万万　○○○妾
　　　　万万万万　●●●●
四 音　万万万万　●●●●
八 声　万万万万　●●●●
　　　　万万万万　●●●●
四 音　万万万万　●●●●
九 声　万万万万　●●●●
　　　　万万万万　●●●●
四 音　万万万万　●●●●
十 声　万万万万　●●●●
　　　　万万万万　●●●●

发音浊和律四之五

　　　　排排排排　多可个舌
五 音　排排排排　禾火化八
一 声　排排排排　开宰爱○
　　　　排排排排　回每退○

三 声　■叉赤■　允允允允
　　　　■崇辰■　允允允允
　　　　■卓中■　允允允允
十二音　■宅直■　允允允允
三 声　■坼丑■　允允允允
　　　　■茶呈■　允允允允

上声翁唱吕四之四

　　　　古甲九癸　○○○○
一 音　□□近揆　○○○○
四 声　坤巧丘弃　○○○○
　　　　□□乾虬　○○○○
　　　　黑花香血　○○○○
二 音　黄华雄贤　○○○○
四 声　五瓦仰□　○○○○
　　　　吾牙月尧　○○○○
　　　　安亚乙一　○○○○
三 音　□爻王寅　○○○○
四 声　母马美米　○○○○
　　　　目皃眉民　○○○○
　　　　夫法□飞　○○○○
四 音　父凡□吠　○○○○
四 声　武晚□尾　○○○○
　　　　文万□未　○○○○
　　　　卜百丙必　○○○○
五 音　步白蒲鼻　○○○○
四 声　普朴品匹　○○○○
　　　　旁排平瓶　○○○○

<table>
<tbody>
<tr><td></td><td>排排排排</td><td>良两向○</td><td></td><td></td><td>东丹帝■</td><td>○○○○</td></tr>
<tr><td>五音</td><td>排排排排</td><td>光广况○</td><td>六音</td><td></td><td>兑大弟■</td><td>○○○○</td></tr>
<tr><td>二声</td><td>排排排排</td><td>丁井亘○</td><td>四声</td><td></td><td>土贪天■</td><td>○○○○</td></tr>
<tr><td></td><td>排排排排</td><td>兄永莹○</td><td></td><td></td><td>同覃田■</td><td>○○○○</td></tr>
<tr><td></td><td>排排排排</td><td>千典旦○</td><td></td><td></td><td>乃妳女■</td><td>○○○○</td></tr>
<tr><td>五音</td><td>排排排排</td><td>元犬半○</td><td>七音</td><td></td><td>内南年■</td><td>○○○○</td></tr>
<tr><td>三声</td><td>排排排排</td><td>臣引艮○</td><td>四声</td><td></td><td>老冷吕■</td><td>○○○○</td></tr>
<tr><td></td><td>排排排排</td><td>君允巽○</td><td></td><td></td><td>鹿荦离■</td><td>○○○○</td></tr>
<tr><td></td><td>排排排排</td><td>刀早孝岳</td><td></td><td></td><td>走哉足■</td><td>○○○○</td></tr>
<tr><td>五音</td><td>排排排排</td><td>毛宝报霍</td><td>八音</td><td></td><td>自在匠■</td><td>○○○○</td></tr>
<tr><td>四声</td><td>排排排排</td><td>牛斗奏六</td><td>四声</td><td></td><td>草采七■</td><td>○○○○</td></tr>
<tr><td></td><td>排排排排</td><td>○○○玉</td><td></td><td></td><td>曹才全■</td><td>○○○○</td></tr>
<tr><td></td><td>排排排排</td><td>妻子四日</td><td></td><td></td><td>思三星■</td><td>○○○○</td></tr>
<tr><td>五音</td><td>排排排排</td><td>衰○帅骨</td><td>九音</td><td></td><td>寺□象■</td><td>○○○○</td></tr>
<tr><td>五声</td><td>排排排排</td><td>○○○德</td><td>四声</td><td></td><td>□□□■</td><td>○○○○</td></tr>
<tr><td></td><td>排排排排</td><td>龟水贵北</td><td></td><td></td><td>□□□■</td><td>○○○○</td></tr>
<tr><td></td><td>排排排排</td><td>宫孔众○</td><td></td><td></td><td>■山手■</td><td>○○○○</td></tr>
<tr><td>五音</td><td>排排排排</td><td>龙甬用○</td><td>十音</td><td></td><td>■士石■</td><td>○○○○</td></tr>
<tr><td>六声</td><td>排排排排</td><td>鱼鼠去○</td><td>四声</td><td></td><td>■□耳■</td><td>○○○○</td></tr>
<tr><td></td><td>排排排排</td><td>乌虎兔○</td><td></td><td></td><td>■□二■</td><td>○○○○</td></tr>
<tr><td></td><td>排排排排</td><td>心审禁○</td><td></td><td></td><td>■庄震■</td><td>○○○○</td></tr>
<tr><td>五音</td><td>排排排排</td><td>○○○十</td><td>十一音</td><td></td><td>■乍□■</td><td>○○○○</td></tr>
<tr><td>七声</td><td>排排排排</td><td>男坎欠○</td><td>四声</td><td></td><td>■叉赤■</td><td>○○○○</td></tr>
<tr><td></td><td>排排排排</td><td>○○○妾</td><td></td><td></td><td>■崇辰■</td><td>○○○○</td></tr>
<tr><td></td><td>排排排排</td><td>●●●●</td><td></td><td></td><td>■卓中■</td><td>○○○○</td></tr>
<tr><td>五音</td><td>排排排排</td><td>●●●●</td><td>十二音</td><td></td><td>■宅直■</td><td>○○○○</td></tr>
<tr><td>八声</td><td>排排排排</td><td>●●●●</td><td>四声</td><td></td><td>■坼丑■</td><td>○○○○</td></tr>
<tr><td></td><td></td><td></td><td></td><td></td><td>■茶呈■</td><td>○○○○</td></tr>
</tbody>
</table>

上声翕唱吕四之五

五音
九声　排排排排　●●●●
　　　排排排排　●●●●
　　　排排排排　●●●●
　　　排排排排　●●●●

五音
十声　排排排排　●●●●
　　　排排排排　●●●●
　　　排排排排　●●●●

发音浊和律四之六

六音
一声　覃覃覃覃　多可个舌
　　　覃覃覃覃　禾火化八
　　　覃覃覃覃　开宰爱○
　　　覃覃覃覃　回每退○

六音
二声　覃覃覃覃　良两向○
　　　覃覃覃覃　光广况○
　　　覃覃覃覃　丁井亘○
　　　覃覃覃覃　兄永莹○

六音
三声　覃覃覃覃　千典旦○
　　　覃覃覃覃　元犬半○
　　　覃覃覃覃　臣引艮○
　　　覃覃覃覃　君允巽○

六音
四声　覃覃覃覃　刀早孝岳
　　　覃覃覃覃　毛宝报霍
　　　覃覃覃覃　牛斗奏六
　　　覃覃覃覃　○○○玉

六音
　　　覃覃覃覃　妻子四日
　　　覃覃覃覃　衰○帅骨

一音
五声　古甲九癸　水水水水
　　　□□近揆　水水水水
　　　坤巧丘弃　水水水水
　　　□□乾虬　水水水水

二音
五声　黑花香血　水水水水
　　　黄华雄贤　水水水水
　　　五瓦仰□　水水水水
　　　吾牙月尧　水水水水

三音
五声　安亚乙一　水水水水
　　　□爻王寅　水水水水
　　　母马美米　水水水水
　　　目皃眉民　水水水水

四音
五声　夫法□飞　水水水水
　　　父凡□吠　水水水水
　　　武晚□尾　水水水水
　　　文万□未　水水水水

五音
五声　卜百丙必　水水水水
　　　步白葡鼻　水水水水
　　　普朴品匹　水水水水
　　　旁排平瓶　水水水水

六音
五声　东丹帝■　水水水水
　　　兑大弟■　水水水水
　　　土贪天■　水水水水
　　　同覃田■　水水水水

七音
　　　乃妳女■　水水水水
　　　内南年■　水水水水

五	声	覃覃覃覃	○○○德
		覃覃覃覃	龟水贵北
		覃覃覃覃	宫孔众○
六	音	覃覃覃覃	龙甬用○
六	声	覃覃覃覃	鱼鼠去○
		覃覃覃覃	乌虎兔○
		覃覃覃覃	心审禁○
六	音	覃覃覃覃	○○○十
七	声	覃覃覃覃	男坎欠○
		覃覃覃覃	○○○妾
		覃覃覃覃	●●●●
六	音	覃覃覃覃	●●●●
八	声	覃覃覃覃	●●●●
		覃覃覃覃	●●●●
		覃覃覃覃	●●●●
六	音	覃覃覃覃	●●●●
九	声	覃覃覃覃	●●●●
		覃覃覃覃	●●●●
		覃覃覃覃	●●●●
六	音	覃覃覃覃	●●●●
十	声	覃覃覃覃	●●●●
		覃覃覃覃	●●●●

发音浊和律四之七

		莘莘莘莘	多可个舌
七	音	莘莘莘莘	禾火化八
一	声	莘莘莘莘	开宰爱○
		莘莘莘莘	回每退○
		莘莘莘莘	良两向○
七	音	莘莘莘莘	光广况○

五	声	老冷吕■	水水水水
		鹿莘离■	水水水水
		走哉足■	水水水水
八	音	自在匠■	水水水水
五	声	草采七■	水水水水
		曹才全■	水水水水
		思三星■	水水水水
九	音	寺□象■	水水水水
五	声	□□□■	水水水水
		□□□■	水水水水
		■山手■	水水水水
十	音	■士石■	水水水水
五	声	■□耳■	水水水水
		■□二■	水水水水
		■庄震■	水水水水
十一	音	■乍□■	水水水水
五	声	■叉赤■	水水水水
		■崇辰■	水水水水
		■卓中■	水水水水
十二	音	■宅直■	水水水水
五	声	■坼丑■	水水水水
		■茶呈■	水水水水

上声翁唱吕四之六

		古甲九癸	虎虎虎虎
一	音	□□近揆	虎虎虎虎
六	声	坤巧丘弃	虎虎虎虎
		□□乾虬	虎虎虎虎
		黑花香血	虎虎虎虎
二	音	黄华雄贤	虎虎虎虎

二 声	荸荸荸荸	丁井亘〇
	荸荸荸荸	兄永莹〇
	荸荸荸荸	千典旦〇
七 音	荸荸荸荸	元犬半〇
三 声	荸荸荸荸	臣引艮〇
	荸荸荸荸	君允巽〇
	荸荸荸荸	刀早孝岳
七 音	荸荸荸荸	毛宝报霍
四 声	荸荸荸荸	牛斗奏六
	荸荸荸荸	〇〇〇玉
	荸荸荸荸	妻子四日
七 音	荸荸荸荸	衰〇帅骨
五 声	荸荸荸荸	〇〇〇德
	荸荸荸荸	龟水贵北
	荸荸荸荸	宫孔众〇
七 音	荸荸荸荸	龙甬用〇
六 声	荸荸荸荸	鱼鼠去〇
	荸荸荸荸	乌虎兔〇
	荸荸荸荸	心审禁〇
七 音	荸荸荸荸	〇〇〇十
七 声	荸荸荸荸	男坎欠〇
	荸荸荸荸	〇〇〇妾
	荸荸荸荸	●●●●
七 音	荸荸荸荸	●●●●
八 声	荸荸荸荸	●●●●
	荸荸荸荸	●●●●
	荸荸荸荸	●●●●
七 音	荸荸荸荸	●●●●

六 声	五瓦仰□	虎虎虎虎
	吾牙月尧	虎虎虎虎
	安亚乙一	虎虎虎虎
三 音	□爻王寅	虎虎虎虎
六 声	母马美米	虎虎虎虎
	目兒眉民	虎虎虎虎
	夫法□飞	虎虎虎虎
四 音	父凡□吠	虎虎虎虎
六 声	武晚□尾	虎虎虎虎
	文万□未	虎虎虎虎
	卜百丙必	虎虎虎虎
五 音	步白葡鼻	虎虎虎虎
六 声	普朴品匹	虎虎虎虎
	旁排平瓶	虎虎虎虎
	东丹帝■	虎虎虎虎
六 音	兑大弟■	虎虎虎虎
六 声	土贪天■	虎虎虎虎
	同覃田■	虎虎虎虎
	乃妳女■	虎虎虎虎
七 音	内南年■	虎虎虎虎
六 声	老冷吕■	虎虎虎虎
	鹿荦离■	虎虎虎虎
	走哉足■	虎虎虎虎
八 音	自在匠■	虎虎虎虎
六 声	草采七■	虎虎虎虎
	曹才全■	虎虎虎虎
	思三星■	虎虎虎虎
九 音	寺□象■	虎虎虎虎

九 声	莘莘莘莘 ●●●●
	莘莘莘莘 ●●●●
	莘莘莘莘 ●●●●
七 音	莘莘莘莘 ●●●●
十 声	莘莘莘莘 ●●●●
	莘莘莘莘 ●●●●

发音浊和律四之八

八 音 一 声	才才才才 多可个舌
	才才才才 禾火化八
	才才才才 开宰爱〇
	才才才才 回每退〇

八 音 二 声	才才才才 良两向〇
	才才才才 光广况〇
	才才才才 丁井亘〇
	才才才才 兄永莹〇

八 音 三 声	才才才才 千典旦〇
	才才才才 元犬半〇
	才才才才 臣引艮〇
	才才才才 君允巽〇

八 音 四 声	才才才才 刀早孝岳
	才才才才 毛宝报霍
	才才才才 牛斗奏六
	才才才才 〇〇〇玉

八 音 五 声	才才才才 妻子四日
	才才才才 衰〇帅骨
	才才才才 〇〇〇德
	才才才才 龟水贵北

六 声	□□□■ 虎虎虎虎
	□□□■ 虎虎虎虎
	■山手■ 虎虎虎虎
十 音	■士石■ 虎虎虎虎
六 声	■□耳■ 虎虎虎虎
	■□二■ 虎虎虎虎

十一音 六 声	■庄震■ 虎虎虎虎
	■乍□■ 虎虎虎虎
	■叉赤■ 虎虎虎虎
	■崇辰■ 虎虎虎虎

十二音 六 声	■卓中■ 虎虎虎虎
	■宅直■ 虎虎虎虎
	■坼丑■ 虎虎虎虎
	■茶呈■ 虎虎虎虎

上声翕唱吕四之七

一 音 七 声	古甲九癸 〇〇〇〇
	□□近揆 〇〇〇〇
	坤巧丘弃 〇〇〇〇
	□□乾虬 〇〇〇〇

二 音 七 声	黑花香血 〇〇〇〇
	黄华雄贤 〇〇〇〇
	五瓦仰□ 〇〇〇〇
	吾牙月尧 〇〇〇〇

三 音 七 声	安亚乙一 〇〇〇〇
	□爻王寅 〇〇〇〇
	母马美米 〇〇〇〇
	目皃眉民 〇〇〇〇

	オオオオ	宫孔众〇		夫法□飞	〇〇〇〇
八音	オオオオ	龙甬用〇	四音	父凡□吠	〇〇〇〇
六声	オオオオ	鱼鼠去〇	七声	武晚□尾	〇〇〇〇
	オオオオ	乌虎兔〇		文万□未	〇〇〇〇
	オオオオ	心审禁〇		卜百丙必	〇〇〇〇
八音	オオオオ	〇〇〇十	五音	步白葡鼻	〇〇〇〇
七声	オオオオ	男坎欠〇	七声	普朴品匹	〇〇〇〇
	オオオオ	〇〇〇妾		旁排平瓶	〇〇〇〇
	オオオオ	●●●●		东丹帝■	〇〇〇〇
八音	オオオオ	●●●●	六音	兑大弟■	〇〇〇〇
八声	オオオオ	●●●●	七声	土贪天■	〇〇〇〇
	オオオオ	●●●●		同覃田■	〇〇〇〇
	オオオオ	●●●●		乃妳女■	〇〇〇〇
八音	オオオオ	●●●●	七音	内南年■	〇〇〇〇
九声	オオオオ	●●●●	七声	老冷吕■	〇〇〇〇
	オオオオ	●●●●		鹿荦离■	〇〇〇〇
	オオオオ	●●●●		走哉足■	〇〇〇〇
八音	オオオオ	●●●●	八音	自在匠■	〇〇〇〇
十声	オオオオ	●●●●	七声	草采七■	〇〇〇〇
	オオオオ	●●●●		曹才全■	〇〇〇〇

发音浊和律四之九

	□□□□	多可个舌		思三星■	〇〇〇〇
九音	□□□□	禾火化八	九音	寺□象■	〇〇〇〇
一声	□□□□	开宰爱〇	七声	□□□	〇〇〇〇
	□□□□	回每退〇		□□□	〇〇〇〇
	□□□□	良两向〇		■山手■	〇〇〇〇
九音	□□□□	光广况〇	十音	■土石■	〇〇〇〇
二声	□□□□	丁井亘〇	七声	■□耳■	〇〇〇〇
	□□□□	兄永莹〇		■□二■	〇〇〇〇

	□□□□	千典旦○	
九音	□□□□	元犬半○	
三声	□□□□	臣引艮○	
	□□□□	君允巽○	
	□□□□	刀早孝岳	
九音	□□□□	毛宝报霍	
四声	□□□□	牛斗奏六	
	□□□□	○○○玉	
	□□□□	妻子四日	
九音	□□□□	衰○帅骨	
五声	□□□□	○○○德	
	□□□□	龟水贵北	
	□□□□	宫孔众○	
九音	□□□□	龙甬用○	
六声	□□□□	鱼鼠去○	
	□□□□	乌虎兔○	
	□□□□	心审禁○	
九音	□□□□	○○○十	
七声	□□□□	男坎欠○	
	□□□□	○○○妾	
	□□□□	●●●●	
九音	□□□□	●●●●	
八声	□□□□	●●●●	
	□□□□	●●●●	
九音	□□□□	●●●●	
九声	□□□□	●●●●	
	□□□□	●●●●	

	■庄震■	○○○○	
十一音	■乍□■	○○○○	
七声	■叉赤■	○○○○	
	■崇辰■	○○○○	
	■卓中■	○○○○	
十二音	■宅直■	○○○○	
七声	■坼丑■	○○○○	
	■茶呈■	○○○○	

上声翕唱吕四之八

	古甲九癸	●●●●	
一音	□□近揆	●●●●	
八声	坤巧丘弃	●●●●	
	□□乾虬	●●●●	
	黑花香血	●●●●	
二音	黄华雄贤	●●●●	
八声	五瓦仰□	●●●●	
	吾牙月尧	●●●●	
	安亚乙一	●●●●	
三音	□爻王寅	●●●●	
八声	母马美米	●●●●	
	目兒眉民	●●●●	
	夫法□飞	●●●●	
四音	父凡□吠	●●●●	
八声	武晚□尾	●●●●	
	文万□未	●●●●	
	卜百丙必	●●●●	
五音	步白葡鼻	●●●●	
八声	普朴品匹	●●●●	
	旁排平瓶	●●●●	

	□□□□	●●●●
九音	□□□□	●●●●
十声	□□□□	●●●●
	□□□□	●●●●

发音浊和律四之十

	□□□□	多可个舌
十音	□□□□	禾火化八
一声	□□□□	开宰爱○
	□□□□	回每退○
	□□□□	良两向○
十音	□□□□	光广况○
二声	□□□□	丁井亘○
	□□□□	兄永莹○
	□□□□	千典旦○
十音	□□□□	元犬半○
三声	□□□□	臣引艮○
	□□□□	君允巽○
	□□□□	刀早孝岳
十音	□□□□	毛宝报霍
四声	□□□□	牛斗奏六
	□□□□	○○○玉
	□□□□	妻子四日
十音	□□□□	衰○帅骨
五声	□□□□	○○○德
	□□□□	龟水贵北
	□□□□	宫孔众○
十音	□□□□	龙甬用○
六声	□□□□	鱼鼠去○
	□□□□	乌虎兔○

	东丹帝■	●●●●
六音	兑大弟■	●●●●
八声	土贪天■	●●●●
	同覃田■	●●●●
	乃妳女■	●●●●
七音	内南年■	●●●●
八声	老冷吕■	●●●●
	鹿荤离■	●●●●
	走哉足■	●●●●
八音	自在匠■	●●●●
八声	草采七■	●●●●
	曹才全■	●●●●
	思三星■	●●●●
九音	寺□象■	●●●●
八声	□□□■	●●●●
	□□□■	●●●●
	■山手■	●●●●
十音	■士石■	●●●●
八声	■□耳■	●●●●
	■□二■	●●●●
	■庄震■	●●●●
十一音	■乍□■	●●●●
八声	■叉赤■	●●●●
	■崇辰■	●●●●
	■卓中■	●●●●
十二音	■宅直■	●●●●
八声	■坼丑■	●●●●
	■茶呈■	●●●●

上声翕唱吕四之九

	□□□□	心审禁○	
十音	□□□□	○○○十	
七声	□□□□	男坎欠○	
	□□□□	○○○妾	
	□□□□	●●●●	
十音	□□□□	●●●●	
八声	□□□□	●●●●	
	□□□□	●●●●	
十音	□□□□	●●●●	
九声	□□□□	●●●●	
	□□□□	●●●●	
十音	□□□□	●●●●	
十声	□□□□	●●●●	
	□□□□	●●●●	

	古甲九癸	●●●●	
一音	□□近揆	●●●●	
九声	坤巧丘弃	●●●●	
	□□乾虬	●●●●	
	黑花香血	●●●●	
二音	黄华雄贤	●●●●	
九声	五瓦仰□	●●●●	
	吾牙月尧	●●●●	
	安亚乙一	●●●●	
三音	□爻王寅	●●●●	
九声	母马美米	●●●●	
	目凵眉民	●●●●	
	夫法□飞	●●●●	
四音	父凡□吠	●●●●	
九声	武晚□尾	●●●●	
	文万□未	●●●●	

发音浊和律四之十一

	崇崇崇崇	多可个舌	
十一音	崇崇崇崇	禾火化八	
一声	崇崇崇崇	开宰爱○	
	崇崇崇崇	回每退○	
	崇崇崇崇	良两向○	
十一音	崇崇崇崇	光广况○	
二声	崇崇崇崇	丁井旦○	
	崇崇崇崇	兄永莹○	
	崇崇崇崇	千典旦○	
十一音	崇崇崇崇	元犬半○	

	卜百丙必	●●●●	
五音	步白葡鼻	●●●●	
九声	普朴品匹	●●●●	
	旁排平瓶	●●●●	
	东丹帝■	●●●	
六音	兑大弟■	●●●●	
九声	土贪天■	●●●●	
	同覃田■	●●●●	
	乃妳女■	●●●●	
七音	内南年■	●●●●	

三　声	崇崇崇崇	臣引艮〇
	崇崇崇崇	君允巽〇
	崇崇崇崇	刀早孝岳
十一音	崇崇崇崇	毛宝报霍
四　声	崇崇崇崇	牛斗奏六
	崇崇崇崇	〇〇〇玉
	崇崇崇崇	妻子四日
十一音	崇崇崇崇	衰〇帅骨
五　声	崇崇崇崇	〇〇〇德
	崇崇崇崇	龟水贵北
	崇崇崇崇	宫孔众〇
十一音	崇崇崇崇	龙甬用〇
六　声	崇崇崇崇	鱼鼠去〇
	崇崇崇崇	乌虎兔〇
	崇崇崇崇	心审禁〇
十一音	崇崇崇崇	〇〇〇十
七　声	崇崇崇崇	男坎欠〇
	崇崇崇崇	〇〇〇妾
	崇崇崇崇	●●●●
十一音	崇崇崇崇	●●●●
八　声	崇崇崇崇	●●●●
	崇崇崇崇	●●●●
	崇崇崇崇	●●●●
十一音	崇崇崇崇	●●●●
九　声	崇崇崇崇	●●●●
	崇崇崇崇	●●●●
	崇崇崇崇	●●●●
十一音	崇崇崇崇	●●●●

九　声	老冷吕■	●●●●
	鹿荦离■	●●●●
	走哉足■	●●●●
八　音	自在匠■	●●●●
九　声	草采七■	●●●●
	曹才全■	●●●●
	思三星■	●●●●
九　音	寺□象■	●●●●
九　声	□□□■	●●●●
	□□□■	●●●●
	■山手■	●●●●
十　音	■土石■	●●●●
九　声	■□耳■	●●●●
	■□二■	●●●●
	■庄震■	●●●●
十一音	■乍□■	●●●●
九　声	■叉赤■	●●●●
	■崇辰■	●●●●
	■卓中■	●●●●
十二音	■宅直■	●●●●
九　声	■坼丑■	●●●●
	■茶呈■	●●●●

上声翕唱吕四之十

	古甲九癸	●●●●
	□□近揆	●●●●
一　音		
十　声	坤巧丘弃	●●●●
	□□乾虬	●●●●
	黑花香血	●●●●
二　音	黄华雄贤	●●●●

| 十　声 | 崇崇崇崇 | ●●●● |
| | 崇崇崇崇 | ●●●● |

发音浊和律四之十二

十二音	茶茶茶茶	多可个舌
一　声	茶茶茶茶	禾火化八
	茶茶茶茶	开宰爱○
	茶茶茶茶	回每退○
	茶茶茶茶	良两向○
十二音	茶茶茶茶	光广况○
二　声	茶茶茶茶	丁井亘○
	茶茶茶茶	兄永莹○
	茶茶茶茶	千典旦○
十二音	茶茶茶茶	元犬半○
三　声	茶茶茶茶	臣引艮○
	茶茶茶茶	君允巽○
	茶茶茶茶	刀早孝岳
十二音	茶茶茶茶	毛宝报霍
四　声	茶茶茶茶	牛斗奏六
	茶茶茶茶	○○○玉
	茶茶茶茶	妻子四日
十二音	茶茶茶茶	衰○帅骨
五　声	茶茶茶茶	○○○德
	茶茶茶茶	龟水贵北
	茶茶茶茶	宫孔众○
十二音	茶茶茶茶	龙甬用○
六　声	茶茶茶茶	鱼鼠去○
	茶茶茶茶	乌虎兔○
	茶茶茶茶	心审禁○
十二音	茶茶茶茶	○○○十

十　声	五瓦仰□	●●●●
	吾牙月尧	●●●●
	安亚乙一	●●●●
三　音	□爻王寅	●●●●
十　声	母马美米	●●●●
	目皃眉民	●●●●
	夫法□飞	●●●●
四　音	父凡□吠	●●●●
十　声	武晚□尾	●●●●
	文万□未	●●●●
	卜百丙必	●●●●
五　音	步白葡鼻	●●●●
十　声	普朴品匹	●●●●
	旁排平瓶	●●●●
	东丹帝■	●●●●
六　音	兑大弟■	●●●●
十　声	土贪天■	●●●●
	同覃田■	●●●●
	乃妳女■	●●●●
七　音	内南年■	●●●●
十　声	老冷吕■	●●●●
	鹿荦离■	●●●●
	走哉足■	●●●●
八　音	自在匠■	●●●●
十　声	草采七■	●●●●
	曹才全■	●●●●
	思三星■	●●●●
九　音	寺□象■	●●●●

七　声	茶茶茶茶	男坎欠〇
	茶茶茶茶	〇〇〇妾
	茶茶茶茶	●●●●
十二音	茶茶茶茶	●●●●
八　声	茶茶茶茶	●●●●
	茶茶茶茶	●●●●
	茶茶茶茶	●●●●
十二音	茶茶茶茶	●●●●
九　声	茶茶茶茶	●●●●
	茶茶茶茶	●●●●
	茶茶茶茶	●●●●
十二音	茶茶茶茶	●●●●
十　声	茶茶茶茶	●●●●
	茶茶茶茶	●●●●

十　声	□□□■	●●●●
	□□□■	●●●●
	■山手■	●●●●
十　音	■土石■	●●●●
十　声	■□耳■	●●●●
	■□二■	●●●●
	■庄震■	●●●●
十一音	■乍□■	●●●●
十　声	■叉赤■	●●●●
	■崇辰■	●●●●
	■卓中■	●●●●
十二音	■宅直■	●●●●
十　声	■坼丑■	●●●●
	■茶呈■	●●●●

皇极经世卷第九

观物篇之四十三

星日声去辟
　个向旦孝四
　众禁●●●
　　星日声七，下唱地之用音一百五十二，是谓去声辟音。去声辟音一千六十四。

　　　星日声去之一辟
　　　收音清和律一之一

		九九九九	多可个舌
一	音	九九九九	禾火化八
一	声	九九九九	开宰爱〇
		九九九九	回每退〇
		九九九九	良两向〇
一	音	九九九九	光广况〇
二	声	九九九九	丁井亘〇
		九九九九	兄永莹〇
		九九九九	千典旦〇
一	音	九九九九	元犬半〇
三	声	九九九九	臣引艮〇
		九九九九	君允巽〇
		九九九九	刀早孝岳
一	音	九九九九	毛宝报霍

土水音收清
　九香乙□丙帝
　女足星手震中
　　土水音十二，上和天之用声一百一十二，是谓收音清声。收音清声一千三百四十四。

　　　土水音收之一清
　　　去声辟唱吕一之一

		古甲九癸	个个个个
一	音	□□近揆	个个个个
一	声	坤巧丘弃	个个个个
		□□乾虬	个个个个
		黑花香血	个个个个
二	音	黄华雄贤	个个个个
一	声	五瓦仰□	个个个个
		吾牙月尧	个个个个
		安亚乙一	个个个个
三	音	□爻王寅	个个个个
一	声	母马美米	个个个个
		目皃眉民	个个个个
		夫法□飞	个个个个
四	音	父凡□吠	个个个个

四 声　九九九九　牛斗奏六　　　　一 声　武晚□尾　个个个个
　　　　九九九九　○○○玉　　　　　　　文万□未　个个个个
　　　　九九九九　妻子四日　　　　　　　卜百丙必　个个个个
一 音　九九九九　衰○帅骨　　　　五 音　步白葡鼻
五 声　九九九九　○○○德　　　　一 声　普朴品匹　个个个个
　　　　九九九九　龟水贵北　　　　　　　旁排平瓶　个个个个
　　　　九九九九　宫孔众○　　　　　　　东丹帝■　个个个个
一 音　九九九九　龙甬用○　　　　六 音　兑大弟■　个个个个
六 声　九九九九　鱼鼠去○　　　　一 声　土贪天■　个个个个
　　　　九九九九　乌虎兔○　　　　　　　同覃田■　个个个个
　　　　九九九九　心审禁○　　　　　　　乃妳女■　个个个个
一 音　九九九九　○○○十　　　　七 音　内南年■　个个个个
七 声　九九九九　男坎欠○　　　　一 声　老冷吕■　个个个个
　　　　九九九九　○○○妾　　　　　　　鹿荦离■　个个个个
　　　　九九九九　●●●●　　　　　　　走哉足■　个个个个
一 音　九九九九　●●●●　　　　八 音　自在匠■　个个个个
八 声　九九九九　●●●●　　　　一 声　草采七■　个个个个
　　　　九九九九　●●●●　　　　　　　曹才全■　个个个个
一 音　九九九九　●●●●　　　　　　　思三星■　个个个个
九 声　九九九九　●●●●　　　　九 音　寺□象■　个个个个
　　　　九九九九　●●●●　　　　一 声　□□□■　个个个个
一 音　九九九九　●●●●　　　　　　　□□□■　个个个个
十 声　九九九九　●●●●　　　　　　　■山手■　个个个个
　　　　九九九九　●●●●　　　　十 音　■土石■　个个个个
　　　　　　　　　　　　　　　　一 声　■□耳■　个个个个
　　收音清和律一之二　　　　　　　　　■□二■　个个个个
　　　　香香香香　多可个舌　　　　　　　■庄震■　个个个个
二 音　香香香香　禾火化八　　　　十一音　■乍□■　个个个个

一　声　香香香香　开宰爱○
　　　　香香香香　回每退○

　　　　香香香香　良两向○
二　音　香香香香　光广况○
二　声　香香香香　丁井亘○
　　　　香香香香　兄永莹○

　　　　香香香香　千典旦○
二　音　香香香香　元犬半○
三　声　香香香香　臣引艮○
　　　　香香香香　君允巽○

　　　　香香香香　刀早孝岳
二　音　香香香香　毛宝报霍
四　声　香香香香　牛斗奏六
　　　　香香香香　○○○玉

　　　　香香香香　妻子四日
二　音　香香香香　衰○帅骨
五　声　香香香香　○○○德
　　　　香香香香　龟水贵北

　　　　香香香香　宫孔众○
二　音　香香香香　龙甬用○
六　声　香香香香　鱼鼠去○
　　　　香香香香　乌虎兔○

　　　　香香香香　心审禁○
二　音　香香香香　○○○十
七　声　香香香香　男坎欠○
　　　　香香香香　○○○妾

一　声　■叉赤■　个个个个
　　　　■崇辰■　个个个个

　　　　■卓中■　个个个个
十二音　■宅直■　个个个个
一　声　■坼丑■　个个个个
　　　　■茶呈■　个个个个

去声辟唱吕一之二

　　　　古甲九癸　向向向向
一　音　□□近揆　向向向向
二　声　坤巧丘弃　向向向向
　　　　□□乾虬　向向向向

　　　　黑花香血　向向向向
二　音　黄华雄贤　向向向向
二　声　五瓦仰□　向向向向
　　　　吾牙月尧　向向向向

　　　　安亚乙一　向向向向
三　音　□爻王寅　向向向向
二　声　母马美米　向向向向
　　　　目兒眉民　向向向向

　　　　夫法□飞　向向向向
四　音　父凡□吠　向向向向
二　声　武晚□尾　向向向向
　　　　文万□未　向向向向

　　　　卜百丙必　向向向向
五　音　步白葡鼻　向向向向
二　声　普朴品匹　向向向向
　　　　旁排平瓶　向向向向

		香香香香 ●●●●		六音	东丹帝■	向向向向
二音	八声	香香香香 ●●●●		二声	兑大弟■	向向向向
		香香香香 ●●●●			土贪天■	向向向向
		香香香香 ●●●●			同覃田■	向向向向
		香香香香 ●●●●			乃妳女■	向向向向
二音	九声	香香香香 ●●●●		七音	内南年■	向向向向
		香香香香 ●●●●		二声	老冷吕■	向向向向
		香香香香 ●●●●			鹿荦离■	向向向向
		香香香香 ●●●●			走哉足■	向向向向
二音	十声	香香香香 ●●●●		八音	自在匠■	向向向向
		香香香香 ●●●●		二声	草采七■	向向向向
					曹才全■	向向向向

收音清和律一之三

		乙乙乙乙 多可个舌			思三星■	向向向向
三音	一声	乙乙乙乙 禾火化八		九音	寺□象■	向向向向
		乙乙乙乙 开宰爱○		二声	□□□■	向向向向
		乙乙乙乙 回每退○			□□□■	向向向向
		乙乙乙乙 良两向○			■山手■	向向向向
三音	二声	乙乙乙乙 光广况○		十音	■士石■	向向向向
		乙乙乙乙 丁井亘○		二声	■□耳■	向向向向
		乙乙乙乙 兄永莹○			■□二■	向向向向
		乙乙乙乙 千典旦○			■庄震■	向向向向
三音	三声	乙乙乙乙 元犬半○		十一音	■乍□■	向向向向
		乙乙乙乙 臣引艮○		二声	■叉赤■	向向向向
		乙乙乙乙 君允巽○			■崇辰■	向向向向
		乙乙乙乙 刀早孝岳			■卓中■	向向向向
三音	四声	乙乙乙乙 毛宝报霍		十二音	■宅直■	向向向向
		乙乙乙乙 牛斗奏六		二声	■坼丑■	向向向向
		乙乙乙乙 ○○○玉			■茶呈■	向向向向

去声辟唱吕一之三

| | | 妻子四日 | 古甲九癸 | 旦旦旦旦 |
| 三音 五声 | 乙乙乙乙 乙乙乙乙 乙乙乙乙 乙乙乙乙 | 衰○帅骨 ○○○德 龟水贵北 | □□近揆 坤巧丘弃 □□乾虬 | 旦旦旦旦 旦旦旦旦 旦旦旦旦 |

妻子四日

三音
五声　乙乙乙乙　衰○帅骨
　　　乙乙乙乙　○○○德
　　　乙乙乙乙　龟水贵北

　　　乙乙乙乙　宫孔众○
三音
六声　乙乙乙乙　龙甬用○
　　　乙乙乙乙　鱼鼠去○
　　　乙乙乙乙　乌虎兔○

　　　乙乙乙乙　心审禁○
三音
七声　乙乙乙乙　○○○十
　　　乙乙乙乙　男坎欠○
　　　乙乙乙乙　○○○妾

　　　乙乙乙乙　●●●●
三音
八声　乙乙乙乙　●●●●
　　　乙乙乙乙　●●●●
　　　乙乙乙乙　●●●●

　　　乙乙乙乙　●●●●
三音
九声　乙乙乙乙　●●●●
　　　乙乙乙乙　●●●●
　　　乙乙乙乙　●●●●

　　　乙乙乙乙　●●●●
三音
十声　乙乙乙乙　●●●●
　　　乙乙乙乙　●●●●

收音清和律一之四

　　　□□□□　多可个舌
四音　□□□□　禾火化八

去声辟唱吕一之三

　　　古甲九癸　旦旦旦旦
一音　□□近揆　旦旦旦旦
三声　坤巧丘弃　旦旦旦旦
　　　□□乾虬　旦旦旦旦

　　　黑花香血　旦旦旦旦
二音　黄华雄贤　旦旦旦旦
三声　五瓦仰□　旦旦旦旦
　　　吾牙月尧　旦旦旦旦

　　　安亚乙一　旦旦旦旦
三音　□爻王寅　旦旦旦旦
三声　母马美米　旦旦旦旦
　　　目皃眉民　旦旦旦旦

　　　夫法□飞　旦旦旦旦
四音　父凡□吠　旦旦旦旦
三声　武晚□尾　旦旦旦旦
　　　文万□未　旦旦旦旦

　　　卜百丙必　旦旦旦旦
五音　步白葡鼻　旦旦旦旦
三声　普朴品匹　旦旦旦旦
　　　旁排平瓶　旦旦旦旦

　　　东丹帝■　旦旦旦旦
六音　兑大弟■　旦旦旦旦
三声　土贪天■　旦旦旦旦
　　　同覃田■　旦旦旦旦

　　　乃妳女■　旦旦旦旦
七音　内南年■　旦旦旦旦

一 声	□□□□	开宰爱○	
	□□□□	回每退○	
	□□□□	良两向○	
四 音	□□□□	光广况○	
二 声	□□□□	丁井亘○	
	□□□□	兄永莹○	
	□□□□	千典旦○	
四 音	□□□□	元犬半○	
三 声	□□□□	臣引艮○	
	□□□□	君允巽○	
	□□□□	刀早孝岳	
四 音	□□□□	毛宝报霍	
四 声	□□□□	牛斗奏六	
	□□□□	○○○玉	
	□□□□	妻子四日	
四 音	□□□□	衰○帅骨	
五 声	□□□□	○○○德	
	□□□□	龟水贵北	
	□□□□	宫孔众○	
四 音	□□□□	龙甬用○	
六 声	□□□□	鱼鼠去○	
	□□□□	乌虎兔○	
	□□□□	心审禁○	
四 音	□□□□	○○○十	
七 声	□□□□	男坎欠○	
	□□□□	○○○妾	

三 声	老冷吕■	旦旦旦旦	
	鹿犖离■	旦旦旦旦	
	走哉足■	旦旦旦旦	
八 音	自在匠■	旦旦旦旦	
三 声	草采七■	旦旦旦旦	
	曹才全■	旦旦旦旦	
	思三星■	旦旦旦旦	
九 音	寺□象■	旦旦旦旦	
三 声	□□□■	旦旦旦旦	
	■山手■	旦旦旦旦	
十 音	■士石■	旦旦旦旦	
三 声	■□耳■	旦旦旦旦	
	■□二■	旦旦旦旦	
	■庄震■	旦旦旦旦	
十一音	■乍□■	旦旦旦旦	
三 声	■叉赤■	旦旦旦旦	
	■崇辰■	旦旦旦旦	
	■卓中■	旦旦旦旦	
十二音	■宅直■	旦旦旦旦	
三 声	■坼丑■	旦旦旦旦	
	■茶呈■	旦旦旦旦	

去声辟唱吕一之四

	古甲九癸	孝孝孝孝	
一 音	□□近揆	孝孝孝孝	
四 声	坤巧丘弃	孝孝孝孝	
	□□乾虬	孝孝孝孝	

		四音八声	
	□□□□	●●●●	
四音八声	□□□□	●●●●	
	□□□□	●●●●	
	□□□□	●●●●	

四音九声	□□□□	●●●●	
	□□□□	●●●●	
	□□□□	●●●●	

四音十声	□□□□	●●●●	
	□□□□	●●●●	
	□□□□	●●●●	

收音清和律一之五

五音一声	丙丙丙丙	多可个舌
	丙丙丙丙	禾火化八
	丙丙丙丙	开宰爱〇
	丙丙丙丙	回每退〇

五音二声	丙丙丙丙	良两向〇
	丙丙丙丙	光广况〇
	丙丙丙丙	丁井亘〇
	丙丙丙丙	兄永莹〇

五音三声	丙丙丙丙	千典旦〇
	丙丙丙丙	元犬半〇
	丙丙丙丙	臣引艮〇
	丙丙丙丙	君允巽〇

五音四声	丙丙丙丙	刀早孝岳
	丙丙丙丙	毛宝报霍
	丙丙丙丙	牛斗奏六
	丙丙丙丙	〇〇〇玉

二音四声	黑花香血	孝孝孝孝
	黄华雄贤	孝孝孝孝
	五瓦仰□	孝孝孝孝
	吾牙月尧	孝孝孝孝

三音四声	安亚乙一	孝孝孝孝
	□爻王寅	孝孝孝孝
	母马美米	孝孝孝孝
	目皃眉民	孝孝孝孝

四音四声	夫法□飞	孝孝孝孝
	父凡□吠	孝孝孝孝
	武晚□尾	孝孝孝孝
	文万□未	孝孝孝孝

五音四声	卜百丙必	孝孝孝孝
	步白葡鼻	孝孝孝孝
	普朴品匹	孝孝孝孝
	旁排平瓶	孝孝孝孝

六音四声	东丹帝■	孝孝孝孝
	兑大弟■	孝孝孝孝
	土贪天■	孝孝孝孝
	同覃田■	孝孝孝孝

七音四声	乃妳女■	孝孝孝孝
	内南年■	孝孝孝孝
	老冷吕■	孝孝孝孝
	鹿荤离■	孝孝孝孝

八音四声	走哉足■	孝孝孝孝
	自在匠■	孝孝孝孝
	草采七■	孝孝孝孝
	曹才全■	孝孝孝孝

五音 五声	丙丙丙丙	妻子四日
	丙丙丙丙	衰○帅骨
	丙丙丙丙	○○○德
	丙丙丙丙	龟水贵北
五音 六声	丙丙丙丙	宫孔众○
	丙丙丙丙	龙甬用○
	丙丙丙丙	鱼鼠去○
	丙丙丙丙	乌虎兔○
五音 七声	丙丙丙丙	心审禁○
	丙丙丙丙	○○○十
	丙丙丙丙	男坎欠○
	丙丙丙丙	○○○妾
五音 八声	丙丙丙丙	●●●●
	丙丙丙丙	●●●●
	丙丙丙丙	●●●●
五音 九声	丙丙丙丙	●●●●
	丙丙丙丙	●●●●
	丙丙丙丙	●●●●
五音 十声	丙丙丙丙	●●●●
	丙丙丙丙	●●●●

收音清和律一之六

| 六音 | 帝帝帝帝 | 多可个舌 |
| | 帝帝帝帝 | 禾火化八 |

九音 四声	思三星■	孝孝孝孝
	寺□象■	孝孝孝孝
	□□□■	孝孝孝孝
	□□□■	孝孝孝孝
十音 四声	■山手■	孝孝孝孝
	■士石■	孝孝孝孝
	■□耳■	孝孝孝孝
	■□二■	孝孝孝孝
十一音 四声	■庄震■	孝孝孝孝
	■乍□■	孝孝孝孝
	■叉赤■	孝孝孝孝
	■崇辰■	孝孝孝孝
十二音 四声	■卓中■	孝孝孝孝
	■宅直■	孝孝孝孝
	■坼丑■	孝孝孝孝
	■茶呈■	孝孝孝孝

去声辟唱吕一之五

一音 五声	古甲九癸	四四四四
	□□近揆	四四四四
	坤巧丘弃	四四四四
	□□乾虬	四四四四
二音 五声	黑花香血	四四四四
	黄华雄贤	四四四四
	五瓦仰□	四四四四
	吾牙月尧	四四四四
三音	安亚乙一	四四四四
	□爻王寅	四四四四

一	声	帝帝帝帝	开宰爱○		五	声	母马美米	四四四四
		帝帝帝帝	回每退○				目兕眉民	四四四四
		帝帝帝帝	良两向○				夫法□飞	四四四四
六	音	帝帝帝帝	光广况○		四	音	父凡□吠	四四四四
二	声	帝帝帝帝	丁井亘○		五	声	武晚□尾	四四四四
		帝帝帝帝	兄永莹○				文万□未	四四四四
		帝帝帝帝	千典旦○				卜百丙必	四四四四
六	音	帝帝帝帝	元犬半○		五	音	步白葡鼻	四四四四
三	声	帝帝帝帝	臣引艮○		五	声	普朴品匹	四四四四
		帝帝帝帝	君允巽○				旁排平瓶	四四四四
		帝帝帝帝	刀早孝岳				东丹帝■	四四四四
六	音	帝帝帝帝	毛宝报霍		六	音	兑大弟■	四四四四
四	声	帝帝帝帝	牛斗奏六		五	声	土贪天■	四四四四
		帝帝帝帝	○○○玉				同覃田■	四四四四
		帝帝帝帝	妻子四日				乃妳女■	四四四四
六	音	帝帝帝帝	衰○帅骨		七	音	内南年■	四四四四
五	声	帝帝帝帝	○○○德		五	声	老冷吕■	四四四四
		帝帝帝帝	龟水贵北				鹿荦离■	四四四四
		帝帝帝帝	宫孔众○				走哉足■	四四四四
六	音	帝帝帝帝	龙甬用○		八	音	自在匠■	四四四四
六	声	帝帝帝帝	鱼鼠去○		五	声	草采七■	四四四四
		帝帝帝帝	乌虎兔○				曹才全■	四四四四
		帝帝帝帝	心审禁○				思三星■	四四四四
六	音	帝帝帝帝	○○○十		九	音	寺□象■	四四四四
七	声	帝帝帝帝	男坎欠○		五	声	□□□□	四四四四
		帝帝帝帝	○○○姜				□□□□	四四四四
		帝帝帝帝	●●●●				■山手■	四四四四
六	音	帝帝帝帝	●●●●		十	音	■士石■	四四四四

八　声　帝帝帝帝　●●●●　　　　五　声　■□耳■　四四四四
　　　　帝帝帝帝　●●●●　　　　　　　　■□二■　四四四四
　　　　帝帝帝帝　●●●●　　　　　　　　■庄震■　四四四四
六　音　帝帝帝帝　●●●●　　　　十一音　■乍□■　四四四四
九　声　帝帝帝帝　●●●●　　　　五　声　■叉赤■　四四四四
　　　　帝帝帝帝　●●●●　　　　　　　　■崇辰■　四四四四
　　　　帝帝帝帝　●●●●　　　　　　　　■卓中■　四四四四
六　音　帝帝帝帝　●●●●　　　　十二音　■宅直■　四四四四
十　声　帝帝帝帝　●●●●　　　　五　声　■坼丑■　四四四四
　　　　帝帝帝帝　●●●●　　　　　　　　■茶呈■　四四四四

收音清和律一之七　　　　　去声辟唱吕一之六

　　　　女女女女　多可个舌　　　　　　　古甲九癸　众众众众
七　音　女女女女　禾火化八　　　　一　音　□□近揆　众众众众
一　声　女女女女　开宰爱〇　　　　六　声　坤巧丘弃　众众众众
　　　　女女女女　回每退〇　　　　　　　　□□乾虬　众众众众
　　　　女女女女　良两向〇　　　　　　　　黑花香血　众众众众
七　音　女女女女　光广况〇　　　　二　音　黄华雄贤　众众众众
二　声　女女女女　丁井亘〇　　　　六　声　五瓦仰□　众众众众
　　　　女女女女　兄永莹〇　　　　　　　　吾牙月尧　众众众众
　　　　女女女女　千典旦〇　　　　　　　　安亚乙一　众众众众
七　音　女女女女　元犬半〇　　　　三　音　□爻王寅　众众众众
三　声　女女女女　臣引艮〇　　　　六　声　母马美米　众众众众
　　　　女女女女　君允巽〇　　　　　　　　目皃眉民　众众众众
　　　　女女女女　刀早孝岳　　　　　　　　夫法□飞　众众众众
七　音　女女女女　毛宝报霍　　　　四　音　父凡□吠　众众众众
四　声　女女女女　牛斗奏六　　　　六　声　武晚□尾　众众众众
　　　　女女女女　〇〇〇玉　　　　　　　　文万□未　众众众众

女女女女　妻子四日　　　　　卜百丙必　众众众众
七音　　　　　　　　　　五音
五声　女女女女　衰○帅骨　六声　步白葡鼻　众众众众
　　　女女女女　○○○德　　　　普朴品匹　众众众众
　　　女女女女　龟水贵北　　　　旁排平瓶　众众众众

　　　女女女女　宫孔众○　　　　东丹帝■　众众众众
七音　　　　　　　　　　六音
六声　女女女女　龙甬用○　六声　兑大弟■　众众众众
　　　女女女女　鱼鼠去○　　　　土贪天■　众众众众
　　　女女女女　乌虎兔○　　　　同覃田■　众众众众

　　　女女女女　心审禁○　　　　乃妳女■　众众众众
七音　　　　　　　　　　七音
七声　女女女女　○○○十　六声　内南年■　众众众众
　　　女女女女　男坎欠○　　　　老冷吕■　众众众众
　　　女女女女　○○○妾　　　　鹿荦离■　众众众众

　　　女女女女　●●●●　　　　走哉足■　众众众众
七音　　　　　　　　　　八音
八声　女女女女　●●●●　六声　自在匠■　众众众众
　　　女女女女　●●●●　　　　草采七■　众众众众
　　　　　　　　　　　　　　　　曹才全■　众众众众

　　　女女女女　●●●●　　　　思三星■　众众众众
七音　　　　　　　　　　九音
九声　女女女女　●●●●　六声　寺□象■　众众众众
　　　女女女女　●●●●　　　　□□□■　众众众众
　　　　　　　　　　　　　　　　□□□■　众众众众

　　　女女女女　●●●●　　　　■山手■　众众众众
七音　　　　　　　　　　十音
十声　女女女女　●●●●　六声　■士石■　众众众众
　　　女女女女　●●●●　　　　■□耳■　众众众众
　　　　　　　　　　　　　　　　■□二■　众众众众

收音清和律一之八
　　　　　　　　　　　　　　　　■庄震■　众众众众
　　　足足足足　多可个舌　十一音
八音　足足足足　禾火化八　　　　■乍□■　众众众众

一 声	足足足足	开宰爱〇	
	足足足足	回每退〇	
	足足足足	良两向〇	
八 音	足足足足	光广况〇	
二 声	足足足足	丁井亘〇	
	足足足足	兄永莹〇	
	足足足足	千典旦〇	
八 音	足足足足	元犬半〇	
三 声	足足足足	臣引艮〇	
	足足足足	君允巽〇	
	足足足足	刀早孝岳	
八 音	足足足足	毛宝报霍	
四 声	足足足足	牛斗奏六	
	足足足足	〇〇〇玉	
	足足足足	妻子四日	
八 音	足足足足	衰〇帅骨	
五 声	足足足足	〇〇〇德	
	足足足足	龟水贵北	
	足足足足	宫孔众〇	
八 音	足足足足	龙甬用〇	
六 声	足足足足	鱼鼠去〇	
	足足足足	乌虎兔〇	
	足足足足	心审禁〇	
八 音	足足足足	〇〇〇十	
七 声	足足足足	男坎欠〇	
	足足足足	〇〇〇妾	

六 声	■叉赤■	众众众众	
	■崇辰■	众众众众	
	■卓中■	众众众众	
十二音	■宅直■	众众众众	
六 声	■坼丑■	众众众众	
	■茶呈■	众众众众	

去声辟唱吕一之七

	古甲九癸	禁禁禁禁	
一 音	□□近揆	禁禁禁禁	
七 声	坤巧丘弃	禁禁禁禁	
	□□乾虬	禁禁禁禁	
	黑花香血	禁禁禁禁	
二 音	黄华雄贤	禁禁禁禁	
七 声	五瓦仰□	禁禁禁禁	
	吾牙月尧	禁禁禁禁	
	安亚乙一	禁禁禁禁	
三 音	□爻王寅	禁禁禁禁	
七 声	母马美米	禁禁禁禁	
	目皃眉民	禁禁禁禁	
	夫法□飞	禁禁禁禁	
四 音	父凡□吠	禁禁禁禁	
七 声	武晚□尾	禁禁禁禁	
	文万□未	禁禁禁禁	
	卜百丙必	禁禁禁禁	
五 音	步白葡鼻	禁禁禁禁	
七 声	普朴品匹	禁禁禁禁	
	旁排平瓶	禁禁禁禁	

		足足足足 ●●●●		东丹帝■	禁禁禁禁
八	音	足足足足 ●●●●	六 音	兑大弟■	禁禁禁禁
八	声	足足足足 ●●●●	七 声	土贪天■	禁禁禁禁
		足足足足 ●●●●		同覃田■	禁禁禁禁
		足足足足 ●●●●		乃妳女■	禁禁禁禁
八	音	足足足足 ●●●●	七 音	内南年■	禁禁禁禁
九	声	足足足足 ●●●●	七 声	老冷吕■	禁禁禁禁
		足足足足 ●●●●		鹿荦离■	禁禁禁禁
		足足足足 ●●●●		走哉足■	禁禁禁禁
八	音	足足足足 ●●●●	八 音	自在匠■	禁禁禁禁
十	声	足足足足 ●●●●	七 声	草采七■	禁禁禁禁
		足足足足 ●●●●		曹才全■	禁禁禁禁

收音清和律一之九

		星星星星 多可个舌		思三星■	禁禁禁禁
九	音	星星星星 禾火化八	九 音	寺口象■	禁禁禁禁
一	声	星星星星 开宰爱○	七 声	□□□■	禁禁禁禁
		星星星星 回每退○		□□□■	禁禁禁禁
		星星星星 良两向○		■山手■	禁禁禁禁
九	音	星星星星 光广况○	十 音	■士石■	禁禁禁禁
二	声	星星星星 丁井亘○	七 声	■口耳■	禁禁禁禁
		星星星星 兄永莹○		■口二■	禁禁禁禁
		星星星星 千典旦○		■庄震■	禁禁禁禁
九	音	星星星星 元犬半○	十一音	■乍口■	禁禁禁禁
三	声	星星星星 臣引艮○	七 声	■叉赤■	禁禁禁禁
		星星星星 君允巽○		■崇辰■	禁禁禁禁
		星星星星 刀早孝岳		■卓中■	禁禁禁禁
九	音	星星星星 毛宝报霍	十二音	■宅直■	禁禁禁禁

四　声	星星星星	牛斗奏六
	星星星星	○○○玉
	星星星星	妻子四日
九　音	星星星星	衰○帅骨
五　声	星星星星	○○○德
	星星星星	龟水贵北
	星星星星	宫孔众○
九　音	星星星星	龙甬用○
六　声	星星星星	鱼鼠去○
	星星星星	乌虎兔○
	星星星星	心审禁○
九　音	星星星星	○○○十
七　声	星星星星	男坎欠○
	星星星星	○○○妾
	星星星星	●●●●
九　音	星星星星	●●●●
八　声	星星星星	●●●●
	星星星星	●●●●
九　音	星星星星	●●●●
九　声	星星星星	●●●●
	星星星星	●●●●
	星星星星	●●●●
九　音	星星星星	●●●●
十　声	星星星星	●●●●
	星星星星	●●●●

| 七　声 | ■坼丑■ | 禁禁禁禁 |
| | ■茶呈■ | 禁禁禁禁 |

去声辟唱吕一之八

	古甲九癸	●●●●
一　音	□□近揆	●●●●
八　声	坤巧丘弃	●●●●
	□□乾虬	●●●●
	黑花香血	●●●●
二　音	黄华雄贤	●●●●
八　声	五瓦仰□	●●●●
	吾牙月尧	●●●●
	安亚乙一	●●●●
三　音	□爻王寅	●●●●
八　声	母马美米	●●●●
	目皃眉民	●●●●
	夫法□飞	●●●●
四　音	父凡□吠	●●●●
八　声	武晚□尾	●●●●
	文万□未	●●●●
	卜百丙必	●●●●
五　音	步白葡鼻	●●●●
八　声	普朴品匹	●●●●
	旁排平瓶	●●●●
	东丹帝■	●●●●
六　音	兑大弟■	●●●●
八　声	土贪天■	●●●●
	同覃田■	●●●●

收音清和律一之十

		手手手手 多可个舌			乃妳女■ ●●●●
十音	一声	手手手手 禾火化八	七音	八声	内南年■ ●●●●
		手手手手 开宰爱〇	八声		老冷吕■ ●●●●
		手手手手 回每退〇			鹿荦离■ ●●●●
		手手手手 良两向〇			走哉足■ ●●●●
十音	二声	手手手手 光广况〇	八音	八声	自在匠■ ●●●●
		手手手手 丁井亘〇	八声		草采七■ ●●●●
		手手手手 兄永莹〇			曹才全■ ●●●●
		手手手手 千典旦〇			思三星■ ●●●●
十音	三声	手手手手 元犬半〇	九音	八声	寺口象■ ●●●●
		手手手手 臣引艮〇	八声		□□□■ ●●●●
		手手手手 君允巽〇			□□□■ ●●●●
		手手手手 刀早孝岳			■山手■ ●●●●
十音	四声	手手手手 毛宝报霍	十音	八声	■土石■ ●●●●
		手手手手 牛斗奏六	八声		■□耳■ ●●●●
		手手手手 〇〇〇玉			■□二■ ●●●●
		手手手手 妻子四日			■庄震■ ●●●●
十音	五声	手手手手 衰〇帅骨	十一音	八声	■乍□■ ●●●●
		手手手手 〇〇〇德	八声		■叉赤■ ●●●●
		手手手手 龟水贵北			■崇辰■ ●●●●
		手手手手 宫孔众〇			■卓中■ ●●●●
十音	六声	手手手手 龙甬用〇	十二音	八声	■宅直■ ●●●●
		手手手手 鱼鼠去〇	八声		■坼丑■ ●●●●
		手手手手 乌虎兔〇			■茶呈■ ●●●●

去声辟唱吕一之九

		古甲九癸 ●●●●
一音		□□近揆 ●●●●

心审禁〇
十音 〇〇〇十

七 声	手手手手	男坎欠〇	
	手手手手	〇〇〇妾	
	手手手手	●●●●	
十 音	手手手手	●●●●	
八 声	手手手手	●●●●	
	手手手手	●●●●	
	手手手手	●●●●	
十 音	手手手手	●●●●	
九 声	手手手手	●●●●	
	手手手手	●●●●	
	手手手手	●●●●	
十 音	手手手手	●●●●	
十 声	手手手手	●●●●	
	手手手手	●●●●	

收音清和律一之十一

	震震震震	多可个舌	
十一音	震震震震	禾火化八	
一 声	震震震震	开宰爱〇	
	震震震震	回每退〇	
	震震震震	良两向〇	
十一音	震震震震	光广况〇	
二 声	震震震震	丁井亘〇	
	震震震震	兄永莹〇	
	震震震震	千典旦〇	
十一音	震震震震	元犬半〇	
三 声	震震震震	臣引艮〇	
	震震震震	君允巽〇	

九 声		坤巧丘弃	●●●●
		□□乾虬	●●●●
		黑花香血	●●●●
二 音	九 声	黄华雄贤	●●●●
		五瓦仰□	●●●●
		吾牙月尧	●●●●
		安亚乙一	●●●●
三 音	九 声	□爻王寅	●●●●
		母马美米	●●●●
		目皃眉民	●●●●
		夫法□飞	●●●●
四 音	九 声	父凡□吠	●●●●
		武晚□尾	●●●●
		文万□未	●●●●
		卜百丙必	●●●●
五 音	九 声	步白葡鼻	●●●●
		普朴品匹	●●●●
		旁排平瓶	●●●●
		东丹帝■	●●●
六 音	九 声	兑大弟■	●●●
		土贪天■	●●●
		同覃田■	●●●
		乃妳女■	●●●
七 音	九 声	内南年■	●●●
		老冷吕■	●●●
		鹿荦离■	●●●●

		震震震震 刀早孝岳		走哉足■ ●●●●
十一音		震震震震 毛宝报霍	八 音	自在匠■ ●●●●
四 声		震震震震 牛斗奏六	九 声	草采七■ ●●●●
		震震震震 〇〇〇玉		曹才全■ ●●●●
		震震震震 妻子四日		思三星■ ●●●●
十一音		震震震震 衰〇帅骨	九 音	寺口象■ ●●●●
五 声		震震震震 〇〇〇德	九 声	□□□■ ●●●●
		震震震震 龟水贵北		□□□■ ●●●●
		震震震震 宫孔众〇		■山手■ ●●●●
十一音		震震震震 龙甬用〇	十 音	■士石■ ●●●●
六 声		震震震震 鱼鼠去〇	九 声	■口耳■ ●●●●
		震震震震 乌虎兔〇		■口二■ ●●●●
		震震震震 心审禁〇		■庄震■ ●●●●
十一音		震震震震 〇〇〇十	十一音	■乍口■ ●●●●
七 声		震震震震 男坎欠〇	九 声	■叉赤■ ●●●●
		震震震震 〇〇〇妾		■崇辰■ ●●●●
		震震震震 ●●●●		■卓中■ ●●●●
十一音		震震震震 ●●●●	十二音	■宅直■ ●●●●
八 声		震震震震 ●●●●	九 声	■坼丑■ ●●●●
		震震震震 ●●●●		■茶呈■ ●●●●

去声辟唱吕一之十

		古甲九癸 ●●●●
一 音		□□近揆 ●●●●
十 声		坤巧丘弃 ●●●●
		□□乾虬 ●●●●
		黑花香血 ●●●●
二 音		黄华雄贤 ●●●●
十 声		五瓦仰口 ●●●●
		吾牙月尧 ●●●●

收音清和律一之十二

十二音 一声	中中中中 多可个舌		三 音 十 声	安亚乙一 ●●●●	
	中中中中 禾火化八			□爻王寅 ●●●●	
	中中中中 开宰爱○			母马美米 ●●●●	
	中中中中 回每退○			目皃眉民 ●●●●	
十二音 二声	中中中中 良两向○		四 音 十 声	夫法□飞 ●●●●	
	中中中中 光广况○			父凡□吠 ●●●●	
	中中中中 丁井亘○			武晚□尾 ●●●●	
	中中中中 兄永莹○			文万□未 ●●●●	
十二音 三声	中中中中 千典旦○		五 音 十 声	卜百丙必 ●●●●	
	中中中中 元犬半○			步白葡鼻 ●●●●	
	中中中中 臣引艮○			普朴品匹 ●●●●	
	中中中中 君允巽○			旁排平瓶 ●●●●	
十二音 四声	中中中中 刀早孝岳		六 音 十 声	东丹帝■ ●●●	
	中中中中 毛宝报霍			兑大弟■ ●●●	
	中中中中 牛斗奏六			土贪天■ ●●●	
	中中中中 ○○○玉			同覃田■ ●●●	
十二音 五声	中中中中 妻子四日		七 音 十 声	乃妳女■ ●●●	
	中中中中 衰○帅骨			内南年■ ●●●	
	中中中中 ○○○德			老冷吕■ ●●●	
	中中中中 龟水贵北			鹿荦离■ ●●●	
十二音 六声	中中中中 宫孔众○		八 音 十 声	走哉足■ ●●●	
	中中中中 龙甬用○			自在匠■ ●●●	
	中中中中 鱼鼠去○			草采七■ ●●●	
	中中中中 乌虎兔○			曹才全■ ●●●	
十二音 七声	中中中中 心审禁○		九 音 十 声	思三星■ ●●●	
	中中中中 ○○○十			寺□象■ ●●●	
	中中中中 男坎欠○			□□□■ ●●●●	
	中中中中 ○○○妾			□□□■ ●●●●	

	中中中中	●●●●
十二音	中中中中	●●●●
八　声	中中中中	●●●●
	中中中中	●●●●
	中中中中	●●●●
十二音	中中中中	●●●●
九　声	中中中中	●●●●
	中中中中	●●●●
	中中中中	●●●●
十二音	中中中中	●●●●
十　声	中中中中	●●●●
	中中中中	●●●●

	■山手■	●●●●
十　音	■士石■	●●●●
十　声	■□耳■	●●●●
	■□二■	●●●●
	■庄震■	●●●●
十一音	■乍□■	●●●●
十　声	■叉赤■	●●●●
	■崇辰■	●●●●
	■卓中■	●●●●
十二音	■宅直■	●●●●
十　声	■坼丑■	●●●●
	■茶呈■	●●●●

观物篇之四十四

星月声去翕
化况半报帅
用○●●●

星月声七，下唱地之用音一百五十二，是谓去声翕音。去声翕音一千六十四。

星月声去之二翕
收音浊和律二之一

	近近近近	多可个舌
一　音	近近近近	禾火化八
一　声	近近近近	开宰爱○
	近近近近	回每退○

土火音收浊
近雄王□莆弟
年匠象石□直

土火音十二，上和天之用声一百一十二，是谓收音浊声。收音浊声一千三百四十四。

土火音收之二浊①
去声翕唱吕二之一

	古甲九癸	化化化化
一　音	□□近揆	化化化化
一　声	坤巧丘弃	化化化化
	□□乾虹	化化化化

① "土火"，原作"火土"，据四库本改。

		近近近近	良两向○
一	音	近近近近	光广况○
二	声	近近近近	丁井亘○
		近近近近	兄永莹○
		近近近近	千典旦○
一	音	近近近近	元犬半○
三	声	近近近近	臣引艮○
		近近近近	君允巽○
		近近近近	刀早孝岳
一	音	近近近近	毛宝报霍
四	声	近近近近	牛斗奏六
		近近近近	○○○玉
		近近近近	妻子四日
一	音	近近近近	衰○帅骨
五	声	近近近近	○○○德
		近近近近	龟水贵北
		近近近近	宫孔众○
一	音	近近近近	龙甬用○
六	声	近近近近	鱼鼠去○
		近近近近	乌虎兔○
		近近近近	心审禁○
一	音	近近近近	○○○十
七	声	近近近近	男坎欠○
		近近近近	○○○妾
		近近近近	●●●●
一	音	近近近近	●●●●
八	声	近近近近	●●●●
		近近近近	●●●●

二	音	黑花香血	化化化化
一	声	黄华雄贤	化化化化
		五瓦仰□	化化化化
		吾牙月尧	化化化化
三	音	安亚乙一	化化化化
一	声	□爻王寅	化化化化
		母马美米	化化化化
		目皃眉民	化化化化
四	音	夫法□飞	化化化化
一	声	父凡□吠	化化化化
		武晚□尾	化化化化
		文万□未	化化化化
五	音	卜百丙必	化化化化
一	声	步白葡鼻	化化化化
		普朴品匹	化化化化
		旁排平瓶	化化化化
六	音	东丹帝■	化化化化
一	声	兑大弟■	化化化化
		土贪天■	化化化化
		同覃田■	化化化化
七	音	乃妳女■	化化化化
一	声	内南年■	化化化化
		老冷吕■	化化化化
		鹿荦离■	化化化化
八	音	走哉足■	化化化化
一	声	自在匠■	化化化化
		草采七■	化化化化
		曹才全■	化化化化

近近近近　●●●●
一音　近近近近　●●●●
九声　近近近近　●●●●
　　　近近近近　●●●●

近近近近　●●●●
一音　近近近近　●●●●
十声　近近近近　●●●●
　　　近近近近　●●●●

收音浊和律二之二

　　　雄雄雄雄　多可个舌
二音　雄雄雄雄　禾火化八
一声　雄雄雄雄　开宰爱○
　　　雄雄雄雄　回每退○

　　　雄雄雄雄　良两向○
二音　雄雄雄雄　光广况○
二声　雄雄雄雄　丁井亘○
　　　雄雄雄雄　兄永莹○

　　　雄雄雄雄　千典旦○
二音　雄雄雄雄　元犬半○
三声　雄雄雄雄　臣引艮○
　　　雄雄雄雄　君允巽○

　　　雄雄雄雄　刀早孝岳
二音　雄雄雄雄　毛宝报霍
四声　雄雄雄雄　牛斗奏六
　　　雄雄雄雄　○○○玉

　　　雄雄雄雄　妻子四日
二音　雄雄雄雄　衰○帅骨

思三星■　化化化化
九音　寺□象■　化化化化
一声　□□□■　化化化化
　　　□□□■　化化化化

■山手■　化化化化
十音　■士石■　化化化化
一声　■□耳■　化化化化
　　　■□二■　化化化化

■庄震■　化化化化
十一音　■乍□■　化化化化
一声　　■叉赤■　化化化化
　　　　■崇辰■　化化化化

■卓中■　化化化化
十二音　■宅直■　化化化化
一声　　■坼丑■　化化化化
　　　　■茶呈■　化化化化

去声翕唱吕二之二

古甲九癸　况况况况
一音　□□近揆　况况况况
二声　坤巧丘弃　况况况况
　　　□□乾虬　况况况况

黑花香血　况况况况
二音　黄华雄贤　况况况况
二声　五瓦仰□　况况况况
　　　吾牙月尧　况况况况

安亚乙一　况况况况
三音　□爻王寅　况况况况

五　声　雄雄雄雄　○○○德
　　　　雄雄雄雄　龟水贵北
　　　　雄雄雄雄　宫孔众○
二　音　雄雄雄雄　龙甬用○
六　声　雄雄雄雄　鱼鼠去○
　　　　雄雄雄雄　乌虎兔○
　　　　雄雄雄雄　心审禁○
二　音　雄雄雄雄　○○○十
七　声　雄雄雄雄　男坎欠○
　　　　雄雄雄雄　○○○妾
　　　　雄雄雄雄　●●●●
二　音　雄雄雄雄　●●●●
八　声　雄雄雄雄　●●●●
　　　　雄雄雄雄　●●●●
二　音　雄雄雄雄　●●●●
九　声　雄雄雄雄　●●●●
　　　　雄雄雄雄　●●●●
二　音　雄雄雄雄　●●●●
十　声　雄雄雄雄　●●●●
　　　　雄雄雄雄　●●●●

收音浊和律二之三

　　　　王王王王　多可个舌
三　音　王王王王　禾火化八
一　声　王王王王　开宰爱○
　　　　王王王王　回每退○

二　声　母马美米　况况况况
　　　　目皃眉民　况况况况
　　　　夫法□飞　况况况况
四　音　父凡□吠　况况况况
二　声　武晚□尾　况况况况
　　　　文万□未　况况况况
　　　　卜百丙必　况况况况
五　音　步白蒲鼻　况况况况
二　声　普朴品匹　况况况况
　　　　旁排平瓶　况况况况
　　　　东丹帝■　况况况况
六　音　兑大弟■　况况况况
二　声　土贪天■　况况况况
　　　　同覃田■　况况况况
　　　　乃妳女■　况况况况
七　音　内南年■　况况况况
二　声　老冷吕■　况况况况
　　　　鹿荦离■　况况况况
　　　　走哉足■　况况况况
八　音　自在匠■　况况况况
二　声　草采七■　况况况况
　　　　曹才全■　况况况况
　　　　思三星■　况况况况
九　音　寺□象■　况况况况
二　声　□□□■　况况况况
　　　　□□□■　况况况况

三音二声	王王王王	良两向〇	
	王王王王	光广况〇	
	王王王王	丁井亘〇	
	王王王王	兄永莹〇	
三音三声	王王王王	千典亘〇	
	王王王王	元犬半〇	
	王王王王	臣引艮〇	
	王王王王	君允巽〇	
三音四声	王王王王	刀早孝岳	
	王王王王	毛宝报霍	
	王王王王	牛斗奏六	
	王王王王	〇〇〇玉	
三音五声	王王王王	妻子四日	
	王王王王	衰〇帅骨	
	王王王王	〇〇〇德	
	王王王王	龟水贵北	
三音六声	王王王王	宫孔众〇	
	王王王王	龙甬用〇	
	王王王王	鱼鼠去〇	
	王王王王	乌虎兔〇	
三音七声	王王王王	心审禁〇	
	王王王王	〇〇〇十	
	王王王王	男坎欠〇	
	王王王王	〇〇〇妾	
三音八声	王王王王	●●●●	
	王王王王	●●●●	
	王王王王	●●●●	
	王王王王	●●●●	

十音二声	■山手■ 况况况况
	■士石■ 况况况况
	■□耳■ 况况况况
	■□二■ 况况况况
十一音二声	■庄震■ 况况况况
	■乍□■ 况况况况
	■叉赤■ 况况况况
	■崇辰■ 况况况况
十二音二声	■卓中■ 况况况况
	■宅直■ 况况况况
	■坼丑■ 况况况况
	■茶呈■ 况况况况

去声翕唱吕二之三

一音三声	古甲九癸 半半半半
	□□近揆 半半半半
	坤巧丘弃 半半半半
	□□乾虬 半半半半
二音三声	黑花香血 半半半半
	黄华雄贤 半半半半
	五瓦仰□ 半半半半
	吾牙月尧 半半半半
三音三声	安亚乙一 半半半半
	□爻王寅 半半半半
	母马美米 半半半半
	目兒眉民 半半半半
四音三声	夫法□飞 半半半半
	父凡□吠 半半半半
	武晚□尾 半半半半
	文万□未 半半半半

三	音	王王王王	●●●●	五	音	卜百丙必 半半半半
九	声	王王王王	●●●●	三	声	步白葡鼻 半半半半
		王王王王	●●●●			普朴品匹 半半半半
		王王王王	●●●●			旁排平瓶 半半半半
		王王王王	●●●●			东丹帝■ 半半半半
三	音	王王王王	●●●●	六	音	兑大弟■ 半半半半
十	声	王王王王	●●●●	三	声	土贪天■ 半半半半
		王王王王	●●●●			同覃田■ 半半半半

收音浊和律二之四

四	音	□□□□	多可个舌	七	音	乃妳女■ 半半半半
一	声	□□□□	禾火化八	三	声	内南年■ 半半半半
		□□□□	开宰爱〇			老冷吕■ 半半半半
		□□□□	回每退〇			鹿犖离■ 半半半半
		□□□□	良两向〇			走哉足■ 半半半半
四	音	□□□□	光广况〇	八	音	自在匠■ 半半半半
二	声	□□□□	丁井亘〇	三	声	草采七■ 半半半半
		□□□□	兄永莹〇			曹才全■ 半半半半
		□□□□	千典旦〇			思三星■ 半半半半
四	音	□□□□	元犬半〇	九	音	寺□象■ 半半半半
三	声	□□□□	臣引艮〇	三	声	□□□ 半半半半
		□□□□	君允巽〇			□□□ 半半半半
		□□□□	刀早孝岳			■山手■ 半半半半
四	音	□□□□	毛宝报霍	十	音	■士石■ 半半半半
四	声	□□□□	牛斗奏六	三	声	■□耳■ 半半半半
		□□□□	〇〇〇玉			■□二■ 半半半半
		□□□□	妻子四日			■庄震■ 半半半半
四	音	□□□□	衰〇帅骨	十一音		■乍□■ 半半半半
五	声	□□□□	〇〇〇德	三	声	■叉赤■ 半半半半
		□□□□	龟水贵北			■崇辰■ 半半半半

四音六声	□□□□	宫孔众○
	□□□□	龙甬用○
	□□□□	鱼鼠去○
	□□□□	乌虎兔○

四音七声	□□□□	心审禁○
	□□□□	○○○十
	□□□□	男坎欠○
	□□□□	○○○姜

四音八声	□□□□	●●●●
	□□□□	●●●●
	□□□□	●●●●
	□□□□	●●●●

四音九声	□□□□	●●●●
	□□□□	●●●●
	□□□□	●●●●

四音十声	□□□□	●●●●
	□□□□	●●●●
	□□□□	●●●●

收音浊和律二之五

五音一声	菊菊菊菊	多可个舌
	菊菊菊菊	禾火化八
	菊菊菊菊	开宰爱○
	菊菊菊菊	回每退○
	菊菊菊菊	良两向○
五音	菊菊菊菊	光广况○

十二音三声	■卓中■	半半半半
	■宅直■	半半半半
	■坼丑■	半半半半
	■茶呈■	半半半半

去声翕唱吕二之四

一音四声	古甲九癸	报报报报
	□□近揆	报报报报
	坤巧丘弃	报报报报
	□□乾虬	报报报报

二音四声	黑花香血	报报报报
	黄华雄贤	报报报报
	五瓦仰□	报报报报
	吾牙月尧	报报报报

三音四声	安亚乙一	报报报报
	□爻王寅	报报报报
	母马美米	报报报报
	目皃眉民	报报报报

四音四声	夫法□飞	报报报报
	父凡□吠	报报报报
	武晚□尾	报报报报
	文万□未	报报报报

五音四声	卜百丙必	报报报报
	步白葡鼻	报报报报
	普朴品匹	报报报报
	旁排平瓶	报报报报

| 六音 | 东丹帝■ | 报报报报 |
| | 兑大弟■ | 报报报报 |

二 声　葡葡葡葡　丁井亘〇
　　　　葡葡葡葡　兄永莹〇
　　　　葡葡葡葡　千典旦〇
五 音　葡葡葡葡　元犬半〇
三 声　葡葡葡葡　臣引艮〇
　　　　葡葡葡葡　君允巽〇
　　　　葡葡葡葡　刀早孝岳
五 音　葡葡葡葡　毛宝报霍
四 声　葡葡葡葡　牛斗奏六
　　　　葡葡葡葡　〇〇〇玉
　　　　葡葡葡葡　妻子四日
五 音　葡葡葡葡　衰〇帅骨
五 声　葡葡葡葡　〇〇〇德
　　　　葡葡葡葡　龟水贵北
　　　　葡葡葡葡　宫孔众〇
五 音　葡葡葡葡　龙甬用〇
六 声　葡葡葡葡　鱼鼠去〇
　　　　葡葡葡葡　乌虎兔〇
　　　　葡葡葡葡　心审禁〇
五 音　葡葡葡葡　〇〇〇十
七 声　葡葡葡葡　男坎欠〇
　　　　葡葡葡葡　〇〇〇妾
　　　　葡葡葡葡　●●●●
五 音　葡葡葡葡　●●●●
八 声　葡葡葡葡　●●●●
　　　　葡葡葡葡　●●●●
五 音　葡葡葡葡　●●●●

四 声　土贪天■　报报报报
　　　　同覃田■　报报报报
　　　　乃妳女■　报报报报
七 音　内南年■　报报报报
四 声　老冷吕■　报报报报
　　　　鹿荤离■　报报报报
　　　　走哉足■　报报报报
八 音　自在匠■　报报报报
四 声　草采七■　报报报报
　　　　曹才全■　报报报报
　　　　思三星■　报报报报
九 音　寺□象■　报报报报
四 声　□□□■　报报报报
　　　　□□□■　报报报报
　　　　■山手■　报报报报
十 音　■土石■　报报报报
四 声　■□耳■　报报报报
　　　　■□二■　报报报报
　　　　■庄震■　报报报报
十一音　■乍□■　报报报报
四 声　■叉赤■　报报报报
　　　　■崇辰■　报报报报
　　　　■卓中■　报报报报
十二音　■宅直■　报报报报
四 声　■坼丑■　报报报报
　　　　■茶呈■　报报报报

去声翕唱吕二之五

　　　　古甲九癸　帅帅帅帅
一 音　□□近揆　帅帅帅帅

九	声	葡葡葡葡	●●●●
		葡葡葡葡	●●●●
		葡葡葡葡	●●●●
五	音	葡葡葡葡	●●●●
十	声	葡葡葡葡	●●●●
		葡葡葡葡	●●●●

收音浊和律二之六

		弟弟弟弟	多可个舌
六	音	弟弟弟弟	禾火化八
一	声	弟弟弟弟	开宰爱〇
		弟弟弟弟	回每退〇
		弟弟弟弟	良两向〇
六	音	弟弟弟弟	光广况〇
二	声	弟弟弟弟	丁井亘〇
		弟弟弟弟	兄永莹〇
		弟弟弟弟	千典旦〇
六	音	弟弟弟弟	元犬半〇
三	声	弟弟弟弟	臣引艮〇
		弟弟弟弟	君允巽〇
		弟弟弟弟	刀早孝岳
六	音	弟弟弟弟	毛宝报霍
四	声	弟弟弟弟	牛斗奏六
		弟弟弟弟	〇〇〇玉
		弟弟弟弟	妻子四日
六	音	弟弟弟弟	衰〇帅骨
五	声	弟弟弟弟	〇〇〇德
		弟弟弟弟	龟水贵北

五	声	坤巧丘弃	帅帅帅帅
		□□乾虬	帅帅帅帅
		黑花香血	帅帅帅帅
二	音	黄华雄贤	帅帅帅帅
五	声	五瓦仰□	帅帅帅帅
		吾牙月尧	帅帅帅帅
		安亚乙一	帅帅帅帅
三	音	□爻王寅	帅帅帅帅
五	声	母马美米	帅帅帅帅
		目兑眉民	帅帅帅帅
		夫法□飞	帅帅帅帅
四	音	父凡□吠	帅帅帅帅
五	声	武晚□尾	帅帅帅帅
		文万□未	帅帅帅帅
		卜百丙必	帅帅帅帅
五	音	步白葡鼻	帅帅帅帅
五	声	普朴品匹	帅帅帅帅
		旁排平瓶	帅帅帅帅
		东丹帝■	帅帅帅帅
六	音	兑大弟■	帅帅帅帅
五	声	土贪天■	帅帅帅帅
		同覃田■	帅帅帅帅
		乃妳女■	帅帅帅帅
七	音	内南年■	帅帅帅帅
五	声	老冷吕■	帅帅帅帅
		鹿荤离■	帅帅帅帅

		弟弟弟弟	宫孔众〇			走哉足■	帅帅帅帅
六	音	弟弟弟弟	龙甬用〇	八	音	自在匠■	帅帅帅帅
六	声	弟弟弟弟	鱼鼠去〇	五	声	草采七■	帅帅帅帅
		弟弟弟弟	乌虎兔〇			曹才全■	帅帅帅帅
		弟弟弟弟	心审禁〇			思三星■	帅帅帅帅
六	音	弟弟弟弟	〇〇〇十	九	音	寺□象■	帅帅帅帅
七	声	弟弟弟弟	男坎欠〇	五	声	□□□■	帅帅帅帅
		弟弟弟弟	〇〇〇妾			□□□■	帅帅帅帅
		弟弟弟弟	●●●●			■山手■	帅帅帅帅
六	音	弟弟弟弟	●●●●	十	音	■士石■	帅帅帅帅
八	声	弟弟弟弟	●●●●	五	声	■□耳■	帅帅帅帅
		弟弟弟弟	●●●●			■□二■	帅帅帅帅
		弟弟弟弟	●●●●			■庄震■	帅帅帅帅
六	音	弟弟弟弟	●●●●	十一	音	■乍□■	帅帅帅帅
九	声	弟弟弟弟	●●●●	五	声	■叉赤■	帅帅帅帅
		弟弟弟弟	●●●●			■崇辰■	帅帅帅帅
		弟弟弟弟	●●●●			■卓中■	帅帅帅帅
六	音	弟弟弟弟	●●●●	十二	音	■宅直■	帅帅帅帅
十	声	弟弟弟弟	●●●●	五	声	■坼丑■	帅帅帅帅
		弟弟弟弟	●●●●			■茶呈■	帅帅帅帅

收音浊和律二之七　　　　去声翕唱吕二之六

		年年年年	多可个舌			古甲九癸	用用用用
七	音	年年年年	禾火化八	一	音	□□近揆	用用用用
一	声	年年年年	开宰爱〇	六	声	坤巧丘弃	用用用用
		年年年年	回每退〇			□□乾虬	用用用用
		年年年年	良两向〇			黑花香血	用用用用
七	音	年年年年	光广况〇	二	音	黄华雄贤	用用用用
二	声	年年年年	丁井亘〇	六	声	五瓦仰□	用用用用
		年年年年	兄永莹〇			吾牙月尧	用用用用

		左		右	

左

七音三声
年年年年　千典旦〇
年年年年　元犬半〇
年年年年　臣引艮〇
年年年年　君允巽〇

七音四声
年年年年　刀早孝岳
年年年年　毛宝报霍
年年年年　牛斗奏六
年年年年　〇〇〇玉

七音五声
年年年年　妻子四日
年年年年　衰〇帅骨
年年年年　〇〇〇德
年年年年　龟水贵北

七音六声
年年年年　宫孔众〇
年年年年　龙甬用〇
年年年年　鱼鼠去〇
年年年年　乌虎兔〇

七音七声
年年年年　心审禁〇
年年年年　〇〇〇十
年年年年　男坎欠〇
年年年年　〇〇〇妾

七音八声
年年年年　●●●●
年年年年　●●●●
年年年年　●●●●
年年年年　●●●●

七音九声
年年年年　●●●●
年年年年　●●●●
年年年年　●●●●

右

三音六声
安亚乙一　用用用
□爻王寅　用用用
母马美米　用用用
目皃眉民　用用用

四音六声
夫法□飞　用用用
父凡□吠　用用用
武晚□尾　用用用
文万□未　用用用

五音六声
卜百丙必　用用用
步白葡鼻　用用用
普朴品匹　用用用
旁排平瓶　用用用

六音六声
东丹帝■　用用用
兑大弟■　用用用
土贪天■　用用用
同覃田■　用用用

七音六声
乃妳女■　用用用
内南年■　用用用
老冷吕■　用用用
鹿荦离■　用用用

八音六声
走哉足■　用用用
自在匠■　用用用
草采七■　用用用
曹才全■　用用用

九音六声
思三星■　用用用
寺□象■　用用用
□□□■　用用用
□□□■　用用用

		年年年年	●●●●
七　音		年年年年	●●●●
十　声		年年年年	●●●●
		年年年年	●●●●

收音浊和律二之八

		匠匠匠匠	多可个舌
八　音		匠匠匠匠	禾火化八
一　声		匠匠匠匠	开宰爱〇
		匠匠匠匠	回每退〇
		匠匠匠匠	良两向〇
八　音		匠匠匠匠	光广况〇
二　声		匠匠匠匠	丁井亘〇
		匠匠匠匠	兄永莹〇
		匠匠匠匠	千典旦〇
八　音		匠匠匠匠	元犬半〇
三　声		匠匠匠匠	臣引艮〇
		匠匠匠匠	君允巽〇
		匠匠匠匠	刀早孝岳
八　音		匠匠匠匠	毛宝报霍
四　声		匠匠匠匠	牛斗奏六
		匠匠匠匠	〇〇〇玉
		匠匠匠匠	妻子四日
八　音		匠匠匠匠	衰〇帅骨
五　声		匠匠匠匠	〇〇〇德
		匠匠匠匠	龟水贵北
		匠匠匠匠	宫孔众〇
八　音		匠匠匠匠	龙甬用〇

十　音		■山手■	用用用用
六　声		■士石■	用用用用
		■□耳■	用用用用
		■□二■	用用用用
十一音		■庄震■	用用用用
六　声		■乍□■	用用用用
		■又赤■	用用用用
		■崇辰■	用用用用
十二音		■卓中■	用用用用
六　声		■宅直■	用用用用
		■坼丑■	用用用用
		■茶呈■	用用用用

去声翕唱吕二之七

		古甲九癸	〇〇〇〇
一　音		□□近揆	〇〇〇〇
七　声		坤巧丘弃	〇〇〇〇
		□□乾虬	〇〇〇〇
		黑花香血	〇〇〇〇
二　音		黄华雄贤	〇〇〇〇
七　声		五瓦仰□	〇〇〇〇
		吾牙月尧	〇〇〇〇
		安亚乙一	〇〇〇〇
三　音		□爻王寅	〇〇〇〇
七　声		母马美米	〇〇〇〇
		目皃眉民	〇〇〇〇
		夫法□飞	〇〇〇〇
四　音		父凡□吠	〇〇〇〇

六　声　匠匠匠匠　鱼鼠去〇　　　　七　声　武晚□尾　〇〇〇〇
　　　　匠匠匠匠　乌虎兔〇　　　　　　　　文万□未　〇〇〇〇
　　　　匠匠匠匠　心审禁〇　　　　　　　　卜百丙必　〇〇〇〇
八　音　匠匠匠匠　〇〇〇十　　　　五　音　步白葡鼻　〇〇〇〇
七　声　匠匠匠匠　男坎欠〇　　　　七　声　普朴品匹　〇〇〇〇
　　　　匠匠匠匠　〇〇〇妾　　　　　　　　旁排平瓶　〇〇〇〇
　　　　匠匠匠匠　●●●●　　　　　　　　东丹帝■　〇〇〇〇
八　音　匠匠匠匠　●●●●　　　　六　音　兑大弟■　〇〇〇〇
八　声　匠匠匠匠　●●●●　　　　七　声　土贪天■　〇〇〇〇
　　　　匠匠匠匠　●●●●　　　　　　　　同覃田■　〇〇〇〇
　　　　匠匠匠匠　●●●●　　　　　　　　乃妳女■　〇〇〇〇
八　音　匠匠匠匠　●●●●　　　　七　音　内南年■　〇〇〇〇
九　声　匠匠匠匠　●●●●　　　　七　声　老冷吕■　〇〇〇〇
　　　　匠匠匠匠　●●●●　　　　　　　　鹿荤离■　〇〇〇〇
　　　　匠匠匠匠　●●●●　　　　　　　　走哉足■　〇〇〇〇
八　音　匠匠匠匠　●●●●　　　　八　音　自在匠■　〇〇〇〇
十　声　匠匠匠匠　●●●●　　　　七　声　草采七■　〇〇〇〇
　　　　匠匠匠匠　●●●●　　　　　　　　曹才全■　〇〇〇〇

收音浊和律二之九

　　　　象象象象　多可个舌　　　　　　　　思三星■　〇〇〇〇
九　音　象象象象　禾火化八　　　　九　音　寺□象■　〇〇〇〇
一　声　象象象象　开宰爱〇　　　　七　声　□□□■　〇〇〇〇
　　　　象象象象　回每退〇　　　　　　　　□□□■　〇〇〇〇
　　　　象象象象　良两向〇　　　　　　　　■山手■　〇〇〇〇
九　音　象象象象　光广况〇　　　　十　音　■士石■　〇〇〇〇
二　声　象象象象　丁井亘〇　　　　七　声　■□耳■　〇〇〇〇
　　　　象象象象　兄永莹〇　　　　　　　　■□二■　〇〇〇〇
　　　　象象象象　千典旦〇　　　　　　　　■庄震　〇〇〇〇
九　音　象象象象　元犬半〇　　　十一音　■乍□■　〇〇〇〇

三　声　象象象象　臣引艮〇
　　　　象象象象　君允巽〇
　　　　象象象象　刀早孝岳
九　音　象象象象　毛宝报霍
四　声　象象象象　牛斗奏六
　　　　象象象象　〇〇〇玉

　　　　象象象象　妻子四日
九　音　象象象象　衰〇帅骨
五　声　象象象象　〇〇〇德
　　　　象象象象　龟水贵北
　　　　象象象象　宫孔众〇
九　音　象象象象　龙甬用〇
六　声　象象象象　鱼鼠去〇
　　　　象象象象　乌虎兔〇
　　　　象象象象　心审禁〇
九　音　象象象象　〇〇〇十
七　声　象象象象　男坎欠〇
　　　　象象象象　〇〇〇妾
　　　　象象象象　●●●●
九　音　象象象象　●●●●
八　声　象象象象　●●●●
　　　　象象象象　●●●●
　　　　象象象象　●●●●
九　音　象象象象　●●●●
九　声　象象象象　●●●●
　　　　象象象象　●●●●
　　　　象象象象　●●●●
九　音　象象象象　●●●●

七　声　■叉赤■　〇〇〇〇
　　　　■崇辰■　〇〇〇〇
　　　　■卓中■　〇〇〇〇
十二音　■宅直■　〇〇〇〇
七　声　■坼丑■　〇〇〇〇
　　　　■茶呈■　〇〇〇〇

去声翕唱吕二之八

　　　　古甲九癸　●●●●
一　音　□□近揆　●●●●
八　声　坤巧丘弃　●●●●
　　　　□□乾虬　●●●●
　　　　黑花香血　●●●●
二　音　黄华雄贤　●●●●
八　声　五瓦仰□　●●●●
　　　　吾牙月尧　●●●●
　　　　安亚乙一　●●●●
三　音　□爻王寅　●●●●
八　声　母马美米　●●●●
　　　　目皃眉民　●●●●
　　　　夫法□飞　●●●●
四　音　父凡□吠　●●●●
八　声　武晚□尾　●●●●
　　　　文万□未　●●●●
　　　　卜百丙必　●●●●
五　音　步白葡鼻　●●●●
八　声　普朴品匹　●●●●
　　　　旁排平瓶　●●●●
　　　　东丹帝■　●●●●
六　音　兑大弟■　●●●●

| 十 声 | 象象象象 ●●●● | | 八　声 | 土贪天■ ●●●● |
| | 象象象象 ●●●● | | | 同覃田■ ●●●● |

收音浊和律二之十

	石石石石　多可个舌			乃妳女■ ●●●●
十 音	石石石石　禾火化八		七　音	内南年■ ●●●●
一 声	石石石石　开宰爱○		八　声	老冷吕■ ●●●●
	石石石石　回每退○			鹿荤离■ ●●●●
	石石石石　良两向○			走哉足■ ●●●●
十 音	石石石石　光广况○		八　音	自在匠■ ●●●●
二 声	石石石石　丁井亘○		八　声	草采七■ ●●●●
	石石石石　兄永莹○			曹才全■ ●●●●
	石石石石　千典旦○			思三星■ ●●●●
十 音	石石石石　元犬半○		九　音	寺□象■ ●●●●
三 声	石石石石　臣引艮○		八　声	□□□■ ●●●●
	石石石石　君允巽○			□□□■ ●●●●
	石石石石　刀早孝岳			■山手■ ●●●●
十 音	石石石石　毛宝报霍		十　音	■土石■ ●●●●
四 声	石石石石　牛斗奏六		八　声	■□耳■ ●●●●
	石石石石　○○○玉			■□二■ ●●●●
	石石石石　妻子四日			■庄震■ ●●●●
十 音	石石石石　衰○帅骨		十一音	■乍□■ ●●●●
五 声	石石石石　○○○德		八　声	■叉赤■ ●●●●
	石石石石　龟水贵北			■崇辰■ ●●●●
	石石石石　宫孔众○			■卓中■ ●●●●
十 音	石石石石　龙甬用○		十二音	■宅直■ ●●●●
六 声	石石石石　鱼鼠去○		八　声	■坼丑■ ●●●●
	石石石石　乌虎兔○			■茶呈■ ●●●●

去声翕唱吕二之九

十音 七声	石石石石	心审禁〇	
	石石石石	〇〇〇十	
	石石石石	男坎欠〇	
	石石石石	〇〇〇妾	
十音 八声	石石石石	●●●●	
	石石石石	●●●●	
	石石石石	●●●●	
十音 九声	石石石石	●●●●	
	石石石石	●●●●	
	石石石石	●●●●	
十音 十声	石石石石	●●●●	
	石石石石	●●●●	
	石石石石	●●●●	

一音九声
古甲九癸 ●●●●
□□近揆 ●●●●
坤巧丘弃 ●●●●
□□乾虬 ●●●●

二音九声
黑花香血 ●●●●
黄华雄贤 ●●●●
五瓦仰□ ●●●●
吾牙月尧 ●●●●

三音九声
安亚乙一 ●●●●
□爻王寅 ●●●●
母马美米 ●●●●
目皃眉民 ●●●●

四音九声
夫法□飞 ●●●●
父凡□吠 ●●●●
武晚□尾 ●●●●
文万□未 ●●●●

收音浊和律二之十一

十一音一声
□□□□ 多可个舌
□□□□ 禾火化八
□□□□ 开宰爱〇
□□□□ 回每退〇

十一音二声
□□□□ 良两向〇
□□□□ 光广况〇
□□□□ 丁井亘〇
□□□□ 兄永莹〇

十一音
□□□□ 千典旦〇
□□□□ 元犬半〇

五音九声
卜百丙必 ●●●●
步白葡鼻 ●●●●
普朴品匹 ●●●●
旁排平瓶 ●●●●

六音九声
东丹帝■ ●●●●
兑大弟■ ●●●●
土贪天■ ●●●●
同覃田■ ●●●●

七音
乃妳女 ●●●●
内南年■ ●●●●

三 声	□□□□	臣引艮○
	□□□□	君允巽○
	□□□□	刀早孝岳
十一音	□□□□	毛宝报霍
四 声	□□□□	牛斗奏六
	□□□□	○○○玉
	□□□□	妻子四日
十一音	□□□□	衰○帅骨
五 声	□□□□	○○○德
	□□□□	龟水贵北
	□□□□	宫孔众○
十一音	□□□□	龙甬用○
六 声	□□□□	鱼鼠去○
	□□□□	乌虎兔○
	□□□□	心审禁○
十一音	□□□□	○○○十
七 声	□□□□	男坎欠○
	□□□□	○○○妾
	□□□□	●●●●
十一音	□□□□	●●●●
八 声	□□□□	●●●●
	□□□□	●●●●
	□□□□	●●●●
十一音	□□□□	●●●●
九 声	□□□□	●●●●
	□□□□	●●●●
十一音	□□□□	●●●●

九 声	老冷吕■	●●●●
	鹿荦离■	●●●●
	走哉足■	●●●●
八 音	自在匠■	●●●●
九 声	草采七■	●●●●
	曹才全■	●●●●
	思三星■	●●●●
九 音	寺□象■	●●●●
九 声	□□□■	●●●●
	□□□■	●●●●
	■山手■	●●●●
十 音	■士石■	●●●●
九 声	■□耳■	●●●●
	■□二■	●●●●
	■庄震■	●●●●
十一音	■乍□■	●●●●
九 声	■又赤■	●●●●
	■崇辰■	●●●●
	■卓中■	●●●●
十二音	■宅直■	●●●●
九 声	■圻丑■	●●●●
	■茶呈■	●●●●

去声翁唱吕二之十

	古甲九癸	●●●●
一 音	□□近揆	●●●●
十 声	坤巧丘弃	●●●●
	□□乾虬	●●●●
	黑花香血	●●●●
二 音	黄华雄贤	●●●●

十 声 □□□□ ●●●●
　　　 □□□□ ●●●●

收音浊和律二之十二

十二音 直直直直 多可个舌
一 声 直直直直 禾火化八
　　　 直直直直 开宰爱○
　　　 直直直直 回每退○

　　　 直直直直 良两向○
十二音 直直直直 光广况○
二 声 直直直直 丁井亘○
　　　 直直直直 兄永莹○

　　　 直直直直 千典旦○
十二音 直直直直 元犬半○
三 声 直直直直 臣引艮○
　　　 直直直直 君允巽○

　　　 直直直直 刀早孝岳
十二音 直直直直 毛宝报霍
四 声 直直直直 牛斗奏六
　　　 直直直直 ○○○玉

　　　 直直直直 妻子四日
十二音 直直直直 衰○帅骨
五 声 直直直直 ○○○德
　　　 直直直直 龟水贵北

　　　 直直直直 宫孔众○
十二音 直直直直 龙甬用○
六 声 直直直直 鱼鼠去○
　　　 直直直直 乌虎兔○

　　　 直直直直 心审禁○
十二音 直直直直 ○○○十

十 声 五瓦仰□ ●●●●
　　　 吾牙月尧 ●●●●

　　　 安亚乙一 ●●●●
三 音 □爻王寅 ●●●●
十 声 母马美米 ●●●●
　　　 目皃眉民 ●●●●

　　　 夫法□飞 ●●●●
四 音 父凡□吠 ●●●●
十 声 武晚□尾 ●●●●
　　　 文万□未 ●●●●

　　　 卜百丙必 ●●●●
五 音 步白葡鼻 ●●●●
十 声 普朴品匹 ●●●●
　　　 旁排平瓶 ●●●●

　　　 东丹帝■ ●●●●
六 音 兑大弟■ ●●●●
十 声 土贪天■ ●●●●
　　　 同覃田■ ●●●●

　　　 乃妳女■ ●●●●
七 音 内南年■ ●●●●
十 声 老冷吕■ ●●●●
　　　 鹿荦离■ ●●●●

　　　 走哉足■ ●●●●
八 音 自在匠■ ●●●●
十 声 草采七■ ●●●●
　　　 曹才全■ ●●●●

　　　 思三星■ ●●●●
九 音 寺□象■ ●●●●

七　声	直直直直	男坎欠〇
	直直直直	〇〇〇妾
	直直直直	●●●●
十二音	直直直直	●●●●
八　声	直直直直	●●●●
	直直直直	●●●●
	直直直直	●●●●
十二音	直直直直	●●●●
九　声	直直直直	●●●●
	直直直直	●●●●
	直直直直	●●●●
十二音	直直直直	●●●●
十　声	直直直直	●●●●
	直直直直	●●●●

十　声	□□□■	●●●●
	□□□■	●●●●
	■山手■	●●●●
十　音	■土石■	●●●●
十　声	■□耳■	●●●●
	■□二■	●●●●
	■庄震■	●●●●
十一音	■乍□■	●●●●
十　声	■又赤■	●●●●
	■崇辰■	●●●●
	■卓中■	●●●●
十二音	■宅直■	●●●●
十　声	■坏丑■	●●●●
	■茶呈■	●●●●

观物篇之四十五

星星声去辟
爱亘艮奏〇
去欠●●●

星星声七，下唱地之用音一百五十二，是谓去声辟音。去声辟音一千六十四。

星星声去之三辟
收音清和律三之一

一　音	丘丘丘丘	多可个舌
	丘丘丘丘	禾火化八

土土音收清
丘仰美□品天
吕七□耳赤丑

土土音十二，上和天之用声一百一十二，是谓收音清声。收音清声一千三百四十四。

土土音收之三清
去声辟唱吕三之一

一　音	古甲九癸	爱爱爱爱
	□□近揆	爱爱爱爱

一	声	丘丘丘丘	开宰爱○	
		丘丘丘丘	回每退○	
		丘丘丘丘	良两向○	
一	音	丘丘丘丘	光广况○	
二	声	丘丘丘丘	丁井亘○	
		丘丘丘丘	兄永莹○	
		丘丘丘丘	千典旦○	
一	音	丘丘丘丘	元犬半○	
三	声	丘丘丘丘	臣引艮○	
		丘丘丘丘	君允巽○	
		丘丘丘丘	刀早孝岳	
一	音	丘丘丘丘	毛宝报霍	
四	声	丘丘丘丘	牛斗奏六	
		丘丘丘丘	○○○玉	
		丘丘丘丘	妻子四日	
一	音	丘丘丘丘	衰○帅骨	
五	声	丘丘丘丘	○○○德	
		丘丘丘丘	龟水贵北	
		丘丘丘丘	宫孔众○	
一	音	丘丘丘丘	龙甬用○	
六	声	丘丘丘丘	鱼鼠去○	
		丘丘丘丘	乌虎兔○	
		丘丘丘丘	心审禁○	
一	音	丘丘丘丘	○○○十	
七	声	丘丘丘丘	男坎欠○	
		丘丘丘丘	○○○妾	
		丘丘丘丘	●●●●	
一	音	丘丘丘丘	●●●●	

一	声	坤巧丘弃	爱爱爱爱
		□□乾虬	爱爱爱爱
		黑花香血	爱爱爱爱
二	音	黄华雄贤	爱爱爱爱
一	声	五瓦仰□	爱爱爱爱
		吾牙月尧	爱爱爱爱
		安亚乙一	爱爱爱爱
三	音	□爻王寅	爱爱爱爱
一	声	母马美米	爱爱爱爱
		目皃眉民	爱爱爱爱
		夫法□飞	爱爱爱爱
四	音	父凡□吠	爱爱爱爱
一	声	武晚□尾	爱爱爱爱
		文万□未	爱爱爱爱
		卜百丙必	爱爱爱爱
五	音	步白葡鼻	爱爱爱爱
一	声	普朴品匹	爱爱爱爱
		旁排平瓶	爱爱爱爱
		东丹帝■	爱爱爱爱
六	音	兑大弟■	爱爱爱爱
一	声	土贪天■	爱爱爱爱
		同覃田■	爱爱爱爱
		乃妳女■	爱爱爱爱
七	音	内南年■	爱爱爱爱
一	声	老冷吕■	爱爱爱爱
		鹿荦离■	爱爱爱爱
		走哉足■	爱爱爱爱
八	音	自在匠■	爱爱爱爱

八　声	丘丘丘丘	●●●●
	丘丘丘丘	●●●●
	丘丘丘丘	●●●●
一　音	丘丘丘丘	●●●●
九　声	丘丘丘丘	●●●●
	丘丘丘丘	●●●●
	丘丘丘丘	●●●●
一　音	丘丘丘丘	●●●●
十　声	丘丘丘丘	●●●●
	丘丘丘丘	●●●●

收音清和律三之二

	仰仰仰仰	多可个舌
二　音	仰仰仰仰	禾火化八
一　声	仰仰仰仰	开宰爱〇
	仰仰仰仰	回每退〇
	仰仰仰仰	良两向〇
二　音	仰仰仰仰	光广况〇
二　声	仰仰仰仰	丁井亘〇
	仰仰仰仰	兄永莹〇
	仰仰仰仰	千典旦〇
二　音	仰仰仰仰	元犬半〇
三　声	仰仰仰仰	臣引艮〇
	仰仰仰仰	君允巽〇
	仰仰仰仰	刀早孝岳
二　音	仰仰仰仰	毛宝报霍
四　声	仰仰仰仰	牛斗奏六
	仰仰仰仰	〇〇〇玉

一　声	草采七■	爱爱爱爱
	曹才全■	爱爱爱爱
	思三星■	爱爱爱爱
九　音	寺口象■	爱爱爱爱
一　声	□□□■	爱爱爱爱
	□□□■	爱爱爱爱
	■山手■	爱爱爱爱
十　音	■士石■	爱爱爱爱
一　声	■□耳■	爱爱爱爱
	■□二■	爱爱爱爱
	■庄震■	爱爱爱爱
十一音	■乍□■	爱爱爱爱
一　声	■叉赤■	爱爱爱爱
	■崇辰■	爱爱爱爱
	■卓中■	爱爱爱爱
十二音	■宅直■	爱爱爱爱
一　声	■坼丑■	爱爱爱爱
	■茶呈■	爱爱爱爱

去声辟唱吕三之二

	古甲九癸	亘亘亘亘
一　音	□□近揆	亘亘亘亘
二　声	坤巧丘弃	亘亘亘亘
	□□乾虬	亘亘亘亘
	黑花香血	亘亘亘亘
二　音	黄华雄贤	亘亘亘亘
二　声	五瓦仰□	亘亘亘亘
	吾牙月尧	亘亘亘亘

	仰仰仰仰	妻子四日
二五　音声	仰仰仰仰	衰○帅骨
	仰仰仰仰	○○○德
	仰仰仰仰	龟水贵北
	仰仰仰仰	宫孔众○
二六　音声	仰仰仰仰	龙甬用○
	仰仰仰仰	鱼鼠去○
	仰仰仰仰	乌虎兔○
	仰仰仰仰	心审禁○
二七　音声	仰仰仰仰	男坎欠○
	仰仰仰仰	○○○妾
	仰仰仰仰	●●●●
二八　音声	仰仰仰仰	●●●●
	仰仰仰仰	●●●●
	仰仰仰仰	●●●●
二九　音声	仰仰仰仰	●●●●
	仰仰仰仰	●●●●
	仰仰仰仰	●●●●
二十　音声	仰仰仰仰	●●●●
	仰仰仰仰	●●●●

收音清和律三之三

	美美美美	多可个舌
三一　音声	美美美美	禾火化八
	美美美美	开宰爱○
	美美美美	回每退○

	安亚乙一	亘亘亘亘
三二　音声	□爻王寅	亘亘亘亘
	母马美米	亘亘亘亘
	目皃眉民	亘亘亘亘
	夫法□飞	亘亘亘亘
四二　音声	父凡□吠	亘亘亘亘
	武晚□尾	亘亘亘亘
	文万□未	亘亘亘亘
	卜百丙必	亘亘亘亘
五二　音声	步白葡鼻	亘亘亘亘
	普朴品匹	亘亘亘亘
	旁排平瓶	亘亘亘亘
	东丹帝■	亘亘亘亘
六二　音声	兑大弟■	亘亘亘亘
	土贪天■	亘亘亘亘
	同覃田■	亘亘亘亘
	乃妳女■	亘亘亘亘
七二　音声	内南年■	亘亘亘亘
	老冷吕■	亘亘亘亘
	鹿荦离■	亘亘亘亘
	走哉足■	亘亘亘亘
八二　音声	自在匠■	亘亘亘亘
	草采七■	亘亘亘亘
	曹才全■	亘亘亘亘
	思三星■	亘亘亘亘
九二　音声	寺□象■	亘亘亘亘
	□□□■	亘亘亘亘
	□□□■	亘亘亘亘

		美美美美	良两向○			■山手■　亘亘亘亘
三	音	美美美美	光广况○	十	音	■士石■　亘亘亘亘
二	声	美美美美	丁井亘○	二	声	■□耳■　亘亘亘亘
		美美美美	兄永莹○			■□二■　亘亘亘亘
		美美美美	千典旦○			■庄震■　亘亘亘亘
三	音	美美美美	元犬半○	十一	音	■乍□■　亘亘亘亘
三	声	美美美美	臣引艮○	二	声	■叉赤■　亘亘亘亘
		美美美美	君允巽○			■崇辰■　亘亘亘亘
		美美美美	刀早孝岳			■卓中■　亘亘亘亘
三	音	美美美美	毛宝报霍	十二	音	■宅直■　亘亘亘亘
四	声	美美美美	牛斗奏六	二	声	■坼丑■　亘亘亘亘
		美美美美	○○○玉			■茶呈■　亘亘亘亘

去声辟唱吕三之三

		美美美美	妻子四日		古甲九癸　艮艮艮艮
三	音	美美美美	衰○帅骨	一音	□□近揆　艮艮艮艮
五	声	美美美美	○○○德	三声	坤巧丘弃　艮艮艮艮
		美美美美	龟水贵北		□□乾虬　艮艮艮艮
		美美美美	宫孔众○		黑花香血　艮艮艮艮
三	音	美美美美	龙甬用○	二音	黄华雄贤　艮艮艮艮
六	声	美美美美	鱼鼠去○	三声	五瓦仰□　艮艮艮艮
		美美美美	乌虎兔○		吾牙月尧　艮艮艮艮
		美美美美	心审禁○		安亚乙一　艮艮艮艮
三	音	美美美美	○○○十	三音	□爻王寅　艮艮艮艮
七	声	美美美美	男坎欠○	三声	母马米米　艮艮艮艮
		美美美美	○○○妾		目皃眉民　艮艮艮艮
		美美美美	●●●●		夫法□飞　艮艮艮艮
三	音	美美美美	●●●●	四音	父凡□吠　艮艮艮艮
八	声	美美美美	●●●●	三声	武晚□尾　艮艮艮艮
		美美美美	●●●●		文万□未　艮艮艮艮

		美美美美	●●●●	五	音	卜百丙必	艮艮艮艮
三	音	美美美美	●●●●	三	声	步白葡鼻	艮艮艮艮
九	声	美美美美	●●●●			普朴品匹	艮艮艮艮
		美美美美	●●●●			旁排平瓶	艮艮艮艮
		美美美美	●●●●			东丹帝■	艮艮艮艮
三	音	美美美美	●●●●	六	音	兑大弟■	艮艮艮艮
十	声	美美美美	●●●●	三	声	土贪天■	艮艮艮艮
		美美美美	●●●●			同覃田■	艮艮艮艮

收音清和律三之四

		□□□□	多可个舌			乃妳女■	艮艮艮艮
四	音	□□□□	禾火化八	七	音	内南年■	艮艮艮艮
一	声	□□□□	开宰爱○	三	声	老冷吕■	艮艮艮艮
		□□□□	回每退○			鹿荤离■	艮艮艮艮
		□□□□	良两向○			走哉足■	艮艮艮艮
四	音	□□□□	光广况○	八	音	自在匠■	艮艮艮艮
二	声	□□□□	丁井亘○	三	声	草采七■	艮艮艮艮
		□□□□	兄永莹○			曹才全■	艮艮艮艮
		□□□□	千典旦○			思三星■	艮艮艮艮
四	音	□□□□	元犬半○	九	音	寺□象■	艮艮艮艮
三	声	□□□□	臣引艮○	三	声	□□□■	艮艮艮艮
		□□□□	君允巽○			□□□■	艮艮艮艮
		□□□□	刀早孝岳			■山手■	艮艮艮艮
四	音	□□□□	毛宝报霍	十	音	■士石■	艮艮艮艮
四	声	□□□□	牛斗奏六	三	声	■□耳■	艮艮艮艮
		□□□□	○○○玉			■□二■	艮艮艮艮
		□□□□	妻子四日			■庄震■	艮艮艮艮
四	音	□□□□	衰○帅骨	十一	音	■乍□■	艮艮艮艮
五	声	□□□□	○○○德	三	声	■叉赤■	艮艮艮艮
		□□□□	龟水贵北			■崇辰■	艮艮艮艮

□□□□　宫孔众〇
四　音　□□□□　龙甬用〇
六　声　□□□□　鱼鼠去〇
　　　　□□□□　乌虎兔〇

□□□□　心审禁〇
四　音　□□□□　〇〇〇十
七　声　□□□□　男坎欠〇
　　　　□□□□　〇〇〇妾

□□□□　●●●●
四　音　□□□□　●●●●
八　声　□□□□　●●●●
　　　　□□□□　●●●●

□□□□　●●●●
四　音　□□□□　●●●●
九　声　□□□□　●●●●

□□□□　●●●●
四　音　□□□□　●●●●
十　声　□□□□　●●●●

收音清和律三之五

品品品品　多可个舌
五　音　品品品品　禾火化八
一　声　品品品品　开宰爱〇
　　　　品品品品　回每退〇

　　　　品品品品　良两向〇
五　音　品品品品　光广况〇

■卓中■　艮艮艮艮
十二音　■宅直■　艮艮艮艮
三　声　■坼丑■　艮艮艮艮
　　　　■茶呈■　艮艮艮艮

去声辟唱吕三之四

古甲九癸　奏奏奏奏
一　音　□□近揆　奏奏奏奏
四　声　坤巧丘弃　奏奏奏奏
　　　　□□乾虬　奏奏奏奏

黑花香血　奏奏奏奏
二　音　黄华雄贤　奏奏奏奏
四　声　五瓦仰□　奏奏奏奏
　　　　吾牙月尧　奏奏奏奏

安亚乙一　奏奏奏奏
三　音　□爻王寅　奏奏奏奏
四　声　母马美米　奏奏奏奏
　　　　目皃眉民　奏奏奏奏

夫法□飞　奏奏奏奏
四　音　父凡□吠　奏奏奏奏
四　声　武晚□尾　奏奏奏奏
　　　　文万□未　奏奏奏奏

卜百丙必　奏奏奏奏
五　音　步白葡鼻　奏奏奏奏
四　声　普朴品匹　奏奏奏奏
　　　　旁排平瓶　奏奏奏奏

　　　　东丹帝■　奏奏奏奏
六　音　兑大弟■　奏奏奏奏

二 声	品品品品	丁井亘〇
	品品品品	兄永莹〇
	品品品品	千典旦〇
五 音	品品品品	元犬半〇
三 声	品品品品	臣引艮〇
	品品品品	君允巽〇
	品品品品	刀早孝岳
五 音	品品品品	毛宝报霍
四 声	品品品品	牛斗奏六
	品品品品	〇〇〇玉
	品品品品	妻子四日
五 音	品品品品	衰〇帅骨
五 声	品品品品	〇〇〇德
	品品品品	龟水贵北
	品品品品	宫孔众〇
五 音	品品品品	龙甬用〇
六 声	品品品品	鱼鼠去〇
	品品品品	乌虎兔〇
	品品品品	心审禁〇
五 音	品品品品	〇〇〇十
七 声	品品品品	男坎欠〇
	品品品品	〇〇〇妾
	品品品品	●●●●
五 音	品品品品	●●●●
八 声	品品品品	●●●●
	品品品品	●●●●
	品品品品	●●●●
五 音	品品品品	●●●●

四 声	土贪天■	奏奏奏奏
	同覃田■	奏奏奏奏
	乃妳女■	奏奏奏奏
七 音	内南年■	奏奏奏奏
四 声	老冷吕■	奏奏奏奏
	鹿荤离■	奏奏奏奏
	走哉足■	奏奏奏奏
八 音	自在匠■	奏奏奏奏
四 声	草采七■	奏奏奏奏
	曹才全■	奏奏奏奏
	思三星■	奏奏奏奏
九 音	寺口象■	奏奏奏奏
四 声	□□□■	奏奏奏奏
	□□□■	奏奏奏奏
	■山手■	奏奏奏奏
十 音	■土石■	奏奏奏奏
四 声	■□耳■	奏奏奏奏
	■□二■	奏奏奏奏
	■庄震■	奏奏奏奏
十一音	■乍□■	奏奏奏奏
四 声	■叉赤■	奏奏奏奏
	■崇辰■	奏奏奏奏
	■卓中■	奏奏奏奏
十二音	■宅直■	奏奏奏奏
四 声	■坼丑■	奏奏奏奏
	■茶呈■	奏奏奏奏

去声辟唱吕三之五

	古甲九癸	〇〇〇〇
一 音	□□近揆	〇〇〇〇

九　声	品品品品	●●●●
	品品品品	●●●●
	品品品品	●●●●
五　音	品品品品	●●●●
十　声	品品品品	●●●●
	品品品品	●●●●

收音清和律三之六

六　音	天天天天	多可个舌
一　声	天天天天	禾火化八
	天天天天	开宰爱〇
	天天天天	回每退〇
六　音	天天天天	良两向〇
二　声	天天天天	光广况〇
	天天天天	丁井亘〇
	天天天天	兄永莹〇
六　音	天天天天	千典旦〇
三　声	天天天天	元犬半〇
	天天天天	臣引艮〇
	天天天天	君允巽〇
六　音	天天天天	刀早孝岳
四　声	天天天天	毛宝报霍
	天天天天	牛斗奏六
	天天天天	〇〇〇玉
六　音	天天天天	妻子四日
五　声	天天天天	衰〇帅骨
	天天天天	〇〇〇德
	天天天天	龟水贵北
六　音	天天天天	宫孔众〇
	天天天天	龙甬用〇

五　声	坤巧丘弃	〇〇〇〇
	□□乾虬	〇〇〇〇
	黑花香血	〇〇〇〇
二　音	黄华雄贤	〇〇〇〇
五　声	五瓦仰□	〇〇〇〇
	吾牙月尧	〇〇〇〇
	安亚乙一	〇〇〇〇
三　音	□爻王寅	〇〇〇〇
五　声	母马美米	〇〇〇〇
	目皃眉民	〇〇〇〇
	夫法□飞	〇〇〇〇
四　音	父凡□吠	〇〇〇〇
五　声	武晚□尾	〇〇〇〇
	文万□未	〇〇〇〇
	卜百丙必	〇〇〇〇
五　音	步白葡鼻	〇〇〇〇
五　声	普朴品匹	〇〇〇〇
	旁排平瓶	〇〇〇〇
	东丹帝■	〇〇〇
六　音	兑大弟■	〇〇〇
五　声	土贪天■	〇〇〇
	同覃田■	〇〇〇
	乃妳女■	〇〇〇
七　音	内南年■	〇〇〇
五　声	老冷吕■	〇〇〇
	鹿荦离■	〇〇〇
	走哉足■	〇〇〇〇
八　音	自在匠■	〇〇〇〇

六　声　天天天天　鱼鼠去○　　　　　五　声　草采七■　○○○○
　　　　天天天天　乌虎兔○　　　　　　　　　曹才全■　○○○○
　　　　天天天天　心审禁○　　　　　　　　　思三星■　○○○○
六　音　天天天天　○○○十　　　　　九　音　寺□象■　○○○○
七　声　天天天天　男坎欠○　　　　　五　声　□□□■　○○○○
　　　　天天天天　○○○妾　　　　　　　　　□□□■　○○○○
　　　　天天天天　●●●●　　　　　　　　　■山手■　○○○○
六　音　天天天天　●●●●　　　　　十　音　■土石■　○○○○
八　声　天天天天　●●●●　　　　　五　声　■□耳■　○○○○
　　　　天天天天　●●●●　　　　　　　　　■□二■　○○○○
六　音　天天天天　●●●●　　　　　　　　　■庄震■　○○○○
九　声　天天天天　●●●●　　　　　十一音　■乍□■　○○○○
　　　　天天天天　●●●●　　　　　五　声　■叉赤■　○○○○
　　　　天天天天　●●●●　　　　　　　　　■崇辰■　○○○○
六　音　天天天天　●●●●　　　　　　　　　■卓中■　○○○○
十　声　天天天天　●●●●　　　　　十二音　■宅直■　○○○○
　　　　天天天天　●●●●　　　　　五　声　■坼丑■　○○○○
　　　　　　　　　　　　　　　　　　　　　■茶呈■　○○○○

收音清和律三之七　　　　　　　　　　去声辟唱吕三之六

　　　　吕吕吕吕　多可个舌　　　　　　　　　古甲九癸　去去去去
七　音　吕吕吕吕　禾火化八　　　　　一　音　□□近揆　去去去去
一　声　吕吕吕吕　开宰爱○　　　　　六　声　坤巧丘弃　去去去去
　　　　吕吕吕吕　回每退○　　　　　　　　　□□乾虬　去去去去
　　　　吕吕吕吕　良两向○　　　　　　　　　黑花香血　去去去去
七　音　吕吕吕吕　光广况○　　　　　二　音　黄华雄贤　去去去去
二　声　吕吕吕吕　丁井亘○　　　　　六　声　五瓦仰□　去去去去
　　　　吕吕吕吕　兄永莹○　　　　　　　　　吾牙月尧　去去去去
　　　　吕吕吕吕　千典旦○　　　　　　　　　安亚乙一　去去去去
七　音　吕吕吕吕　元犬半○　　　　　三　音　□爻王寅　去去去去

三 声	吕吕吕吕	臣引艮○
	吕吕吕吕	君允巽○
	吕吕吕吕	刀早孝岳
七 音	吕吕吕吕	毛宝报霍
四 声	吕吕吕吕	牛斗奏六
	吕吕吕吕	○○○玉
	吕吕吕吕	妻子四日
七 音	吕吕吕吕	衰○帅骨
五 声	吕吕吕吕	○○○德
	吕吕吕吕	龟水贵北
	吕吕吕吕	宫孔众○
七 音	吕吕吕吕	龙甬用○
六 声	吕吕吕吕	鱼鼠去○
	吕吕吕吕	乌虎兔○
	吕吕吕吕	心审禁○
七 音	吕吕吕吕	○○○十
七 声	吕吕吕吕	男坎欠○
	吕吕吕吕	○○○妾
	吕吕吕吕	●●●●
七 音	吕吕吕吕	●●●●
八 声	吕吕吕吕	●●●●
	吕吕吕吕	●●●●
	吕吕吕吕	●●●●
七 音	吕吕吕吕	●●●●
九 声	吕吕吕吕	●●●●
	吕吕吕吕	●●●●
	吕吕吕吕	●●●●
七 音	吕吕吕吕	●●●●

六 声	母马美米	去去去去
	目皃眉民	去去去去
	夫法□飞	去去去去
四 音	父凡□吠	去去去去
六 声	武晚□尾	去去去去
	文万□未	去去去去
	卜百丙必	去去去去
五 音	步白葡鼻	去去去去
六 声	普朴品匹	去去去去
	旁排平瓶	去去去去
	东丹帝■	去去去去
六 音	兑大弟■	去去去去
六 声	土贪天■	去去去去
	同覃田■	去去去去
	乃妳女■	去去去去
七 音	内南年■	去去去去
六 声	老冷吕■	去去去去
	鹿荦离■	去去去去
	走哉足■	去去去去
八 音	自在匠■	去去去去
六 声	草采七■	去去去去
	曹才全■	去去去去
	思三星■	去去去去
九 音	寺□象■	去去去去
六 声	□□□■	去去去去
	□□□■	去去去去
	■山手■	去去去去
十 音	■士石■	去去去去

十 声	吕吕吕吕	●●●●	
	吕吕吕吕	●●●●	

收音清和律三之八

	七七七七	多可个舌	
八 音	七七七七	禾火化八	
一 声	七七七七	开宰爱〇	
	七七七七	回每退〇	
	七七七七	良两向〇	
八 音	七七七七	光广况〇	
二 声	七七七七	丁井亘〇	
	七七七七	兄永莹〇	
	七七七七	千典旦〇	
八 音	七七七七	元犬半〇	
三 声	七七七七	臣引艮〇	
	七七七七	君允巽〇	
	七七七七	刀早孝岳	
八 音	七七七七	毛宝报霍	
四 声	七七七七	牛斗奏六	
	七七七七	〇〇〇玉	
	七七七七	妻子四日	
八 音	七七七七	衰〇帅骨	
五 声	七七七七	〇〇〇德	
	七七七七	龟水贵北	
	七七七七	宫孔众〇	
八 音	七七七七	龙甬用〇	
六 声	七七七七	鱼鼠去〇	
	七七七七	乌虎兔〇	

六 声	■□耳■	去去去去
	■□二■	去去去去
	■庄震■	去去去去
十一音	■乍□■	去去去去
六 声	■叉赤■	去去去去
	■崇辰■	去去去去
	■卓中■	去去去去
十二音	■宅直■	去去去去
六 声	■坼丑■	去去去去
	■茶呈■	去去去去

去声辟唱吕三之七

	古甲九癸	欠欠欠欠
一 音	□□近揆	欠欠欠欠
七 声	坤巧丘弃	欠欠欠欠
	□□乾虬	欠欠欠欠
	黑花香血	欠欠欠欠
二 音	黄华雄贤	欠欠欠欠
七 声	五瓦仰□	欠欠欠欠
	吾牙月尧	欠欠欠欠
	安亚乙一	欠欠欠欠
三 音	□爻王寅	欠欠欠欠
七 声	母马美米	欠欠欠欠
	目皃眉民	欠欠欠欠
	夫法□飞	欠欠欠欠
四 音	父凡□吠	欠欠欠欠
七 声	武晚□尾	欠欠欠欠
	文万□未	欠欠欠欠

七七七七　心审禁〇
八音　七七七七　〇〇〇十
七声　七七七七　男坎欠〇
七七七七　〇〇〇妾

七七七七　●●●●
八音　七七七七　●●●●
八声　七七七七　●●●●
七七七七　●●●●

八音　七七七七　●●●●
九声　七七七七　●●●●
七七七七　●●●●

八音　七七七七　●●●●
十声　七七七七　●●●●
七七七七　●●●●

收音清和律三之九

九音　□□□□　多可个舌
一声　□□□□　禾火化八
□□□□　开宰爱〇
□□□□　回每退〇

九音　□□□□　良两向〇
二声　□□□□　光广况〇
□□□□　丁井旦〇
□□□□　兄永莹〇

九音　□□□□　千典旦〇
三声　□□□□　元犬半〇
□□□□　臣引艮〇
□□□□　君允巽〇

卜百丙必　欠欠欠欠
五音　步白葡鼻　欠欠欠欠
七声　普朴品匹　欠欠欠欠
旁排平瓶　欠欠欠欠

东丹帝■　欠欠欠欠
六音　兑大弟■　欠欠欠欠
七声　土贪天■　欠欠欠欠
同覃田■　欠欠欠欠

乃妳女■　欠欠欠欠
七音　内南年■　欠欠欠欠
七声　老冷吕■　欠欠欠欠
鹿荦离■　欠欠欠欠

走哉足■　欠欠欠欠
八音　自在匠■　欠欠欠欠
七声　草采七■　欠欠欠欠
曹才全■　欠欠欠欠

思三星■　欠欠欠欠
九音　寺□象■　欠欠欠欠
七声　□□□■　欠欠欠欠
□□□■　欠欠欠欠

■山手■　欠欠欠欠
十音　■士石■　欠欠欠欠
七声　■□耳■　欠欠欠欠
■□二■　欠欠欠欠

■庄震■　欠欠欠欠
十一音　■乍□■　欠欠欠欠
七声　■叉赤■　欠欠欠欠
■崇辰■　欠欠欠欠

		□□□□	刀早孝岳	■卓中■	欠欠欠欠
九	音	□□□□	毛宝报霍	十二音 ■宅直■	欠欠欠欠
四	声	□□□□	牛斗奏六	七　声 ■坼丑■	欠欠欠欠
		□□□□	○○○玉	■茶呈■	欠欠欠欠

去声辟唱吕三之八

		□□□□	妻子四日	古甲九癸	●●●●
九	音	□□□□	衰○帅骨	一　音 □□近揆	●●●●
五	声	□□□□	○○○德	八　声 坤巧丘弃	●●●●
		□□□□	龟水贵北	□□乾虬	●●●●
		□□□□	宫孔众○	黑花香血	●●●●
九	音	□□□□	龙甬用○	二　音 黄华雄贤	●●●●
六	声	□□□□	鱼鼠去○	八　声 五瓦仰□	●●●●
		□□□□	乌虎兔○	吾牙月尧	●●●●
		□□□□	心审禁○	安亚乙一	●●●●
九	音	□□□□	○○○十	三　音 □爻王寅	●●●●
七	声	□□□□	男坎欠○	八　声 母马美米	●●●●
		□□□□	○○○妾	目皃眉民	●●●●
		□□□□	●●●●	夫法□飞	●●●●
九	音	□□□□	●●●●	四　音 父凡□吠	●●●●
八	声	□□□□	●●●●	八　声 武晚□尾	●●●●
		□□□□	●●●●	文万□未	●●●●
		□□□□	●●●●	卜百丙必	●●●●
九	音	□□□□	●●●●	五　音 步白葡鼻	●●●●
九	声	□□□□	●●●●	八　声 普朴品匹	●●●●
		□□□□	●●●●	旁排平瓶	●●●●
		□□□□	●●●●	东丹帝■	●●●●
九	音	□□□□	●●●●	六　音 兑大弟■	●●●●
十	声	□□□□	●●●●	八　声 土贪天■	●●●●
		□□□□	●●●●	同覃田■	●●●●

收音清和律三之十

十音一声	耳耳耳耳	多可个舌
	耳耳耳耳	禾火化八
	耳耳耳耳	开宰爱○
	耳耳耳耳	回每退○
十音二声	耳耳耳耳	良两向○
	耳耳耳耳	光广况○
	耳耳耳耳	丁井亘○
	耳耳耳耳	兄永莹○
十音三声	耳耳耳耳	千典旦○
	耳耳耳耳	元犬半○
	耳耳耳耳	臣引艮○
	耳耳耳耳	君允巽○
十音四声	耳耳耳耳	刀早孝岳
	耳耳耳耳	毛宝报霍
	耳耳耳耳	牛斗奏六
	耳耳耳耳	○○○玉
十音五声	耳耳耳耳	妻子四日
	耳耳耳耳	衰○帅骨
	耳耳耳耳	○○○德
	耳耳耳耳	龟水贵北
十音六声	耳耳耳耳	宫孔众○
	耳耳耳耳	龙甬用○
	耳耳耳耳	鱼鼠去○
	耳耳耳耳	乌虎兔○
十音	耳耳耳耳	心审禁○
	耳耳耳耳	○○○十

		乃妳女■	●●●●
七音八声	内南年■	●●●●
	老冷吕■	●●●●
	鹿荦离■	●●●●
八音八声	走哉足■	●●●●
	自在匠■	●●●●
	草采七■	●●●●
	曹才全■	●●●●
九音八声	思三星■	●●●●
	寺□象■	●●●●
	□□□■	●●●●
	□□□■	●●●●
十音八声	■山手■	●●●●
	■士石■	●●●●
	■□耳■	●●●●
	■□二■	●●●●
十一音八声	■庄震■	●●●●
	■乍□■	●●●●
	■叉赤■	●●●●
	■崇辰■	●●●●
十二音八声	■卓中■	●●●●
	■宅直■	●●●●
	■坼丑■	●●●●
	■茶呈■	●●●●

去声辟唱吕三之九

| | 古甲九癸 | ●●●● |
| 一音 | □□近揆 | ●●●● |

七 声	耳耳耳耳	男坎欠〇
	耳耳耳耳	〇〇〇妾
	耳耳耳耳	●●●●
十 音	耳耳耳耳	●●●●
八 声	耳耳耳耳	●●●●
	耳耳耳耳	●●●●
	耳耳耳耳	●●●●
十 音	耳耳耳耳	●●●●
九 声	耳耳耳耳	●●●●
	耳耳耳耳	●●●●
	耳耳耳耳	●●●●
十 音	耳耳耳耳	●●●●
十 声	耳耳耳耳	●●●●
	耳耳耳耳	●●●●

收音清和律三之十一

	赤赤赤赤	多可个舌
十一音	赤赤赤赤	禾火化八
一 声	赤赤赤赤	开宰爱〇
	赤赤赤赤	回每退〇
	赤赤赤赤	良两向〇
十一音	赤赤赤赤	光广况〇
二 声	赤赤赤赤	丁井亘〇
	赤赤赤赤	兄永莹〇
	赤赤赤赤	千典旦〇
十一音	赤赤赤赤	元犬半〇
三 声	赤赤赤赤	臣引艮〇
	赤赤赤赤	君允巽〇
	赤赤赤赤	刀早孝岳
十一音	赤赤赤赤	毛宝报霍

九 声	坤巧丘弃	●●●●
	□□乾虬	●●●●
	黑花香血	●●●●
二 音	黄华雄贤	●●●●
九 声	五瓦仰□	●●●●
	吾牙月尧	●●●●
	安亚乙一	●●●●
三 音	□爻王寅	●●〇●
九 声	母马美米	●●●●
	目皃眉民	●●●●
	夫法□飞	●●●●
四 音	父凡□吠	●●●●
九 声	武晚□尾	●●●●
	文万□未	●●●●
	卜百丙必	●●●●
五 音	步白葡鼻	●●●●
九 声	普朴品匹	●●●●
	旁排平瓶	●●●●
	东丹帝■	●●●●
六 音	兑大弟■	●●●●
九 声	土贪天■	●●●●
	同覃田■	●●●●
	乃妳女■	●●●●
七 音	内南年■	●●●●
九 声	老冷吕■	●●●●
	鹿荦离■	●●●●
	走哉足■	●●●●
八 音	自在匠■	●●●●

四 声　赤赤赤赤　牛斗奏六
　　　　赤赤赤赤　○○○玉

　　　　赤赤赤赤　妻子四日
十一音　赤赤赤赤　衰○帅骨
五 声　赤赤赤赤　○○○德
　　　　赤赤赤赤　龟水贵北

　　　　赤赤赤赤　宫孔众○
十一音　赤赤赤赤　龙甬用○
六 声　赤赤赤赤　鱼鼠去○
　　　　赤赤赤赤　乌虎兔○

　　　　赤赤赤赤　心审禁○
十一音　赤赤赤赤　○○○十
七 声　赤赤赤赤　男坎欠○
　　　　赤赤赤赤　○○○妾

　　　　赤赤赤赤　●●●●
十一音　赤赤赤赤　●●●●
八 声　赤赤赤赤　●●●●
　　　　赤赤赤赤　●●●●

　　　　赤赤赤赤　●●●●
十一音　赤赤赤赤　●●●●
九 声　赤赤赤赤　●●●●

　　　　赤赤赤赤　●●●●
十一音　赤赤赤赤　●●●●
十 声　赤赤赤赤　●●●●
　　　　赤赤赤赤　●●●●

九 声　草采七■　●●●●
　　　　曹才全■　●●●●

　　　　思三星■　●●●●
九 音　寺□象■　●●●●
九 声　□□□■　●●●●
　　　　□□□■　●●●●

　　　　■山手■　●●●●
十 音　■士石■　●●●●
九 声　■□耳■　●●●●
　　　　■□二■　●●●●

　　　　■庄震■　●●●●
十一音　■乍□■　●●●●
九 声　■叉赤■　●●●●
　　　　■崇辰■　●●●●

　　　　■卓中■　●●●●
十二音　■宅直■　●●●●
九 声　■坼丑■　●●●●
　　　　■茶呈■　●●●●

去声辟唱吕三之十

　　　　古甲九癸　●●●●
一 音　□□近揆　●●●●
十 声　坤巧丘弃　●●●●
　　　　□□乾虬　●●●●

　　　　黑花香血　●●●●
二 音　黄华雄贤　●●●●
十 声　五瓦仰□　●●●●
　　　　吾牙月尧　●●●●

收音清和律三之十二

		丑丑丑丑	多可个舌			安亚乙一	●●●●
十二音		丑丑丑丑	禾火化八	三	音	□爻王寅	●●●●
一	声	丑丑丑丑	开宰爱〇	十	声	母马美米	●●●●
		丑丑丑丑	回每退〇			目皃眉民	●●●●
		丑丑丑丑	良两向〇			夫法□飞	●●●●
十二音		丑丑丑丑	光广况〇	四	音	父凡□吠	●●●●
二	声	丑丑丑丑	丁井亘〇	十	声	武晚□尾	●●●●
		丑丑丑丑	兄永莹〇			文万□未	●●●●
		丑丑丑丑	千典旦〇			卜百丙必	●●●●
十二音		丑丑丑丑	元犬半〇	五	音	步白蒲鼻	●●●●
三	声	丑丑丑丑	臣引艮〇	十	声	普朴品匹	●●●●
		丑丑丑丑	君允巽〇			旁排平瓶	●●●●
		丑丑丑丑	刀早孝岳			东丹帝■	●●●
十二音		丑丑丑丑	毛宝报霍	六	音	兑大弟■	●●●
四	声	丑丑丑丑	牛斗奏六	十	声	土贪天■	●●●
		丑丑丑丑	〇〇〇玉			同覃田■	●●●
		丑丑丑丑	妻子四日			乃妳女■	●●●
十二音		丑丑丑丑	衰〇帅骨	七	音	内南年■	●●●
五	声	丑丑丑丑	〇〇〇德	十	声	老冷吕■	●●●
		丑丑丑丑	龟水贵北			鹿荦离■	●●●
		丑丑丑丑	宫孔众〇			走哉足■	●●●
十二音		丑丑丑丑	龙甬用〇	八	音	自在匠■	●●●
六	声	丑丑丑丑	鱼鼠去〇	十	声	草采七■	●●●
		丑丑丑丑	乌虎兔〇			曹才全■	●●●
		丑丑丑丑	心审禁〇			思三星■	●●●
十二音		丑丑丑丑	〇〇〇十	九	音	寺□象■	●●●
七	声	丑丑丑丑	男坎欠〇	十	声	□□□■	●●●●
		丑丑丑丑	〇〇〇妾			□□□■	●●●●

丑丑丑丑　●●●●
十二音　丑丑丑丑　●●●●
八　声　丑丑丑丑　●●●●
丑丑丑丑　●●●●

十二音　丑丑丑丑　●●●●
九　声　丑丑丑丑　●●●●
丑丑丑丑　●●●●

十二音　丑丑丑丑　●●●●
十　声　丑丑丑丑　●●●●
丑丑丑丑　●●●●

■山手■　●●●●
十　音　■土石■　●●●●
十　声　■□耳■　●●●●
■□二■　●●●●

■庄震■　●●●●
十一音　■乍□■　●●●●
十　声　■又赤■　●●●●
■崇辰■　●●●●

■卓中■　●●●●
十二音　■宅直■　●●●●
十　声　■坏丑■　●●●●
■茶呈■　●●●●

观物篇之四十六

星辰声去翕
退莹巽○贵
兔○●●●
　星辰声七,下唱地之
　用音一百五十二,是
　谓去声翕音。去声翕
　音一千六十四。

星辰声去之四翕
收音浊和律四之一
　　　　乾乾乾乾　多可个舌
一　音　乾乾乾乾　禾火化八
一　声　乾乾乾乾　开宰爱○
　　　　乾乾乾乾　回每退○

土石音收浊
乾月眉□平田
离全□二辰呈
　土石音十二,上和天之
　用声一百一十二,是谓
　收音浊声。收音浊声
　一千三百四十四。

土石音收之四浊①
去声翕唱吕四之一
　　　　古甲九癸　退退退退
一　音　□□近揆　退退退退
一　声　坤巧丘弃　退退退退
　　　　□□乾虬　退退退退

---

① "土石",原作"石土",据四库本改。

	乾乾乾乾	良两向○
一音	乾乾乾乾	光广况○
二声	乾乾乾乾	丁井亘○
	乾乾乾乾	兄永莹○
	乾乾乾乾	千典旦○
一音	乾乾乾乾	元犬半○
三声	乾乾乾乾	臣引艮○
	乾乾乾乾	君允巽○
	乾乾乾乾	刀早孝岳
一音	乾乾乾乾	毛宝报霍
四声	乾乾乾乾	牛斗奏六
	乾乾乾乾	○○○玉
	乾乾乾乾	妻子四日
一音	乾乾乾乾	衰○帅骨
五声	乾乾乾乾	○○○德
	乾乾乾乾	龟水贵北
	乾乾乾乾	宫孔众○
一音	乾乾乾乾	龙甬用○
六声	乾乾乾乾	鱼鼠去○
	乾乾乾乾	乌虎兔○
	乾乾乾乾	心审禁○
一音	乾乾乾乾	○○○十
七声	乾乾乾乾	男坎欠○
	乾乾乾乾	○○○妾
	乾乾乾乾	●●●●
一音	乾乾乾乾	●●●●
八声	乾乾乾乾	●●●●
	乾乾乾乾	●●●●

	黑花香血	退退退退
二音	黄华雄贤	退退退退
一声	五瓦仰□	退退退退
	吾牙月尧	退退退退
	安亚乙一	退退退退
三音	□爻王寅	退退退退
一声	母马美米	退退退退
	目皃眉民	退退退退
	夫法□飞	退退退退
四音	父凡□吠	退退退退
一声	武晚□尾	退退退退
	文万□未	退退退退
	卜百丙必	退退退退
五音	步白葡鼻	退退退退
一声	普朴品匹	退退退退
	旁排平瓶	退退退退
	东丹帝■	退退退退
六音	兑大弟■	退退退退
一声	土贪天■	退退退退
	同覃田■	退退退退
	乃妳女■	退退退退
七音	内南年■	退退退退
一声	老冷吕■	退退退退
	鹿荦离■	退退退退
	走哉足■	退退退退
八音	自在匠■	退退退退
一声	草采七■	退退退退
	曹才全■	退退退退

		乾乾乾乾	●●●●				思三星■	退退退退
一	音	乾乾乾乾	●●●●	九	音	寺□象■	退退退退	
九	声	乾乾乾乾	●●●●	一	声	□□□■	退退退退	
		乾乾乾乾	●●●●			□□□■	退退退退	
		乾乾乾乾	●●●●			■山手■	退退退退	
一	音	乾乾乾乾	●●●●	十	音	■士石■	退退退退	
十	声	乾乾乾乾	●●●●	一	声	■□耳■	退退退退	
		乾乾乾乾	●●●●			■□二■	退退退退	

收音浊和律四之二

		月月月月	多可个舌			■庄震■	退退退退
二	音	月月月月	禾火化八	十一	音	■乍□■	退退退退
一	声	月月月月	开宰爱○	一	声	■叉赤■	退退退退
		月月月月	回每退○			■崇辰■	退退退退
		月月月月	良两向○			■卓中■	退退退退
二	音	月月月月	光广况○	十二	音	■宅直■	退退退退
二	声	月月月月	丁井亘○	一	声	■坼丑■	退退退退
		月月月月	兄永莹○			■茶呈■	退退退退

去声翕唱吕四之二

		月月月月	千典旦○			古甲九癸	莹莹莹莹
二	音	月月月月	元犬半○	一	音	□□近揆	莹莹莹莹
三	声	月月月月	臣引艮○	二	声	坤巧丘弃	莹莹莹莹
		月月月月	君允巽○			□□乾虬	莹莹莹莹
		月月月月	刀早孝岳			黑花香血	莹莹莹莹
二	音	月月月月	毛宝报霍	二	音	黄华雄贤	莹莹莹莹
四	声	月月月月	牛斗奏六	二	声	五瓦仰□	莹莹莹莹
		月月月月	○○○玉			吾牙月尧	莹莹莹莹
		月月月月	妻子四日			安亚乙一	莹莹莹莹
二	音	月月月月	衰○帅骨	三	音	□爻王寅	莹莹莹莹

五　声　月月月月　○○○德

　　　　月月月月　龟水贵北

　　　　月月月月　宫孔众○

二　音　月月月月　龙甬用○

六　声　月月月月　鱼鼠去○

　　　　月月月月　乌虎兔○

　　　　月月月月　心审禁○

二　音　月月月月　○○○十

七　声　月月月月　男坎欠○

　　　　月月月月　○○○妾

　　　　月月月月　●●●●

二　音　月月月月　●●●●

八　声　月月月月　●●●●

　　　　月月月月　●●●●

二　音　月月月月　●●●●

九　声　月月月月　●●●●

　　　　月月月月　●●●●

　　　　月月月月　●●●●

二　音　月月月月　●●●●

十　声　月月月月　●●●●

　　　　月月月月　●●●●

收音浊和律四之三

　　　　眉眉眉眉　多可个舌

三　音　眉眉眉眉　禾火化八

一　声　眉眉眉眉　开宰爱○

　　　　眉眉眉眉　回每退○

二　声　母马美米　莹莹莹莹

　　　　目兑眉民　莹莹莹莹

　　　　夫法□飞　莹莹莹莹

四　音　父凡□吠　莹莹莹莹

二　声　武晚□尾　莹莹莹莹

　　　　文万□未　莹莹莹莹

　　　　卜百丙必　莹莹莹莹

五　音　步白葡鼻　莹莹莹莹

二　声　普朴品匹　莹莹莹莹

　　　　旁排平瓶　莹莹莹莹

　　　　东丹帝■　莹莹莹莹

六　音　兑大弟■　莹莹莹莹

二　声　土贪天■　莹莹莹莹

　　　　同覃田■　莹莹莹莹

　　　　乃妳女■　莹莹莹莹

七　音　内南年■　莹莹莹莹

二　声　老冷吕■　莹莹莹莹

　　　　鹿荤离■　莹莹莹莹

　　　　走哉足■　莹莹莹莹

八　音　自在匠■　莹莹莹莹

二　声　草采七■　莹莹莹莹

　　　　曹才全■　莹莹莹莹

　　　　思三星■　莹莹莹莹

九　音　寺□象■　莹莹莹莹

二　声　□□□■　莹莹莹莹

　　　　□□□■　莹莹莹莹

		眉眉眉眉	良两向〇		■山手■	莹莹莹莹
三	音	眉眉眉眉	光广况〇	十 音	■土石■	莹莹莹莹
二	声	眉眉眉眉	丁井亘〇	二 声	■□耳■	莹莹莹莹
		眉眉眉眉	兄永莹〇		■□二■	莹莹莹莹
		眉眉眉眉	千典旦〇		■庄震■	莹莹莹莹
三	音	眉眉眉眉	元犬半〇	十一音	■乍□■	莹莹莹莹
三	声	眉眉眉眉	臣引艮〇	二 声	■叉赤■	莹莹莹莹
		眉眉眉眉	君允巽〇		■崇辰■	莹莹莹莹
		眉眉眉眉	刀早孝岳		■卓中■	莹莹莹莹
三	音	眉眉眉眉	毛宝报霍	十二音	■宅直■	莹莹莹莹
四	声	眉眉眉眉	牛斗奏六	二 声	■坼丑■	莹莹莹莹
		眉眉眉眉	〇〇〇玉		■茶呈■	莹莹莹莹

去声翁唱吕四之三

		眉眉眉眉	妻子四日		古甲九癸	巽巽巽巽
三	音	眉眉眉眉	衰〇帅骨	一 音	□□近揆	巽巽巽巽
五	声	眉眉眉眉	〇〇〇德	三 声	坤巧丘弃	巽巽巽巽
		眉眉眉眉	龟水贵北		□□乾虬	巽巽巽巽
		眉眉眉眉	宫孔众〇		黑花香血	巽巽巽巽
三	音	眉眉眉眉	龙甬用〇	二 音	黄华雄贤	巽巽巽巽
六	声	眉眉眉眉	鱼鼠去〇	三 声	五瓦仰□	巽巽巽巽
		眉眉眉眉	乌虎兔〇		吾牙月尧	巽巽巽巽
		眉眉眉眉	心审禁〇		安亚乙一	巽巽巽巽
三	音	眉眉眉眉	〇〇〇十	三 音	□爻王寅	巽巽巽巽
七	声	眉眉眉眉	男坎欠〇	三 声	母马美米	巽巽巽巽
		眉眉眉眉	〇〇〇妾		目皃眉民	巽巽巽巽
		眉眉眉眉	●●●●		夫法□飞	巽巽巽巽
三	音	眉眉眉眉	●●●●	四 音	父凡□吠	巽巽巽巽

八 声	眉眉眉眉	●●●●	
	眉眉眉眉	●●●●	
	眉眉眉眉	●●●●	
三 音	眉眉眉眉	●●●●	
九 声	眉眉眉眉	●●●●	
	眉眉眉眉	●●●●	
	眉眉眉眉	●●●●	
三 音	眉眉眉眉	●●●●	
十 声	眉眉眉眉	●●●●	
	眉眉眉眉	●●●●	

收音浊和律四之四

	□□□□	多可个舌	
四 音	□□□□	禾火化八	
一 声	□□□□	开宰爱○	
	□□□□	回每退○	
	□□□□	良两向○	
四 音	□□□□	光广况○	
二 声	□□□□	丁井亘○	
	□□□□	兄永莹○	
	□□□□	千典旦○	
四 音	□□□□	元犬半○	
三 声	□□□□	臣引艮○	
	□□□□	君允巽○	
	□□□□	刀早孝岳	
四 音	□□□□	毛宝报霍	
四 声	□□□□	牛斗奏六	
	□□□□	○○○玉	

三 声	武晚□尾	巽巽巽巽	
	文万□未	巽巽巽巽	
	卜百丙必	巽巽巽巽	
五 音	步白葡鼻	巽巽巽巽	
三 声	普朴品匹	巽巽巽巽	
	旁排平瓶	巽巽巽巽	
	东丹帝■	巽巽巽巽	
六 音	兑大弟■	巽巽巽巽	
三 声	土贪天■	巽巽巽巽	
	同覃田■	巽巽巽巽	
	乃妳女■	巽巽巽巽	
七 音	内南年■	巽巽巽巽	
三 声	老冷吕■	巽巽巽巽	
	鹿荤离■	巽巽巽巽	
	走哉足■	巽巽巽巽	
八 音	自在匠■	巽巽巽巽	
三 声	草采七■	巽巽巽巽	
	曹才全■	巽巽巽巽	
	思三星■	巽巽巽巽	
九 音	寺□象■	巽巽巽巽	
三 声	□□□■	巽巽巽巽	
	□□□■	巽巽巽巽	
	■山手■	巽巽巽巽	
十 音	■士石■	巽巽巽巽	
三 声	■□耳■	巽巽巽巽	
	■□二■	巽巽巽巽	

		□□□□ 妻子四日	■庄震■ 巽巽巽巽
四音	五声	□□□□ 衰○帅骨	十一音 三声 ■乍□■ 巽巽巽巽
		□□□□ ○○○德	■叉赤■ 巽巽巽巽
		□□□□ 龟水贵北	■崇辰■ 巽巽巽巽
		□□□□ 宫孔众○	■卓中■ 巽巽巽巽
四音	六声	□□□□ 龙甬用○	十二音 三声 ■宅直■ 巽巽巽巽
		□□□□ 鱼鼠去○	■坼丑■ 巽巽巽巽
		□□□□ 乌虎兔○	■茶呈■ 巽巽巽巽

去声翕唱吕四之四

		□□□□ 心审禁○	古甲九癸 ○○○○
四音	七声	□□□□ ○○○十	一音 四声 □□近揆 ○○○○
		□□□□ 男坎欠○	坤巧丘弃 ○○○○
		□□□□ ○○○姜	□□乾虬 ○○○○
		□□□□ ●●●●	黑花香血 ○○○○
四音	八声	□□□□ ●●●●	二音 四声 黄华雄贤 ○○○○
		□□□□ ●●●●	五瓦仰□ ○○○○
		□□□□ ●●●●	吾牙月尧 ○○○○
		□□□□ ●●●●	安亚乙一 ○○○○
四音	九声	□□□□ ●●●●	三音 四声 □爻王寅 ○○○○
		□□□□ ●●●●	母马美米 ○○○○
		□□□□ ●●●●	目皃眉民 ○○○○
		□□□□ ●●●●	夫法□飞 ○○○○
四音	十声	□□□□ ●●●●	四音 四声 父凡□吠 ○○○○
		□□□□ ●●●●	武晚□尾 ○○○○
			文万□未 ○○○○

收音浊和律四之五

		平平平平 多可个舌	卜百丙必 ○○○○
五音		平平平平 禾火化八	五音 步白葡鼻 ○○○○

一	声	平平平平	开宰爱○	四 声	普朴品匹 ○○○○
		平平平平	回每退○		旁排平瓶 ○○○○
		平平平平	良两向○		东丹帝■ ○○○○
五	音	平平平平	光广况○	六 音	兑大弟■ ○○○○
二	声	平平平平	丁井亘○	四 声	土贪天■ ○○○○
		平平平平	兄永莹○		同覃田■ ○○○○
		平平平平	千典旦○		乃妳女■ ○○○○
五	音	平平平平	元犬半○	七 音	内南年■ ○○○○
三	声	平平平平	臣引艮○	四 声	老冷吕■ ○○○○
		平平平平	君允巽○		鹿荦离■ ○○○○
		平平平平	刀早孝岳		走哉足■ ○○○○
五	音	平平平平	毛宝报霍	八 音	自在匠■ ○○○○
四	声	平平平平	牛斗奏六	四 声	草采七■ ○○○○
		平平平平	○○○玉		曹才全■ ○○○○
		平平平平	妻子四日		思三星■ ○○○○
五	音	平平平平	衰○帅骨	九 音	寺□象■ ○○○○
五	声	平平平平	○○○德	四 声	□□□■ ○○○○
		平平平平	龟水贵北		□□□■ ○○○○
		平平平平	宫孔众○		■山手■ ○○○○
五	音	平平平平	龙甬用○	十 音	■士石■ ○○○○
六	声	平平平平	鱼鼠去○	四 声	■□耳■ ○○○○
		平平平平	乌虎兔○		■□二■ ○○○○
		平平平平	心审禁○		■庄震■ ○○○○
五	音	平平平平	○○○十	十一音	■乍□ ○○○○
七	声	平平平平	男坎欠○	四 声	■叉赤■ ○○○○
		平平平平	○○○姜		■崇辰■ ○○○○
		平平平平	●●●●		■卓中■ ○○○○
五	音	平平平平	●●●●	十二音	■宅直■ ○○○○

八　声　平平平平　●●●●
　　　　平平平平　●●●●

五　音　平平平平　●●●●
九　声　平平平平　●●●●
　　　　平平平平　●●●●

五　音　平平平平　●●●●
十　声　平平平平　●●●●
　　　　平平平平　●●●●

收音浊和律四之六

六　音　田田田田　多可个舌
一　声　田田田田　禾火化八
　　　　田田田田　开宰爱○
　　　　田田田田　回每退○

六　音　田田田田　良两向○
二　声　田田田田　光广况○
　　　　田田田田　丁井亘○
　　　　田田田田　兄永莹○

六　音　田田田田　千典旦○
三　声　田田田田　光广况○
　　　　田田田田　臣引良○
　　　　田田田田　君允巽○

六　音　田田田田　刀早孝岳
四　声　田田田田　毛宝报霍
　　　　田田田田　牛斗奏六
　　　　田田田田　○○○玉

四　声　■坏丑■　○○○○
　　　　■茶呈■　○○○○

去声翕唱吕四之五

一　音　古甲九癸　贵贵贵贵
五　声　□□近揆　贵贵贵贵
　　　　坤巧丘弃　贵贵贵贵
　　　　□□乾虬　贵贵贵贵

二　音　黑花香血　贵贵贵贵
五　声　黄华雄贤　贵贵贵贵
　　　　五瓦仰□　贵贵贵贵
　　　　吾牙月尧　贵贵贵贵

三　音　安亚乙一　贵贵贵贵
五　声　□爻王寅　贵贵贵贵
　　　　母马美米　贵贵贵贵
　　　　目兒眉民　贵贵贵贵

四　音　夫法□飞　贵贵贵贵
五　声　父凡□吠　贵贵贵贵
　　　　武晚□尾　贵贵贵贵
　　　　文万□未　贵贵贵贵

五　音　卜百丙必　贵贵贵贵
五　声　步白葡鼻　贵贵贵贵
　　　　普朴品匹　贵贵贵贵
　　　　旁排平瓶　贵贵贵贵

六　音　东丹帝■　贵贵贵贵
五　声　兑大弟■　贵贵贵贵
　　　　土贪天■　贵贵贵贵
　　　　同覃田■　贵贵贵贵

六 音　田田田田　妻子四日
五 声　田田田田　衰○帅骨
　　　田田田田　○○○德
　　　田田田田　龟水贵北

六 音　田田田田　宫孔众○
六 声　田田田田　龙甬用○
　　　田田田田　鱼鼠去○
　　　田田田田　乌虎兔○

六 音　田田田田　心审禁○
七 声　田田田田　○○○十
　　　田田田田　男坎欠○
　　　田田田田　○○○姜

六 音　田田田田　●●●●
八 声　田田田田　●●●●
　　　田田田田　●●●●
　　　田田田田　●●●●

六 音　田田田田　●●●●
九 声　田田田田　●●●●
　　　田田田田　●●●●
　　　田田田田　●●●●

六 音　田田田田　●●●●
十 声　田田田田　●●●●
　　　田田田田　●●●●

收音浊和律四之七

七 音　离离离离　多可个舌
一 声　离离离离　禾火化八
　　　离离离离　开宰爱○
　　　离离离离　回每退○

七 音　乃妳女■　贵贵贵贵
五 声　内南年■　贵贵贵贵
　　　老冷吕■　贵贵贵贵
　　　鹿苹离■　贵贵贵贵

八 音　走哉足■　贵贵贵贵
五 声　自在匠■　贵贵贵贵
　　　草采七■　贵贵贵贵
　　　曹才全■　贵贵贵贵

九 音　思三星■　贵贵贵贵
五 声　寺□象■　贵贵贵贵
　　　□□□■　贵贵贵贵
　　　□□□■　贵贵贵贵

十 音　■山手　贵贵贵贵
五 声　■士石　贵贵贵贵
　　　■□耳　贵贵贵贵
　　　■□二　贵贵贵贵

十一音　■庄震　贵贵贵贵
五 声　■乍□　贵贵贵贵
　　　■叉赤■　贵贵贵贵
　　　■崇辰■　贵贵贵贵

十二音　■卓中　贵贵贵贵
五 声　■宅直■　贵贵贵贵
　　　■坏丑■　贵贵贵贵
　　　■茶呈■　贵贵贵贵

去声翁唱吕四之六

一 音　古甲九癸　兔兔兔兔
六 声　□□近揆　兔兔兔兔
　　　坤巧丘弃　兔兔兔兔
　　　□□乾虬　兔兔兔兔

七音 二声	离离离离	良两向○	
	离离离离	光广况○	
	离离离离	丁井旦○	
	离离离离	兄永莹○	
七音 三声	离离离离	千典旦○	
	离离离离	元犬半○	
	离离离离	臣引艮○	
	离离离离	君允巽○	
七音 四声	离离离离	刀早孝岳	
	离离离离	毛宝报霍	
	离离离离	牛斗奏六	
	离离离离	○○○玉	
七音 五声	离离离离	妻子四日	
	离离离离	衰○帅骨	
	离离离离	○○○德	
	离离离离	龟水贵北	
七音 六声	离离离离	宫孔众○	
	离离离离	龙甬用○	
	离离离离	鱼鼠去○	
	离离离离	乌虎兔○	
七音 七声	离离离离	心审禁○	
	离离离离	○○○十	
	离离离离	男坎欠○	
	离离离离	○○○妾	
七音 八声	离离离离	●●●●	
	离离离离	●●●●	
	离离离离	●●●●	

二音 六声	黑花香血	兔兔兔兔	
	黄华雄贤	兔兔兔兔	
	五瓦仰□	兔兔兔兔	
	吾牙月尧	兔兔兔兔	
三音 六声	安亚乙一	兔兔兔兔	
	□爻王寅	兔兔兔兔	
	母马美米	兔兔兔兔	
	目皃眉民	兔兔兔兔	
四音 六声	夫法□飞	兔兔兔兔	
	父凡□吠	兔兔兔兔	
	武晚□尾	兔兔兔兔	
	文万□未	兔兔兔兔	
五音 六声	卜百丙必	兔兔兔兔	
	步白葡鼻	兔兔兔兔	
	普朴品匹	兔兔兔兔	
	旁排平瓶	兔兔兔兔	
六音 六声	东丹帝■	兔兔兔兔	
	兑大弟■	兔兔兔兔	
	土贪天■	兔兔兔兔	
	同覃田■	兔兔兔兔	
七音 六声	乃妳女■	兔兔兔兔	
	内南年■	兔兔兔兔	
	老冷吕■	兔兔兔兔	
	鹿荦离■	兔兔兔兔	
八音 六声	走哉足■	兔兔兔兔	
	自在匠■	兔兔兔兔	
	草采七■	兔兔兔兔	
	曹才全■	兔兔兔兔	

		离离离离	●●●●
七音	离离离离	●●●●
九声	离离离离	●●●●
	离离离离	●●●●

		离离离离	●●●●
七音	离离离离	●●●●
十声	离离离离	●●●●
	离离离离	●●●●

		思三星■	兔兔兔兔
九音	寺□象■	兔兔兔兔
六声	□□□■	兔兔兔兔
	□□□■	兔兔兔兔

		■山手■	兔兔兔兔
十音	■士石■	兔兔兔兔
六声	■□耳■	兔兔兔兔
	■□二■	兔兔兔兔

收音浊和律四之八

		全全全全	多可个舌
八音	全全全全	禾火化八
一声	全全全全	开宰爱○
	全全全全	回每退○

		全全全全	良两向○
八音	全全全全	光广况○
二声	全全全全	丁井亘○
	全全全全	兄永莹○

		■庄震■	兔兔兔兔
十一音	■乍□■	兔兔兔兔
六声	■叉赤■	兔兔兔兔
	■崇辰■	兔兔兔兔

		■卓中■	兔兔兔兔
十二音	■宅直■	兔兔兔兔
六声	■坼丑■	兔兔兔兔
	■茶呈■	兔兔兔兔

		全全全全	千典旦○
八音	全全全全	元犬半○
三声	全全全全	臣引艮○
	全全全全	君允巽○

去声翕唱吕四之七

		全全全全	刀早孝岳
八音	全全全全	毛宝报霍
四声	全全全全	牛斗奏六
	全全全全	○○○玉

		古甲九癸	○○○○
一音	□□近揆	○○○○
七声	坤巧丘弃	○○○○
	□□乾虬	○○○○

		黑花香血	○○○○
二音	黄华雄贤	○○○○
七声	五瓦仰□	○○○○
	吾牙月尧	○○○○

| | | 全全全全 | 妻子四日 |
| 八音 | 全全全全 | 衰○帅骨 |

| | | 安亚乙一 | ○○○○ |
| 三音 | □爻王寅 | ○○○○ |

五	声	全全全全	○○○德
		全全全全	龟水贵北
		全全全全	宫孔众○
八	音	全全全全	龙甬用○
六	声	全全全全	鱼鼠去○
		全全全全	乌虎兔○
		全全全全	心审禁○
八	音	全全全全	○○○十
七	声	全全全全	男坎欠○
		全全全全	○○○妾
		全全全全	●●●●
八	音	全全全全	●●●●
八	声	全全全全	●●●●
		全全全全	●●●●
八	音	全全全全	●●●●
九	声	全全全全	●●●●
		全全全全	●●●●
八	音	全全全全	●●●●
十	声	全全全全	●●●●
		全全全全	●●●●

收音浊和律四之九

		□□□□	多可个舌
九	音	□□□□	禾火化八
一	声	□□□□	开宰爱○
		□□□□	回每退○
		□□□□	良两向○
九	音	□□□□	光广况○

七	声	母马美米	○○○○
		目兄眉民	○○○○
		夫法□飞	○○○○
四	音	父凡□吠	○○○○
七	声	武晚□尾	○○○○
		文万□未	○○○○
		卜百丙必	○○○○
五	音	步白葡鼻	○○○○
七	声	普朴品匹	○○○○
		旁排平瓶	○○○○
		东丹帝■	○○○○
六	音	兑大弟■	○○○○
七	声	土贪天■	○○○○
		同覃田■	○○○○
		乃妳女■	○○○○
七	音	内南年■	○○○○
七	声	老冷吕■	○○○○
		鹿荦离■	○○○○
		走哉足■	○○○○
八	音	自在匠■	○○○○
七	声	草采七■	○○○○
		曹才全■	○○○○
		思三星■	○○○○
九	音	寺□象■	○○○○
七	声	□□□■	○○○○
		□□□■	○○○○
		■山手■	○○○○
十	音	■士石■	○○○○

二 声 □□□□ 丁井亘○
　　　 □□□□ 兄永莹○
　　　 □□□□ 千典亘○
九 音 □□□□ 元犬半○
三 声 □□□□ 臣引艮○
　　　 □□□□ 君允巽○
　　　 □□□□ 刀早孝岳
九 音 □□□□ 毛宝报霍
四 声 □□□□ 牛斗奏六
　　　 □□□□ ○○○玉

　　　 □□□□ 妻子四日
九 音 □□□□ 衰○帅骨
五 声 □□□□ ○○○德
　　　 □□□□ 龟水贵北
　　　 □□□□ 宫孔众○
九 音 □□□□ 龙甬用○
六 声 □□□□ 鱼鼠去○
　　　 □□□□ 乌虎兔○
　　　 □□□□ 心审禁○
九 音 □□□□ ○○○十
七 声 □□□□ 男坎欠○
　　　 □□□□ ○○○妾
　　　 □□□□ ●●●●
九 音 □□□□ ●●●●
八 声 □□□□ ●●●●
　　　 □□□□ ●●●●
　　　 □□□□ ●●●●
九 音 □□□□ ●●●●

七 声 ■□耳■ ○○○○
　　　 ■□二■ ○○○○
　　　 ■庄震■ ○○○○
十一音 ■乍□■ ○○○○
七 声 ■叉赤■ ○○○○
　　　 ■崇辰■ ○○○○
　　　 ■卓中■ ○○○○
十二音 ■宅直■ ○○○○
七 声 ■坼丑■ ○○○○
　　　 ■茶呈■ ○○○○

去声翕唱吕四之八

　　　 古甲九癸 ●●●●
一 音 □□近揆 ●●●●
八 声 坤巧丘弃 ●●●●
　　　 □□乾虬 ●●●●
　　　 黑花香血 ●●●●
二 音 黄华雄贤 ●●●●
八 声 五瓦仰□ ●●●●
　　　 吾牙月尧 ●●●●
　　　 安亚乙一 ●●●●
三 音 □爻王寅 ●●●●
八 声 母马美米 ●●●●
　　　 目兑眉民 ●●●●
　　　 夫法□飞 ●●●●
四 音 父凡□吠 ●●●●
八 声 武晚□尾 ●●●●
　　　 文万□未 ●●●●
　　　 卜百丙必 ●●●●
五 音 步白葡鼻 ●●●●

九　声　□□□□　●●●●　　　八　声　普朴品匹　●●●●
　　　　□□□□　●●●●　　　　　　　旁排平瓶　●●●●
　　　　□□□□　●●●●　　　　　　　东丹帝■　●●●●
九　音　□□□□　●●●●　　　六　音　兑大弟■　●●●●
十　声　□□□□　●●●●　　　八　声　土贪天■　●●●●
　　　　□□□□　●●●●　　　　　　　同覃田■　●●●●

收音浊和律四之十

十　音　二二二二　多可个舌　　　　　　乃妳女■　●●●●
一　声　二二二二　禾火化八　　　七　音　内南年■　●●●●
　　　　二二二二　开宰爱○　　　八　声　老冷吕■　●●●●
　　　　二二二二　回每退○　　　　　　　鹿荦离■　●●●●
　　　　二二二二　良两向○　　　　　　　走哉足■　●●●●
十　音　二二二二　光广况○　　　八　音　自在匠■　●●●●
二　声　二二二二　丁井亘○　　　八　声　草采七■　●●●●
　　　　二二二二　兄永莹○　　　　　　　曹才全■　●●●●
　　　　二二二二　千典旦○　　　　　　　思三星■　●●●●
十　音　二二二二　元犬半○　　　九　音　寺□象■　●●●●
三　声　二二二二　臣引艮○　　　八　声　□□□■　●●●●
　　　　二二二二　君允巽○　　　　　　　□□□■　●●●●
　　　　二二二二　刀早孝岳　　　　　　　■山手■　●●●●
十　音　二二二二　毛宝报霍　　　十　音　■土石■　●●●●
四　声　二二二二　牛斗奏六　　　八　声　■□耳■　●●●●
　　　　二二二二　○○○玉　　　　　　　■□二■　●●●●
　　　　二二二二　妻子四日　　　　　　　■庄震■　●●●●
十　音　二二二二　衰○帅骨　　　十一音　■乍□■　●●●●
五　声　二二二二　○○○德　　　八　声　■又赤■　●●●●
　　　　二二二二　龟水贵北　　　　　　　■崇辰■　●●●●
　　　　二二二二　宫孔众○　　　　　　　■卓中■　●●●●
十　音　二二二二　龙甬用○　　　十二音　■宅直■　●●●●

六　声　二二二二　鱼鼠去〇
　　　　二二二二　乌虎兔〇

　　　　二二二二　心审禁〇
十　音　二二二二　〇〇〇十
七　声　二二二二　男坎欠〇
　　　　二二二二　〇〇〇姜

十　音　二二二二　●●●〇
八　声　二二二二　●●●〇
　　　　二二二二　●●●〇
　　　　二二二二　●●●〇
十　音　二二二二　●●●〇
九　声　二二二二　●●●〇
　　　　二二二二　●●●〇

　　　　二二二二　●●●〇
十　音　二二二二　●●●〇
十　声　二二二二　●●●〇
　　　　二二二二　●●●●

收音浊和律四之十一

　　　　辰辰辰辰　多可个舌
十一音　辰辰辰辰　禾火化八
一　声　辰辰辰辰　开宰爱〇
　　　　辰辰辰辰　回每退〇

　　　　辰辰辰辰　良两向〇
十一音　辰辰辰辰　光广况〇
二　声　辰辰辰辰　丁井亘〇
　　　　辰辰辰辰　兄永莹〇

八　声　■坏丑■　●●●●
　　　　■茶呈■　●●●●

去声翕唱吕四之九

　　　　古甲九癸　●●●●
一　音　□□近揆　●●●●
九　声　坤巧丘弃　●●●●
　　　　□□乾虬　●●●●

　　　　黑花香血　●●●●
二　音　黄华雄贤　●●●●
九　声　五瓦仰□　●●●●
　　　　吾牙月尧　●●●●

　　　　安亚乙一　●●●●
三　音　□爻王寅　●●●●
九　声　母马美米　●●●●
　　　　目兒眉民　●●●●

　　　　夫法□飞　●●●●
四　音　父凡□吠　●●●●
九　声　武晚□尾　●●●●
　　　　文万□未　●●●●

　　　　卜百丙必　●●●●
五　音　步白葡鼻　●●●●
九　声　普朴品匹　●●●●
　　　　旁排平瓶　●●●●

　　　　东丹帝■　●●●●
六　音　兑大弟■　●●●●
九　声　土贪天■　●●●●
　　　　同覃田■　●●●●

十一音 三声	辰辰辰辰	千典旦〇
	辰辰辰辰	元犬半〇
	辰辰辰辰	臣引艮〇
	辰辰辰辰	君允巽〇
十一音 四声	辰辰辰辰	刀早孝岳
	辰辰辰辰	毛宝报霍
	辰辰辰辰	牛斗奏六
	辰辰辰辰	〇〇〇玉
十一音 五声	辰辰辰辰	妻子四日
	辰辰辰辰	衰〇帅骨
	辰辰辰辰	〇〇〇德
	辰辰辰辰	龟水贵北
十一音 六声	辰辰辰辰	宫孔众〇
	辰辰辰辰	龙甬用〇
	辰辰辰辰	鱼鼠去〇
	辰辰辰辰	乌虎兔〇
十一音 七声	辰辰辰辰	心审禁〇
	辰辰辰辰	〇〇〇十
	辰辰辰辰	男坎欠〇
	辰辰辰辰	〇〇〇妾
十一音 八声	辰辰辰辰	●●●●
	辰辰辰辰	●●●●
	辰辰辰辰	●●●●
	辰辰辰辰	●●●●
十一音	辰辰辰辰	●●●●
	辰辰辰辰	●●●●

七音 九声	乃妳女■	●●●●
	内南年■	●●●●
	老冷吕■	●●●●
	鹿荦离■	●●●●
八音 九声	走哉足■	●●●●
	自在匠■	●●●●
	草采七■	●●●●
	曹才全■	●●●●
九音 九声	思三星■	●●●●
	寺□象■	●●●●
	□□□■	●●●●
	□□□■	●●●●
十音 九声	■山手■	●●●●
	■士石■	●●●●
	■□耳■	●●●●
	■□二■	●●●●
十一音 九声	■庄震■	●●●●
	■乍□■	●●●●
	■叉赤■	●●●●
	■崇辰■	●●●●
十二音 九声	■卓中■	●●●●
	■宅直■①	●●●●
	■坼丑■	●●●●
	■茶呈■	●●●●

去声翕唱吕四之十

一音	古甲九癸	●●●●
	□□近揆	●●●●

---

① "直"，原作"道"，据四库本改。

九　声	辰辰辰辰	●●●●
	辰辰辰辰	●●●●
	辰辰辰辰	●●●●
十一音	辰辰辰辰	●●●●
十　声	辰辰辰辰	●●●●
	辰辰辰辰	●●●●

收音浊和律四之十二

	呈呈呈呈	多可个舌	十　声	坤巧丘弃	●●●●
十二音	呈呈呈呈	禾火化八		□□乾虬	●●●●
一　声	呈呈呈呈	开宰爱○		黑花香血	●●●●
	呈呈呈呈	回每退○	二　音	黄华雄贤	●●●●
	呈呈呈呈	良两向○	十　声	五瓦仰□	●●●●
十二音	呈呈呈呈	光广况○		吾牙月尧	●●●●
二　声	呈呈呈呈	丁井亘○		安亚乙一	●●●●
	呈呈呈呈	兄永莹○	三　音	□爻王寅	●●●●
	呈呈呈呈	千典旦○	十　声	母马美米	●●●●
十二音	呈呈呈呈	元犬半○		目皃眉民	●●●●
三　声	呈呈呈呈	臣引艮○		夫法□飞	●●●●
	呈呈呈呈	君允巽○	四　音	父凡□吠	●●●●
	呈呈呈呈	刀早孝岳	十　声	武晚□尾	●●●●
十二音	呈呈呈呈	毛宝报霍		文万□未	●●●●
四　声	呈呈呈呈	牛斗奏六		卜百丙必	●●●●
	呈呈呈呈	○○○玉	五　音	步白葡鼻	●●●●
	呈呈呈呈	妻子四日	十　声	普朴品匹	●●●●
十二音	呈呈呈呈	衰○帅骨		旁排平瓶	●●●●
五　声	呈呈呈呈	○○○德		东丹帝■	●●●●
	呈呈呈呈	龟水贵北	六　音	兑大弟■	●●●●
	呈呈呈呈	宫孔众○	十　声	土贪天■	●●●●
十二音	呈呈呈呈	龙甬用○		同覃田■	●●●●
				乃妳女■	●●●●
			七　音	内南年■	●●●●
			十　声	老冷吕■	●●●●
				鹿荦离■	●●●●
				走哉足■	●●●●
			八　音	自在匠■	●●●●

六　声	呈呈呈呈	鱼鼠去〇		十　声	草采七■	●●●●
呈呈呈呈	乌虎兔〇			曹才全■	●●●●
呈呈呈呈	心审禁〇			思三星■	●●●●
十二音	呈呈呈呈	〇〇〇十		九　音	寺口象■	●●●●
七　声	呈呈呈呈	男坎欠〇		十　声	□□□■	●●●●
呈呈呈呈	〇〇〇妾			□□□■	●●●●
呈呈呈呈	●●●●			■山手■	●●●●
十二音	呈呈呈呈	●●●●		十　音	■土石■	●●●●
八　声	呈呈呈呈	●●●●		十　声	■□耳■	●●●●
呈呈呈呈	●●●●			■□二■	●●●●
呈呈呈呈	●●●●			■庄震■	●●●●
十二音	呈呈呈呈	●●●●		十一音	■乍□■	●●●●
九　声	呈呈呈呈	●●●●		十　声	■又赤■	●●●●
呈呈呈呈	●●●●			■崇辰■	●●●●
呈呈呈呈	●●●●			■卓中■	●●●●
十二音	呈呈呈呈	●●●●		十二音	■宅直■	●●●●
十　声	呈呈呈呈	●●●●		十　声	■坼丑■	●●●●
呈呈呈呈	●●●●			■茶呈■	●●●●